CW01647881

Dibujo de la muerte. Obra poética

Letras Hispánicas

Guillermo Carnero

Dibujo de la muerte. Obra poética

Edición de Ignacio Javier López

CÁTEDRA
LETRAS HISPÁNICAS

Ilustración de cubierta: Antonio de Pereda (1611-1670),
El Sueño del Caballero, Madrid, Real Academia de San Fernando

Reservados todos los derechos. El contenido de esta obra está protegido por la Ley, que establece penas de prisión y/o multas, además de las correspondientes indemnizaciones por daños y perjuicios, para quienes reprodujeren, plagiaren, distribuyeren o comunicaren públicamente, en todo o en parte, una obra literaria, artística o científica, o su transformación, interpretación o ejecución artística fijada en cualquier tipo de soporte o comunicada a través de cualquier medio, sin la preceptiva autorización.

© Guillermo Carnero
Ediciones Cátedra, S. A., 1998
Juan Ignacio Luca de Tena, 15. 28027 Madrid
Depósito legal: M. 19.267-1998
I.S.B.N.: 84-376-1631-X
Printed in Spain
Impreso en Gráficas Rógar, S. A.
Navalcarnero (Madrid)

Índice

Introducción

A la literatura nueva (y claro está que me refiero a la viviente, a la activa, a la empeñada en una noble ansia de superación) le ha sido achacada una falta absoluta de sentido humano: sería toda la literatura nueva (y especialmente la poesía) intelectualismo extrahumano, o peor aún, fuegos de artificio y retórica.

La inercia se manifiesta en el campo estético tan fatal y repetidamente como en el físico. Lo que hoy se achaca a la poesía nueva suena de modo bastante parecido a lo que se le ha echado en cara siempre que un decisivo cambio del gusto ha deslindado bien un campo tradicional y unas avanzadas [...] Es siempre lo más cómodo tachar de vacío y palabrero todo lo que, por pereza o simplemente por falta de costumbre, no podemos entender.

Dámaso ALONSO
Reseña de *Espadas como labios* de
Vicente Aleixandre.
Revista de Occidente. Diciembre, 1932.

ESQUEMA BIOGRÁFICO Y LITERARIO

Guillermo Carnero Arbat nació en Valencia el 7 de mayo de 1947 en el número 3 de la calle del Convento de Santa Clara. Su padre, Guillermo Carnero Muñoz (1917-1988), natural de Lorca (Murcia), había sido maestro nacional, viéndose obligado a interrumpir sus estudios de Filosofía y Letras en 1936, año en que ingresó como voluntario en el ejército republicano, en el que alcanzó el grado de comandante; tras la derrota de la República en 1939, fue recluido en el campo de trabajos forzados del castillo de Figueras en Gerona. Natural de esta provincia, del pueblo de Bescanó, era la madre del poeta, Teresa Arbat Planella (1921-1997).

Carnero realizó sus primeros estudios en el Liceo Francés de la capital valenciana, siguiendo más tarde los de Bachillerato en la Academia Castellano de la misma ciudad. En 1964 se trasladó a Barcelona para realizar sus estudios universitarios. Sus padres deseaban que siguiera la carrera de Económicas, y él decidió combinar estos estudios con los de Filosofía y Letras.

De sus años de residencia en Barcelona data su amistad con Ana M.ª Moix y Pere Gimferrer, compañeros de Facultad en la Universidad barcelonesa. Con ellos compartía Carnero un mismo interés por la poesía y un análogo entendimiento de la misma, el cual difería radicalmente de las formas dominantes en la España de postguerra. En 1965 y 1966 publicó sus primeros poemas en *Ínsula* y *La trinchera*, revista esta última que había fundado José Batlló en Sevilla en 1962 y que, tras un breve paréntesis, iniciaba una nueva etapa en Barcelona, donde se publicó a partir de 1966; en uno de sus primeros números apareció inicialmente el poema «Ávila» con que comienza *Dibujo de la muerte.*

En 1967 publica sus dos primeros libros de poesía, *Dibujo de la muerte* y la *plaquette* de cuatro poemas titulada *Libro de horas.* Se trata en ambos casos de ediciones no venales aparecidas en la Librería Anticuaria El Guadalhorce, editorial que dirige en Málaga Ángel Caffarena. *Dibujo de la muerte* fue ampliamente reseñado en los diarios y en las revistas de poesía[1], e inmediatamente fue considerado uno de los libros emblemáticos de la nueva generación. Según se indica reiteradamente en las reseñas a la primera edición, su carácter renovador era evidente al ser ejemplo de un arte culto y minoritario, expresión de una sensibilidad nueva y actual, y al estar caracterizado por un decadentismo que manifestaba una osadía mayor que la de las acostumbradas actitudes sociales del momento. El libro, ampliado con dos poemas procedentes de *Libro de horas*, sería reeditado en la editorial Ocnos de Barcelona en 1971[2]; y, con nuevas adiciones, se publicó la versión definitiva en la editorial Hiperión de Madrid en 1979.

Durante sus años de residencia en Barcelona, Carnero trató frecuentemente a Jaime Gil de Biedma y Carlos Barral. A su amistad con éstos, y a una reconocible influencia del primero, cabe atribuir dos títulos que aparecieron en estos años. Se trata de *Modo y canciones del amor ficticio* (1969) y *Barcelona, mon amour* (1970), ambos publicados en ediciones no venales en la ya mencionada editorial malagueña, la Librería Anticuaria El Guadalhorce. Estos libros, que el poeta no ha querido reeditar con posterioridad, responden al gusto

---

[1] Además de las noticias anónimas aparecidas en *Solidaridad Nacional* (22-IV-1967), y *Triunfo* (30-XII-1967), hay reseñas de Tomás Alcoverro (ABC, 6-X-1967), Marcos Ricardo Barnatán *(Poesía Española,* julio 1967), Lorenzo Gomis *(La Vanguardia,* 6-VII-1967), Luis Horno Liria *(Heraldo de Aragón,* 15-X-1967), Luis Jiménez Martos *(Estafeta Literaria,* 18-XI-1967), Francisco Lucio *(Tarrasa Información,* 15-I-1968), Joaquín Marco *(Destino,* 9-VI-1967), Emilio Miró *(Ínsula,* julio-agosto 1967), Ana María Moix *(Presencia,* 17-VI-1967), Vicente Molina Foix *(Cuadernos Hispanoamericanos,* octubre 1967) y Rafael Morales *(Arriba,* 3-IX-1967).

[2] Marcos R. Barnatán, «Dos aproximaciones a la nueva poesía española», *El Urogallo,* octubre-noviembre 1970; José Olivio Jiménez, «Estética del lujo y de la muerte», *Papeles de Son Armadans* 194 (mayo 1972).

En 1964.

que, siguiendo un término acuñado por Susan Sontag, se ha denominado *camp*, y que, comentando los libros antedichos, Carnero mismo ha definido como una forma de asentir lúdicamente a una serie de valores en los que el poeta en realidad no cree, pero que acepta con actitud irónica o lúdica debido a la falta de auténticos valores vitales y sociales en los que creer. Esta actitud, que encarna una de las facetas de la modernidad[3], y que se generaliza en algún momento en la literatura española de los años setenta[4], es entendida por el poeta como una versión moderna del decadentismo del siglo XIX, resultando explicable por la persistencia de una crisis profunda en la sociedad burguesa «que impide a sus intelectuales sentirse integrados en su propia clase y les lleva a adoptar una actitud de suspensión de toda creencia»[5].

En un primer momento la crítica destacó la presencia de elementos procedentes de la cultura de masas en la nueva poesía, y algunos críticos posteriores han seguido manteniendo su importancia[6]; hoy, sin embargo, parece claro que la influencia de los *mass media* entre los poetas de los setenta es un fenómeno limitado, que estuvo muy presente en torno a 1970, pero que desaparece más tarde por completo; en una entrevista de 1979 Carnero negaba su importancia como rasgo particularmente destacable entre los poetas de su generación (Carnero, «La corte de los poetas», págs. 53-54; Jover, «Nueve preguntas», págs. 148-149).

En 1967 y 1968 aparecen las primeras antologías de la nueva generación[7], y en 1970 se publican *Nueva poesía española*

---

[3] *Vid.* Susan Sontag, *Contra la interpretación* (Barcelona, Seix Barral, 1969) y Matei Calinescu, *Five Faces of Modernity* (Durham NC, Duke University Press, 1987), págs. 225-262.

[4] Como demostraría el uso del pastiche con fines lúdicos y la mezcla de estilos y géneros en la narrativa del momento; *vid.* Fernando Lázaro y Vicente Tusón, *Literatura Española 2.º BUP* (Madrid, Anaya, 1976), págs. 437-439.

[5] Guillermo Carnero, «La corte de los poetas», *Revista de Occidente* 23 (1983), págs. 49-50.

[6] Jonathan Mayhew, *The Poetics of Self-Consciousness* (Lewisburg, Bucknell UP, 1994), págs. 108-112.

[7] Enrique Martín Pardo, *Antología de la joven poesía española*, Madrid, Pájaro Cascabel, 1967; José Batlló, *Antología de la nueva poesía española*, Barcelona, El Bardo, 1968; 2.ª ed., Barcelona, Lumen, 1977.

de Enrique Martín Pardo y, especialmente, *Nueve novísimos poetas españoles,* la afamada selección de José María Castellet que resulta particularmente significativa por haber tenido una resonancia importante[8]. Estas antologías habían sido precedidas por una publicación del mismo Castellet que no suele tenerse presente, pero que es el primer indicio de su cambio de orientación estética: la selección «Seis jóvenes poetas españoles», aparecida en el número 22 de la revista *Mundo Nuevo* (abril 1968), donde Carnero está representado por los poemas «El movimiento continuo» y «Primer día de verano en Wragby Hall».

De las dos antologías citadas, la de Martín Pardo es más limitada por lo que se refiere al número de poetas seleccionados (tan sólo cinco: Antonio Carvajal, Pedro Gimferrer, Antonio Colinas, Guillermo Carnero, Jaime Siles), pero más representativa de las distintas tendencias entre los jóvenes escritores españoles del momento; la segunda incluía nueve autores (Manuel Vázquez Montalbán, Antonio Martínez Sarrión, José M.ª Álvarez, Pedro Gimferrer, Guillermo Carnero, Ana M.ª Moix, Félix de Azúa, Vicente Molina Foix y Leopoldo M.ª Panero) pero ha sido muy criticada posteriormente por sus sorprendentes omisiones. Se ha indicado además que promocionaba una estética de la que se apartaban ya buen número de los poetas seleccionados en ella[9].

No se suele mencionar, sin embargo, que dicha antología fue decisiva[10]. Dada la importancia de Castellet como crítico

---

[8] Enrique Martín Pardo, *Nueva poesía española*, Madrid, Scorpio, 1970; 2.ª ed. *Nueva poesía española (1970) Antología consolidada (1990)*, Madrid, Hiperión, 1990; José María Castellet, *Nueve novísimos poetas españoles*, Barcelona, Barral, 1970.

[9] Ignacio Prat, *Estudios sobre poesía contemporánea* (Madrid, Taurus, 1982), págs. 206-226.

[10] Sobre este tema, Miguel Casado escribe: «Se ha hablado mucho de los errores de Castellet y de la manipulación comercial que implicaba la antología; sin embargo, su lectura era mucho menos restrictiva que la acuñada después, daba mejor cuenta de un conjunto variado de poetas y planteaba cuestiones formales de hondo calado, que han sido soslayadas»; «Líneas de los novísimos», *Revista de Occidente* 86-87 (julio-agosto 1988), págs. 204-205.

de poesía en la España de postguerra, y dada también la visibilidad de la editorial en que dicha antología aparecía, y aunque en efecto contenía graves omisiones y sin duda no era debidamente representativa de las múltiples corrientes de la poesía joven, cumplió sin embargo la función esencial de llamar la atención del lector sobre la existencia de una nueva generación de poetas y advirtió a dicho lector de la modificación que esta generación estaba operando en el panorama literario español de postguerra. La antología de Martín Pardo tenía indudables méritos pero, habiéndose publicado en una editorial minoritaria, carecía de la visibilidad que habría de tener la de Castellet; puede haber ocurrido incluso que el éxito de *Nueve novísimos* sirviera para llamar la atención de los críticos hacia los aciertos de la antología de Martín Pardo, ligeramente anterior a aquélla.

La antología que Castellet publica en 1970 coincide con la liquidación de los elementos *camp*, y preludia un importante cambio de las poéticas de los autores en ella seleccionados. En ese mismo año Carnero abandona Barcelona, y pasa el invierno de 1970 y la primavera de 1971 en Cambridge (Inglaterra). En este país escribió *El sueño de Escipión*, que apareció publicado en Madrid, en la editorial Visor, en 1971. Como indicara Bousoño, este libro desconcertó a quienes esperaban cierto renacer simbolista a partir de *Dibujo de la muerte*. Marcaba, además, un cambio de estilo y una identidad independiente de los presupuestos establecidos en la antología de Castellet (Jover, «Nueve preguntas», pág., 148).

El sueño ha sido señalado por la crítica como ejemplo del importante cambio que se produce en la poesía del autor, habitualmente descrito como el inicio de una poesía más reflexiva, de orientación metapoética, en la que el objeto del poema es el poema mismo; se trata, además, de una investigación del lenguaje a partir del lenguaje, y una exploración de la relación que existe entre autor, texto y lector. Respecto a la relación de este libro con *Dibujo de la muerte*, los críticos indicaron que «con *El sueño de Escipión* Guillermo Carnero devora y desgarra su anterior poética, aquel que fue él mismo, para desde el vacío» iniciar una reflexión sobre la poesía según la cual el poema, «ya no máscara, pero tampoco espejo, será "ciudad sin eco", perfecta geometría, ya no ocultación sino comunicación de lo oculto»[11].

De regreso a España, Carnero reanuda sus estudios universitarios, licenciándose en Económicas en Valencia en 1972. Mantuvo, sin embargo, sus contactos con Barcelona, y cursando como alumno libre se licenció en Filosofía y Letras en la Universidad catalana en 1975. En Valencia prosiguió estos estudios y se doctoró en 1977 con una tesis sobre el Romanticismo español *(Los orígenes del Romanticismo reaccionario español: el matrimonio Böhl de Faber)* que apareció publicada al año siguiente. En estos años escribe *Variaciones y figuras sobre un tema de La Bruyère* (1974) y *El azar objetivo* (1975), y en 1977 termina los poemas de *Ensayo de una teoría de la visión* que, junto con los libros anteriores, serán editados en Madrid en 1979 por la editorial Hiperión, con un prólogo de Carlos Bousoño. Con posterioridad ha publicado la *plaquette* de tres poemas titulada *Música para fuegos de artificio* (1989), dos de los cuales se integran en el libro *Divisibilidad indefinida* (1990), última entrega poética del autor hasta la fecha, y que se publicó en Sevilla en la editorial Renacimiento.

Desde 1977, año en que defendió su tesis doctoral en la Universidad de Valencia, Guillermo Carnero ha desarrollado una importante carrera académica destacando como uno de los más notables especialistas sobre el siglo XVIII español, período sobre el que ha publicado *La cara oscura del Siglo de las Luces* (1983) y *Estudios sobre el teatro español del siglo XVIII* (1997). Además de esta época, sus investigaciones cubren el Romanticismo *(Espronceda,* 1974), la historia y la estética del Surrealismo y las vanguardias *(Las armas abisinias,* 1989), y la literatura contemporánea *(El grupo «Cántico» de Córdoba,* 1976); y, en fin, ha publicado ediciones eruditas de importantes autores del siglo ilustrado: *El Valdemaro* de Vicente Martínez Colomer; *Eudoxia* y *El Rodrigo* de Pedro Montengón; *Obras raras y olvidadas* de Ignacio de Luzán; la narrativa de Gaspar Zavala y Zamora; y la colección de novelas *Voz de la Naturaleza* y el drama histórico *Doña María Pacheco, mujer de Padilla,*

[11] José Piera, «Los lúcidos fantasmas de Guillermo Carnero», *Camp de l'Arpa* 14 (noviembre 1974), pág. 20.

de Ignacio García Malo. Es, además, autor de numerosos estudios y ensayos de filología y crítica literaria sobre temas tan diversos como la Ilustración española, el Romanticismo, la novela y la poesía de postguerra, y la estética y la poesía de su propia generación.

De 1976 a 1979 fue profesor interino en la Universidad de Valencia. Ganó por oposición plaza de profesor adjunto en la de Alicante en 1979 y, desde 1980, enseña en dicha Universidad. Desde 1986 es catedrático numerario en el Departamento de Literatura Española de la misma. En 1982 fundó, y desde entonces dirige, *Anales de Literatura Española*, revista dedicada a la investigación académica y a la crítica literaria. Ha sido profesor o impartido cursos extraordinarios en importantes Universidades extranjeras como la italiana de Macerata (curso académico 1987-1988) y las estadounidenses de Berkeley (1986-1987), Virginia (1989-1990) y Harvard (1994-1995).

De la poesía social a la ruptura novísima

El rasgo fundamental que Carnero mismo ha destacado en repetidas ocasiones como punto de partida de su poesía y de la de los demás miembros de su generación, es el total rechazo de las formas de poesía social y de la estética realista en que dicha poesía se basaba. Los jóvenes autores que comienzan a publicar entre 1965 y 1970, y a los que la crítica se refiere indistintamente como Generación del 68 o poetas de los 70[12], van a producir una literatura que en nada se parece a aquélla, emprendiendo con ello la que entonces fue —y aún hoy es— considerada la transformación más importante de la lengua poética y de las formas de escribir, hacer y enten-

[12] Mari Pepa Palomero, *Poetas de los 70* (Madrid, Hiperión, 1987); Juan José Lanz, *Antología de la poesía española 1960-1975* (Madrid, Austral, 1997). Se han propuesto otros nombres —novísimos (Castellet), generación marginada (Bousoño)— hoy por lo general rechazados por la crítica o, como ocurriría con términos como «venecianismo» (Barnatán) o «generación del lenguaje» (Cuenca), aceptados tan sólo como indicativos de tendencias dentro de una generación.

der poesía que se opera en España desde 1939. Frente a la correspondencia entre lenguaje y realidad que a lo largo de la postguerra fue considerada como premisa fundamental de la creación poética, los jóvenes autores buscaron un entendimiento más complejo del hecho poético.

Para los escritores de postguerra, la poesía tiene una justificación de naturaleza ética que resulta anterior y/o exterior al poema en sí; para los jóvenes poetas del 68 el poema «deberá ser un sistema coherente» que contenga en sí todas las claves necesarias para su interpretación[13]. En la poesía de éstos desaparecen la anécdota, el tono coloquial, la forma conversacional del lenguaje y las amplificaciones narrativas que conformaban la estructura de los poemas escritos por los autores que suscribían las premisas de la poesía social. La expresión en primera persona, heredera del *yo* romántico, dejará paso a la expresión indirecta y a la exposición mediante correlatos objetivos procedentes de la historia de la cultura. Por último, el descuido formal y la, en ocasiones, pedestre expresión de los poetas sociales serán reemplazados por una amplia gama de estructuras formales.

Todavía en 1982, en la poética que Carnero escribe al frente de su selección en la antología *Joven poesía española*, de Concepción G. del Moral y Rosa María Pereda, resuena con fuerza el elemento rupturista que caracterizó inicialmente a su generación en la formulación de su rechazo de la poesía social que había dominado en el panorama literario español de postguerra. En dicha poética, donde admite que «ya no hay enemigo», Carnero destaca los principios en que se basó la ruptura. Se trata de un rechazo que se complementa con la convicción de que la poesía española ha resultado renovada y correspondientemente han sido ampliadas las opciones ofrecidas al lector: «Creo que en estos momentos nuestra poesía se encuentra en un momento óptimo. Las expectativas del lector de poesía han sido considerablemente ampliadas; se le ha obligado a admitir que el verso puede ser el

---

[13] Guillermo Carnero, «Poética: La poesía es un humanismo», en Enrique Martín Pardo; *Nueva poesía española (1970). Antología consolidada (1990)* (Madrid, Hiperión, 1990), pág. 62.

lugar natural de infinitas posibilidades expresivas». Esta renovación se debe a la ruptura iniciada quince años antes por los jóvenes poetas, tema sobre el que Carnero escribe: «La promoción de poetas en la que se me incluye irrumpió hace diez o doce años en la tierra baldía de nuestra literatura como caballo en cacharrería». Los poetas del 68 partían de un rechazo generalizado de toda la poesía de postguerra puesto que, salvando casos aislados, «la herencia poética que se nos ofrecía en 1965 me pareció entonces y me parece ahora rechazable en términos generales»[14].

A lo largo de la postguerra española prima un entendimiento de la poesía como comunicación. Si el arte es un lenguaje, indican los autores de este período, se debe entender como un proyecto comunicativo. Esta actitud, defendida por Gabriel Celaya, entre otros, rompía definitivamente con el entendimiento de la poesía anterior a la guerra civil, esto es, rompía con la herencia simbolista y modernista y se separaba de la poesía del 27 y de las vanguardias[15]. Cierto que esta herencia simbolista y las formas de poesía de vanguardia anteriores a la guerra civil ya habían encontrado críticos en los años que preceden al conflicto bélico, en los que la poesía se «rehumaniza». Lógicamente, además, la guerra de 1936 hubo de potenciar el alejamiento de las formas de poesía vanguardista, formas estas que eran consideradas poco acordes con la intensidad y el dramatismo de los hechos políticos y sociales de la contienda. Por eso, y a pesar de líneas como la propuesta por las revistas *Escorial* y *Garcilaso*, la poesía que se escribe en la postguerra española adopta una actitud comprometida.

El entendimiento del compromiso poético en este período no es exclusivamente social, pudiendo tratarse de un

---

[14] Concepción G. del Moral y Rosa María Pereda, *Joven poesía española* (Madrid, Cátedra, 1982), pág. 307.

[15] También los poetas de la Generación del 27 cambian después de la guerra. El mismo Aleixandre, que llegará a influir grandemente en los poetas jóvenes, habrá de interesarse más por el «hombre histórico» y por la capacidad comunicativa de la poesía, como demuestran dos importantes textos de los años 50: «Poesía, comunicación» (1951) y «Algunos caracteres de la nueva poesía española» (1955); *vid.* V. Aleixandre, *Obras completas* (Madrid, Aguilar, 1968), págs. 1.411-1.435 y 1.580-1.583.

compromiso de alcance más amplio, definible en términos generales como una respuesta de naturaleza ética y cuyo objetivo es la preocupación por todo lo humano, moral o socialmente considerado. Pero sea cual sea el contenido de dicho compromiso, lo que unifica las distintas tendencias es el entendimiento de la poesía como un discurso que ha de expresar la realidad más inmediata del hombre, trátese de una realidad existencial, metafísica o de tipo religioso, histórico o sociológico. Considerando los temas dominantes en la poesía social que se escribe en España a partir de 1939, Carnero ha establecido la siguiente tipología: referencias a la guerra civil española; crónica de la represión de la postguerra; sátira de la integración en un sistema opresivo; manifestaciones de solidaridad con el proletariado; voluntad de lucha política; agitación política y social; el tema de España; y, finalmente, la internacionalización de la poesía social, que va a encontrar una importante respuesta entre autores de inspiración marxista[16].

En su forma más radical y beligerante, la poesía social y comprometida es entendida como «un instrumento, entre otros, para transformar el mundo», según declara Celaya en la poética de la *Antología consultada*[17]. Se entiende, además, que para que dicha transformación pueda realizarse es imprescindible que el poeta «de la España de hoy [sepa] que su obra quedará en nada si no logra volver a tomar contacto con el pueblo» *(Antología consultada,* pág. 45). Ecos de esta actitud recurren a todo lo largo de la literatura de postguerra, estando presentes en sucesivas generaciones de poetas[18]. De

---

[16] Guillermo Carnero, «La poética de la poesía social», *Las armas abisinias* (Barcelona, Anthropos, 1989), págs. 315-320.

[17] Francisco Ribes, *Antología consultada* (Valencia, 1952), pág. 43.

[18] Lo cual no quita para que haya importantes disidencias, como señala Carnero quien, a propósito de la *Antología consultada* de 1952, apunta el nombre de Carlos Bousoño: «mientras Gabriel Celaya se declara "temporalista", asumiendo la función de dar testimonio de una circunstancia histórica concreta, con eliminación de toda pretensión de trascendencia o belleza formal, y relegando el lenguaje al mero papel instrumental de transmitir ideas accesibles a la "inmensa mayoría", Bousoño señala los peligros de hacer de la poesía un obligado testimonio realista y cotidianista, y de hacerlo rebajando el lenguaje a su dimensión más simplificada» (Guillermo Carnero, «La corte de los poetas», pág. 46).

hecho, aún se oyen una década más tarde en un poeta recogido en la selección *Poesía última* (1963) de Francisco Ribes, antología en la que, por contrapartida, se registran disidencias importantes respecto a la línea general descrita hasta aquí. «La poesía social es alta razón de eterna actualidad [...] Lo social, *intelectual, artística y políticamente visto,* ha cerrado su invasor cerco sobre el viejo mundo del individualismo despótico», dice Eladio Cabañero en la poética que incluye al frente de su selección en aquella antología[19]. Nótese, en dicha cita, que lo específicamente artístico, tal y como se formula en la frase que yo he subrayado, queda como mero apéndice o cualidad de lo social; esto es, todavía para Cabañero, como ocurriera con anterioridad con los poetas que habían aceptado los presupuestos de la poesía social, lo artístico es un aditamento más de un proyecto social y ético de mayor envergadura. En términos análogos se expresaba Alfonso Sastre por los mismos años cuando, en su *Anatomía del realismo,* hablaba de la primacía del discurso social sobre el artístico, y describía el arte como una representación reveladora de la sociedad de carácter socialmente progresivo en la que se encarna el compromiso del escritor[20].

En la *Antología consultada* (1952) de Ribes se habían sentado las bases de la poesía social. Dichos presupuestos suponían, por implicación, el rechazo de la herencia simbolista en literatura y, en concreto, en la poesía[21]. En 1960, en el es-

[19] Francisco Ribes, *Poesía última* (Madrid, Taurus, 1963), pág. 21.

[20] Alfonso Sastre, *Anatomía del realismo* (Barcelona, Seix Barral, 1965), págs. 16-17.

[21] Conocido es un pasaje de *La colmena*, de Cela, en que se manifiesta el desprecio más absoluto por los simbolistas franceses, especialmente Mallarmé, y por los modernistas españoles: «Martín Marco se para ante los escaparates de una tienda de lavabos que hay en la calle Sagasta. La tienda luce como una joyería o como la peluquería de un gran hotel, y los lavabos parecen lavabos del otro mundo, lavabos del paraíso, con sus grifos relucientes, sus lozas tersas y sus nítidos, purísimos espejos. Hay lavabos blancos, lavabos verdes, rosa, amarillos, violeta, negros; lavabos de todos los colores. ¡También es ocurrencia! Hay baños que lucen hermosos como pulseras de brillantes, bidets con un cuadro de mandos como el de un automóvil, lujosos retretes de dos tapas y de ventrudas, elegantes cisternas bajas donde seguramente se puede apoyar el codo, se pueden incluso colocar algunos libros bien selecciona-

tudio preliminar a su antología *Veinte años de poesía española (1939-1959),* José María Castellet venía a reforzar en líneas generales el entendimiento de la poesía establecido en la década anterior por la *Antología consultada.* Considerando que lo que se proponía en esta antología de 1960 no era simplemente una tendencia, sino la evolución general de la poesía europea, Castellet describe, en el estudio preliminar, la progresión de aquélla, que cansada del decadente simbolismo de origen decimonónico termina entregándose al realismo. «La poesía europea, del simbolismo al realismo» era precisamente uno de los epígrafes de dicho estudio, que no dejaba de tener formulaciones sorprendentes desde nuestra perspectiva actual, pues, al estudiarse la evolución histórica de la poesía española, el realismo de Antonio Machado aparecía como una forma de poesía más moderna que la herencia simbolista asumida por Juan Ramón y por la generación del 27. El compromiso machadiano con la causa republicana y su toma de partido durante la contienda civil serían los principios en los que se fundamentaba esta consideración de Castellet[22].

La antología de Castellet se propone demostrar que el realismo es la forma triunfante en la poesía moderna, y que ha venido a reemplazar a lo que él denomina el decadente simbolismo decimonónico. Éste, dice Castellet, es resultado de la eliminación de lo social, «el momento en que la burguesía europea logra aplastar la rebelión de la Comuna de París» (*Veinte años*, pág. 30). Se trata, en opinión del crítico catalán, de un simple episodio en el desarrollo de la poesía europea, caracterizado por crear un tipo de poesía conformista «que no se reconoce como tal, porque opina que la literatura nada

---

dos, encuadernados con belleza: Hölderlin, Keats, Valéry, para los casos en que el estreñimiento precisa de compañía; Rubén, Mallarmé, sobre todo Mallarmé, para las descomposiciones de vientre. ¡Qué porquería!» (C. J. Cela, *La colmena*, Madrid, Castalia, 1990, págs. 184-185).

[22] José María Castellet, *Veinte años de poesía española* (Barcelona, Seix Barral, 1960), págs. 43-57; 2.ª ed., *Un cuarto de siglo de poesía española* (Barcelona, Seix Barral, 1966). *Vid.*, además, Víctor García de la Concha, *La poesía española de postguerra* (Madrid, Prensa Española, 1973).

tiene que ver con la sociedad» *(Veinte años*, pág. 31). Mallarmé, Eliot, Valéry, Benn, Saint-John Perse y Ungaretti son algunos de los ejemplos citados como representantes de esta corriente que, concluye Castellet, comienza a declinar alrededor de 1930, momento en que se percibía el «inevitable declive de la poesía de tradición simbolista y [...] el advenimiento de una nueva época en la que los poetas adoptarán una actitud realista» *(Veinte años*, pág. 32).

El realismo es la estética en que se basa la poesía social. Castellet define aquél como un reencuentro del poeta con un público mayoritario, y como la asunción de su función histórica en la liberación social: «mientras que el poeta de tradición simbolista no tenía un lugar en una sociedad a la que rechazaba, el poeta realista de hoy se siente llamado a un quehacer histórico al que no puede negarse, bajo riesgo de traicionar el concepto mismo de la poesía actualmente en vigencia y su propia responsabilidad social» *(Veinte años*, página 42). El poeta realista es colaborador en un proyecto social de claras connotaciones marxistas, «cantando en sus versos la vida del hombre desde una perspectiva histórica»[23]. El poema sólo significa como hecho social en la medida en que la experiencia expresada por el poeta es compartida por otros hombres. El lenguaje del simbolismo había tratado de sugerir a través de la musicalidad y la sugestión sensual de las palabras, pero el poeta realista restituye a la poesía su función primariamente comunicativa, pasándose así «de una poesía esotérica y enigmática, a una poesía de clara significación humana, escrita en un lenguaje coloquial y llano» *(Veinte años*, pág. 43).

En *Poesía última*, como digo, selección publicada por Francisco Ribes en 1963, se recogen importantes disidencias respecto a este credo realista. Ángel González, por ejemplo, llamaba la atención sobre el esquematismo simplista que había

[23] Aunque Castellet no menciona de modo expreso la fuente conceptual de su propuesta, es posible identificar ésta como la noción de conciencia histórica según aparece formulada, por ejemplo, en la estética luckasiana; *vid.* George Lukács, *Prolegómenos a una estética marxista*, *Obras completas* (Barcelona, Grijalbo, 1969), vol. XIX, págs. 203-232.

caracterizado el entendimiento del poeta comprometido desde la perspectiva social: «Se confunde [...] al creador comprometido con el mediatizado, y a partir de esa confusión, generalmente deliberada, ya nada queda claro» *(Poesía última,* página 58). Claudio Rodríguez rechazaba el presupuesto realista según el cual la comunicación es el valor exclusivo, o fundamental, de la palabra poética, reclamando en cambio su valor pleno dentro del poema: «Las palabras funcionan en el poema, no sólo con su natural capacidad de decir o significar, sino, además, en un grado fundamental, en el sentido de su actividad en el conjunto de los versos. Por eso son insustituibles» *(Poesía última,* pág. 88). Carlos Sahagún cuestionaba la conexión estrecha que la poesía social había establecido entre poeta y público, y el entendimiento de la palabra poética en los términos simplistas definidos anteriormente por Castellet: «Algo inherente a la naturaleza de la poesía —dice Sahagún— hace que sea muy difícil recorrer el camino hacia el público. En cada palabra del poeta hay presente un conjunto de vivencias psíquicas personales, que casi nunca coinciden con las que se despiertan en el lector. Toda palabra tiene una referencia primaria al objeto nombrado, que podríamos denominar *significado social.* Pero el poeta se resiste a ver en las palabras tan sólo ese significado general y público. Para él, las palabras tienen, además, un amplio poder evocador» *(Poesía última,* págs. 120-121). Finalmente, José Ángel Valente arremetía contra el postulado básico de la poesía social, según el cual el arte es comunicación; a cambio proponía un entendimiento del poema como una experiencia nueva, que no es previa al poema, sino que el conocimiento que éste proporciona «se produce en el mismo proceso creador y es [...] el elemento en que consiste primariamente lo que llamamos creación poética» *(Poesía última,* pág. 157)[24].

---

[24] En su poética para esta antología, desarrolla Valente ideas que había formulado previamente en «El moribundo», *El Ciervo* 91 (1961), y en su «Respuestas a una encuesta», *Ínsula* 205 (diciembre 1963). El tema se trata extensamente en el libro de Juan José Lanz Rivera, *La llama en el laberinto. Poesía y poética en la generación del 68* (Mérida, Editora Regional de Extremadura, 1994) págs. 35-65, esp. 36-37.

La disidencia que Valente, Rodríguez, Sahagún y González expresaban en sus manifestaciones incluidas en la antología de Ribes *Poesía última*, había recibido una formulación expresa diez años antes entre un grupo de poetas catalanes, siendo de éstos Jaime Gil de Biedma quien mayor influencia va a tener entre los poetas de las generaciones posteriores. El primer desacuerdo que manifiestan estos poetas con las líneas generales de la poesía social se centra en el postulado básico expuesto en la *Antología consultada*, según el cual la comunicación es el imperativo básico de la creación poética. Estudiando las relaciones entre el lenguaje y la realidad, Juan Ferraté, un crítico cercano a dichos poetas catalanes, y cuyas ideas importan para entender la evolución de algunos poetas novísimos, apunta en un estudio de 1955 las contradicciones que pueden surgir entre poema y realidad, escribiendo: «Es en la violencia que el lenguaje poético ejerce sobre la lengua común donde se hace patente la articulación informulada de la experiencia práctica [...] Y es en la correspondiente articulación del lenguaje común donde la poesía acepta, rechaza, transforma o contradice la objetividad práctica. El poeta no es nunca un alucinado, pero tiene que parecerlo cuando violenta el lenguaje común para expresar con él su interpretación de la realidad»[25].

En este ambiente de revisión de los postulados básicos de la poesía social aparece *Nueve novísimos poetas españoles*. En esta nueva antología Castellet se desdice de sus anteriores formulaciones en favor del realismo y declara que «en un momento dado (que se sitúa alrededor de 1962), los postulados teóricos del realismo empiezan a convertirse en pesadilla para muchos, incluidos algunos miembros de la generación que con más virulencia los predicó»[26]. La ruptura definitiva con los presupuestos del realismo se había producido cinco años antes de la publicación de *Nueve novísimos* cuando, en torno a 1965, irrumpe en el panorama literario español una nueva generación de escritores.

---

[25] «Poesía y realidad» (1955), estudio recogido en Juan Ferraté, *Dinámica de la poesía* (Barcelona, Seix Barral, 1968), pág. 24.

[26] Castellet, *Nueve novísimos*, pág. 17.

En un artículo de 1983 («La corte de los poetas») describía Carnero los términos en que se estableció la ruptura con el realismo y la poesía social. Por un lado, destaca una disidencia que podríamos denominar interior, porque surge entre los mismos poetas que con anterioridad habían aceptado la poesía social: «Esa disidencia la constituyen [...] José Ángel Valente *(A modo de esperanza*, 1955), Carlos Barral *(Metropolitano*, 1957), Jaime Gil de Biedma *(Compañeros de viaje*, 1959) [...] y un poeta en lengua catalana inseparable del grupo castellano de Barcelona, Gabriel Ferrater *(Da nuces pueris*, 1960)». Junto a ellos, poetas como Carlos Bousoño *(Invasión de la realidad*, 1962), José Hierro *(Libro de las alucinaciones*, 1964), Claudio Rodríguez *(Don de la ebriedad*, 1953) y Francisco Brines *(Las brasas*, 1960), que se distinguen de los antes citados porque jamás aceptaron los presupuestos de la poesía social. Paralelamente, destacan una serie de poetas que se habían mantenido al margen de las corrientes dominantes en la poesía de postguerra, y que se encuadran en tendencias alternativas de las que el poeta destaca un irracionalismo de origen surrealista (representado por autores como José Luis Hidalgo, Miguel Labordeta o Juan Eduardo Cirlot) y el grupo *Cántico* de Córdoba, al que Carnero dedicó un estudio aparecido en 1976[27]. Pero mayor importancia tiene la generación joven, cuyos miembros comienzan a publicar a partir de 1965. Los poetas de esta generación desechan los postulados de la poesía de postguerra y reivindican la tradición de poesía simbolista, las vanguardias y la poesía de la preguerra. Carnero, sin embargo, ha matizado dicho rechazo general indicando que:

> Cuando, entre 1965 y 1970, se produzca una radical renovación en la poesía española, consistirá en la ruptura con esas tendencias dominantes, fundamentalmente con la reinante

[27] *El grupo «Cántico» de Córdoba: un episodio clave de la historia de la poesía española de postguerra* (Madrid, Editora Nacional, 1976). Sobre las formas de poesía de postguerra que no siguen los presupuestos de la poesía social, *vid.* A. Debicki, «Poesía española de la postmodernidad», *Anales de Literatura Española* 6 (1988), págs. 165-180.

entonces, la poesía social. Ruptura que iba acompañada de curiosidad, simpatía y en ocasiones admiración hacia las disidencias mencionadas. Algunas de ellas tuvieron un influjo auténticamente magisterial sobre los jóvenes poetas de hace veinte años. A ese magisterio hemos de añadir otros dos. El más universal, permanente y rotundo fue, y ha seguido siéndolo, el de Vicente Aleixandre, en cuya magnífica técnica del verso se formaron todos los poetas de que hablamos. A su lado, y con influjo no menor, y por las mismas razones, el de Luis Cernuda, aunque su obra tardó un poco más en ser fácilmente accesible (Carnero, «La corte de los poetas», páginas 47-48).

Entre 1965 y 1970, en fin, se produce la aparición de los primeros libros de la nueva generación, siendo posible distinguir dos momentos por lo que se refiere a la irrupción de los nuevos nombres. En un primer momento destacan los libros que marcan la aparición de los nuevos poetas y que presentan por primera vez una poesía ajena al gusto establecido. Se trata de *Arde el mar* (1966) de Pedro Gimferrer; *Dibujo de la muerte* de Guillermo Carnero, *Una educación sentimental* de Manuel Vázquez Montalbán y *Teatro de operaciones* de Antonio Martínez Sarrión, todos ellos aparecidos en 1967; y *Tigres en el jardín* de Antonio Carvajal, *Cepo para nutria* de Félix de Azúa, *La muerte en Beverly Hills* de Pedro Gimferrer y *Los pasos perdidos* de Marcos Ricardo Barnatán, publicados en 1968. Les siguen los libros que, aparecidos entre 1969 y 1971, sirven para consolidar dicha ruptura; algunos de los nombres y de los títulos más representativos son: *Preludios a una noche total* de Antonio Colinas y *Génesis de la luz* de Jaime Siles, que aparecen en 1969; *Así se fundó Carnaby Street* de Leopoldo M. Panero, de 1970; y *Los retratos* de Luis Alberto de Cuenca y *Sublime solarium* de Luis Antonio de Villena, aparecidos en 1971[28]. Otras antologías o selecciones en revistas vendrían a completar poco después la nómina de la nue-

[28] *Vid.* Juan José Lanz, *La llama en el laberinto*, págs. 35-65; y Ángel Luis Prieto de Paula, *Musa del 68. Claves de una generación poética* (Madrid, Hiperión, 1996), págs. 39-75.

va generación. Entre ellas destacan las de: Antonio Prieto, *Espejo del amor y de la muerte* (Madrid, Azur, 1971); Florencio Martínez Ruiz, *La nueva poesía española* (Madrid, Biblioteca Nueva, 1971); José Batlló, *Poetas españoles postcontemporáneos* (Barcelona, El Bardo, 1974); Víctor Pozanco, *Nueve poetas del resurgimiento* (Barcelona, Ámbito, 1976). Más tarde, la antología de Concepción G. del Moral y Rosa M.ª Pereda, *Joven poesía española* (Madrid, Cátedra, 1979), supuso el definitivo reconocimiento académico de la nueva generación, al aparecer en una colección destinada al público universitario. Este reconocimiento académico había sido precedido por la antología de Gustavo Correa, *Poesía española del siglo XX* (Nueva York, Appleton Ct. Crofts, 1972), y se completaría más tarde con las siguientes selecciones: Gustavo Correa, *Antología de la poesía española, 1900-1980* (Madrid, Gredos, 1980); José Luis Cano, *Lírica española de hoy* (Madrid, Cátedra, 1974); Miguel García Posada, *Cuarenta años de poesía española* (Madrid, Cincel, 1979); José Luis García Martín, *Las voces y los ecos* (Madrid, s.e., 1980); José Luis Falcó y Fanny Rubio, *Poesía española contemporánea, 1939-1980* (Madrid, Alhambra, 1981); y G. L. Solner, *Poesía española hoy* (Madrid, Visor, 1982). Finalmente, las selecciones de Mari Pepa Palomero, *Poetas de los 70* (Madrid, Hiperión, 1987), y Juan José Lanz, *Antología de la poesía española, 1960-1975* (Madrid, Austral, 1997), destacan en los últimos años por haber establecido un primer balance histórico-crítico de los nuevos poetas.

La transformación propuesta por la nueva promoción de poetas se impone rápidamente, y su ruptura con las formas de escribir y entender la poesía es aceptada incluso por los miembros de las generaciones precedentes, pues, como indica Debicki, los escritores de estas generaciones «se habían desilusionado con la capacidad de la poesía de tratar temas vitales y temas sociales, y se desplazaron a enfoques poéticos más formales»[29].

[29] Andrew P. Debicki, *Historia de la poesía española del siglo XX* (Madrid, Gredos, 1997), pág. 197.

«Dibujo de la muerte»

En 1967 aparece *Dibujo de la muerte*. Consta en su primera edición de veintiún poemas. En la segunda, aparecida en Barcelona en 1971, desaparece el poema «Pedraza», y son añadidos cuatro poemas más: «Amanecer en Burgos» y «Atardecer en la pinacoteca», procedentes de *Libro de horas* (1967), y dos poemas nuevos, «Sagrado Corazón y Santos, por Iacopo Guarana (1802)» y «El embarco para Cyterea». La edición definitiva, publicada en la recopilación de 1979, se completa con dos poemas más, «Boscoreale» y «Plaza de Italia».

Acierta Debicki al indicar que este libro fue inmediatamente considerado una obra maestra (*Historia de la poesía*, pág. 196). Las reseñas del momento coinciden al señalarlo como «el más hermoso libro de la nueva generación» (Marcos Ricardo Barnatán, «Dos aproximaciones», pág. 138), y ha de servir a la crítica para establecer algunas de las características más visibles de los nuevos poetas: esteticismo (Jiménez Martos, *Estafeta Literaria*, 18-XI-1967), decadentismo (Lorenzo Gomis, *La Vanguardia*, 6-VII-1967), culturalismo (Rafael Morales, *Arriba*, 3-IX-1967) y, en fin, una estética en la que predomina el lujo como indicio de una conciencia que resulta elitista y exquisita porque se ha alejado voluntariamente de la realidad (Joaquín Marco, *Destino*, 9-VI-1967), llenando la ausencia de realidad con otra realidad artificial, inventada[30]; esta invención se corresponde además con una profunda reflexión sobre la temporalidad y la muerte.

«Estética del lujo y de la muerte» fue la frase afortunada que usó José Olivio Jiménez para definir este libro y, junto con él, uno de los aspectos capitales de la renovación poética que se iniciaba con la nueva generación; de hecho, es la

[30] El poeta mismo, en una entrevista de estos años, declara precisamente que «la suntuosidad de *Dibujo de la muerte* es resultado de la necesidad de llenar la ausencia de realidad con una realidad artificial, inventada» («Guillermo Carnero, o el decadente y su moral», *Anué cultural* 15 [marzo 1972], pág. 25).

Pompeo Batoni, *El Triunfo de Venecia* (1737), Raleigh, North Carolina Museum of Art.

muerte el principio organizador de todo el libro: como agudamente indicó José Olivio Jiménez mismo, los poemas en el conjunto del libro actúan como un *crescendo* de la presencia imperiosa y fatal de la muerte, iniciándose con la muerte en la piedra de «Ávila», poema con que se abre el libro («un cuerpo demasiado hermoso para haber vivido, / muerto en la piedra») y concluyendo en el poema «Bacanales en Rímini» con que terminaba la primera edición, donde se formula la lección suprema del triunfo de la muerte, presentada como «la única certeza que nos ha sido dado alzar sobre la tierra»[31]. El poema «El embarco para Cyterea», añadido a la segunda edición y con el que termina la edición definitiva, introduciría una reflexión sobre lo inútil del empeño de salvarse de la muerte en la realidad del amor:

> También alguna vez hice el viaje
> intentando creer y ser dichoso
> y repitiendo al golpe de los remos:
> aquí termina el reino de la muerte.

Se trata de una reflexión en la que la melancolía inicial («Hoy que la triste nave está al partir») aparece mitigada por el desdén o el escepticismo que cierra el poema y que, como una forma de saber que habría que calificar de «saber negativo», resulta equiparable al *spleen*[32] y a la distancia contemplativa de los bohemios y decadentes de fin de siglo. Los versos finales de este poema sugieren de hecho esa actitud de despego o distancia antes apuntados:

> Y no guardo rencor
> sino un deseo inhábil que no colman
> las acrobacias de la voluntad,
> y cierta ingratitud no muy profunda.

La belleza recreada en el libro, descrita a través de obras de arte que han sido más duraderas que sus creadores, tiene de

---

[31] José Olivio Jiménez, *Diez años de poesía española* (Madrid, Ínsula, 1971), pág. 378.
[32] Antonio García Berrio, *Teoría de la literatura*, pág. 363.

este modo una capacidad modesta de concretar los afanes humanos[33].

Estética y tiempo, belleza y muerte —o «cadáveres y rosas», según se dice en el verso final del poema «Bacanales en Rímini»— son las constantes del libro. *Dibujo* comienza con el poema «Ávila», quizá uno de los más hermosos del autor, en el que se establece la estructura temática de todo el libro: el conflicto que existe entre la belleza perdurable del arte frente a la decadencia del ser humano que crea dicho arte o que lo contempla (Carlos Bousoño, «La poesía de Guillermo Carnero», págs. 25-27) y, por extensión, la frustración ante las obras del hombre que devienen en no más que espejo o dibujo de su propia muerte: «Los poemas de *Dibujo de la muerte* son un doloroso paseo entre galerías y espejos que repiten nuestra imagen y el eco de nuestros pasos»[34]. La situación elegida —el sujeto del poema contempla la tumba del príncipe don Juan, primogénito de los Reyes Católicos, obra de Domenico Fancelli y una de las primeras muestras artísticas del Renacimiento español— sirve como analogía para la acción de escribir el poema y, correspondientemente, para la operación de leer. El mármol trabajado por Fancelli funciona de este modo como correlato de la situación en que se encuentra el autor y, por extensión, de la situación en que ha de verse el lector: escultor/tumba, poeta/poema, lector/lectura.

El poema no se refiere a la realidad inmediata de que parte o en que vive el autor, ni quiere modificar ésta como pretendían los autores de postguerra, sino que crea un mundo propio en el que el lenguaje cotidiano pierde su cualidad puramente denotativa para cargarse de una emoción que concuerda con lo que los formalistas rusos y, más tarde, los miembros del Círculo de Praga describieron como funcionamiento específico del lenguaje poético. Esto concuerda con la definición que en aquellos años ofrece Carnero de lo que ha de ser el poema: concibiendo la poesía como una forma de humanismo, en la poética que precede a la selección de

[33] A. L. Prieto de Paula, *Musa del 68*, pág. 65.

[34] Jaime Giordano, «Reflexiones sobre "Ávila"», *España contemporánea* 3. 2 (1990), pág. 71.

sus poemas para la antología de Martín Pardo, el poeta declara que «se precisa un movimiento emocional del poeta hacia hechos, figuras o signos comprendidos en el contenido del tema, y una aplicación consciente y discriminatoria de los procedimientos en que resida la creación del efecto poético»; con esto se obtiene una «transformación operada sobre el lenguaje de manera que trascienda éste de algún modo su mera función indicativa»[35].

Formalmente, el libro responde a la estética de la nueva generación, como puntualmente percibieron gran parte de los críticos que reseñaron el volumen en el momento de publicarse la primera edición. A los rasgos de escuela ya mencionados —decadentismo, venecianismo, culturalismo, etc.—, cabe añadir el uso del verso libre o versículo que, parafraseando al autor, se puede describir como la forma que los poetas españoles de su generación van a aprender de Aleixandre y de Cernuda. Este uso del verso libre en ningún modo implica descuido pues Carnero, y los demás poetas de esta generación, tienen un profundo conocimiento de la tradición culta (Bousoño, «La poesía de Guillermo Carnero», págs. 37-41); el poeta mismo ha hablado de sí y de sus compañeros de generación como poetas del Mester de Clerecía, esto es, como miembros de una tradición de sabios artífices del verso.

En la poética ya mencionada, incluida en la antología de Martín Pardo, el poeta declara que el poema ha de contener todos los elementos necesarios para su interpretación y, desestimando el lenguaje descriptivo o narrativo habitual en la lengua hablada y en la tendencia prosaica de la poesía social, propone el uso de correlatos objetivos y el uso de la tradición cultural como fuente de temas y situaciones que sirvan para dar cuenta de la sensación que el poeta desea expresar: «El poema deberá ser un sistema coherente que contuviera —en orden a la operación de leer [...]— la exposición de todas las claves necesarias. Si no se estima suficiente el uso del lenguaje descriptivo-narrativo habitual, debe acudirse a un correlato objetivo que exista con independencia del poeta y del

[35] E. Martín Pardo, *Nueva poesía*, pág. 62.

poema. La historia de la cultura es venero inagotable» (cit., pág. 63).

El uso de correlatos objetivos no supone la eliminación del *yo* poético[36], sino que éste se expresa de modo indirecto refractándose la experiencia que el poeta quiere comunicar en un personaje o situación procedentes de la historia de la cultura, y expresándose la experiencia antedicha mediante analogía. Se trata de usar la primera persona, y al mismo tiempo de eludirla por un procedimiento indirecto de expresión del *yo* mediante la mención de un personaje histórico situado en una coyuntura vital análoga a la que el autor siente, con el fin de reconstruir imaginativamente esa coyuntura con los suficientes elementos objetivos para que el lector, por su parte, puede asimismo reelaborarla mentalmente[37]. De este modo, las posibilidades expresivas de la lengua poética se multiplican y se evita el exceso sentimental en que cae la expresión en primera persona, heredera del *yo* romántico.

Al usar correlatos objetivos Carnero sigue la tendencia iniciada por Eliot y Ezra Pound respecto a la poesía moderna, y que ya había sido asumida por importantes poetas del 27 (Aleixandre, Cernuda). «La única forma de expresar la emoción en la forma artística —dice Eliot— es mediante un "correlato objetivo"; esto es, mediante una serie de objetos, una situación, una serie de sucesos que han de ser la fórmula de esa emoción particular; de este modo se dan los factores externos que han de concluir en una experiencia sensible, y la experiencia es inmediatamente evocada»[38]. De Pound procede esa reflexión personal que se pasea por la Historia para ofrecer un ambiente que evoca en el lector la imagen que el poeta quiere sugerir. Y de la Historia proceden los escenarios a que alude el poeta: el Renacimiento (Santo Tomé en

---

[36] Jill. Kruger-Robbins, *Frames of Referents. The Postmodern Poetry of Guillermo Carnero* (Lewisburg, Bucknell University Press, 1997), págs. 29-50.

[37] G. Carnero, «Culturalismo y poesía novísima», en Biruté Ciplijauskaité, (ed.), *Novísimos, postnovísimos, clásicos* (Madrid, Orígenes, 1990), págs. 20-21.

[38] T. S. Eliot, «Hamlet and His Problems», *The Sacred Wood* (Londres, Methuen, 1950), pág. 100; trad. mía.

«Ávila») y la Edad Media (Las Huelgas Reales en «Amanecer en Burgos»), el lenguaje y el *Quijote* («Castilla»), el siglo XVIII («Capricho en Aranjuez»), la Italia clásica o renacentista («Boscoreale», «Pisa»); otros proceden de la literatura (la Venecia de Thomas Mann en el poema «Muerte en Venecia»; la Torre Farnesio de Stendhal en «Panorama desde la Tour Farnese») o de la pintura («Les charmes de la vie», «Tempestad», «Plaza de Italia», «El embarco para Cyterea»). De este mundo imaginario, poblado por figuras artísticas y literarias cuya realidad no es más que estética, surge una imagen del *yo* del poeta como heredero de la edad dorada de los mitos (A. García Berrio, *Teoría de la literatura*, pág. 363).

De la historia de la cultura procede asimismo el ambiente de lujo y de elaboración estética del libro. Las telas suntuosas, el refinamiento en los objetos, y hasta los objetos de la naturaleza que aparecen en *Dibujo de la muerte* tienen un tinte literario o artístico, de modo que la experiencia de la realidad que ofrece el poeta ha sido filtrada previamente a través del prisma de la cultura y del lenguaje. Por ejemplo, no se trata de flores u objetos naturales (p. ej., el codeso) sino que se mencionan como realidad exótica (i. e., cítiso) en tanto que remiten a una experiencia leída, esto es, convertida en experiencia cultural: los cítisos del poema «Tempestad», que remiten a un episodio de *El retrato de Dorian Gray;* o las violetas de Parma, del poema «Óscar Wilde en París», mencionadas como lenguaje cifrado al ser representación ducal en la heráldica. El poeta, dice Bousoño, se inspira de modo explícito o connotativamente en el arte, y no directamente en la vida, pero no por desprecio de ésta, como ocurría entre los estetas del siglo XIX, sino por considerar incognoscible la realidad e inexpresable su experiencia por el sujeto (Bousoño, «La poesía de Guillermo Carnero», págs. 34-35). Por ello, las descripciones se sacan de cuadros u otras obras de arte, o se sugieren en la experiencia que dichas obras quieren transmitir; o bien se recrean en personajes procedentes de la historia literaria.

A diferencia de la poesía precedente, que buscaba una redención mediante el lenguaje, el motivo dominante y tal vez más notablemente renovador de *Dibujo de la muerte* es el rechazo de la consideración de la obra de arte como salvación de la vida[39]. Indiqué con anterioridad que la muerte es el principio organizador del libro, «la única certeza» que queda en la contemplación de tanta belleza, el otro principio que el libro elabora. Comentando estos dos elementos estructurales, inicialmente descritos por José Olivio Jiménez, Bousoño indica que se ofrecen alternativamente de modo que, si un poema se encarga de presentar exclusivamente la belleza, otro poema inmediatamente despliega la contrapuesta noción. Así, el poeta nos pinta primero un mundo de refinamiento o de arte y belleza que, de un modo u otro, muestra con posterioridad su revés de finitud o de carroña («La poesía», pág. 45).

Esta alternancia entre belleza y muerte crea interesantes tensiones en el libro, destacando siempre la imagen artística en su relación con la vivencia. Porque, a diferencia de lo que ocurre con otros miembros de su generación, para quienes la relación entre la literatura y el arte por un lado, y la vida por otro, es una obsesión primordialmente intelectual, Carnero abre una posibilidad a la vivencia: si se trata de poetizar el recuerdo de lo vivido, para Carnero tienen el mismo valor una experiencia vivida y una experiencia artística[40]. Y en ocasiones ambas aparecen mezcladas en la sugerencia que nos ofrece el personaje elegido. Tal es el caso del paralítico Clifford Chatterley, personaje literario procedente de la novela *El amante de Lady Chatterley* de D. H. Lawrence, y que nos habla en el poema «Primer día de verano en Wragby Hall», personaje a quien precede el poeta francés Paul Scarron; se trata en este caso de un personaje histórico funcionando como correlato objetivo del poeta en «Melancolía de Paul Scarron, poeta burlesco». Dos personajes, por tanto, uno histórico (Paul Scarron), otro literario (Clifford Chatterley), ambos impedidos e igualmente incapacitados para el goce y la vida. Experiencia literaria y experienca histórica aparecen así como realidades equivalentes, y tienen un mismo valor como enseñanza para la experiencia personal, vivida, que el lector

[39] Ignacio Javier López, «Metapoesía en Guillermo Carnero», *Zarza Rosa* 5 (1985), pág. 38.

[40] Juan L. Ramos, «Meditaciones», *Ideologies and Literature* 1.1-2 (1985), pág. 211.

evoca en la lectura de estos poemas. Éste sería, en última instancia, el valor último del culturalismo, que el poeta define como resultado de una posesión pública y pacífica de la cultura que no está limitada por su vinculación a visiones redentoras (Carnero, «Culturalismo y poesía novísima», pág. 20).

El valor de estas experiencias como problema vital permite entender el interés de Carnero por los personajes decadentes y exquisitos, o su preferencia por elegantes víctimas de la tradición artística y de la Historia: Óscar Wilde, Watteau, Brummel, Giovanni Sforza, Ludovico Manin. Algo que unifica a todos ellos es su fragilidad, la presencia del tiempo con su labor de zapa, amenazando y, en última instancia, destruyendo su existencia o su circunstancia. Así, no se trata del exquisito Óscar Wilde, o no exclusivamente de él, sino de Óscar Wilde en París; esto es, se trata de evocar al personaje en el escenario al que marchó a morir derrotado y enfermo tras su estancia en la prisión de Reading. Del mismo modo, no se trata tan sólo de evocar el mundo delicado de Watteau, sino de evocarlo desde su frágil coyuntura de ser enfermo de tuberculosis, retirado en la localidad de Nogent-sur-Marne, donde falleció en 1721. Reflexiones análogas pueden hacerse respecto a Giovanni Sforza, muerto en Pésaro a manos de su cuñado César Borgia, o de Ludovico Manin, último Dux de Venecia, derrotado y depuesto por Napoleón en 1797. En este sentido, Prieto ha indicado hábilmente la importante diferencia que separa el uso de estos personajes decadentes por Carnero respecto a su uso en la literatura del último fin de siglo: «si el esteticismo, en anteriores épocas, tenía la función de mostrar un modelo de vida por encima de las mezquindades y recortes de la existencia usual y corriente, en Carnero está sistemáticamente timbrado por un valor trágico o negativo. Los personajes que encarnan el lujo y el hedonismo no resultan, a la postre, triunfadores en el carnaval con que se identifica la vida, sino, muy al contrario, grandes derrotados, por lo que la presunta invitación a su seguimiento vital termina por ser un irónico aviso del moralista *sui generis* que es el poeta» (Prieto, *Musa del 68*, pág. 58).

La poesía de postguerra había buscado una justificación extraliteraria basada en la orientación moral de sus temas. Diferente es el caso de *Dibujo de la muerte*, donde el poeta apunta la existencia de una postura moral implícita, que es preciso leer entre líneas, y que resulta de un sentimiento de segregación de la realidad («Guillermo Carnero, o el decadente y su moral», *Anué cultural*, núm. 15, marzo 1972, pág. 25). En este sentido, Vicente Molina Foix ha indicado la existencia de dos orientaciones complementarias en la poesía de Carnero: por un lado, un lenguaje y un mundo exquisitos, manifestados en un vocabulario selecto y en el ambiente de lujo y opulencia que ya queda descrito; poemas como «Capricho en Aranjuez» o «Panorama desde la Tour Farnèse» vendrían a ejemplificar esta orientación inicial, que permite al sujeto del poema recrearse en el mundo de la cultura al sentirse heredero de la edad dorada de los mitos. Pero hay una regresión íntima análoga en otro tipo de poemas, que Molina Foix describe como respondiendo a una orientación alternativa. Se trata de una regresión a la intimidad como contrapunto a la vulgaridad que amenaza el entorno del poeta, regresión que ejemplifica el poema «El movimiento continuo» (Molina Foix, «Guillermo Carnero», págs. 236-237). En este poema encontramos una visión satírica que no niega la acción, sino el sentido de la misma. Comentando la forma de «El movimiento continuo», Prieto indica que contiene los ingredientes de una fábula («animales domésticos, animalillos, gansos soñolientos») de la que no se desprende enseñanza moral alguna, sino que llevan al poeta a concluir, con contundencia trágica, que la vida es una impostura, una locura dinámica que sólo se resuelve con la muerte (Prieto, *Musa del 68*, págs. 67-71).

Metapoesía

En 1971 aparece *El sueño de Escipión*, libro que tradicionalmente se ha señalado como el inicio de un cambio metapoético en la poesía del autor. Le siguen, dentro de la misma tendencia, *Variaciones y figuras sobre un tema de La Bruyère* (1974), *El azar objetivo* (1975) y los poemas «Discurso de la servidumbre voluntaria», «Le Grand Jeu» y «Ostende», que completan *Ensayo de una teoría de la visión* (1979).

Es preciso destacar, en primer lugar, que dicho cambio metapoético no supone una ruptura con *Dibujo de la muerte* sino una acentuación de este proyecto. (Véase la interpretación de «Castilla» apuntada en pág. 61 de esta introducción, nota 21 a dicho poema, y nota 124 a «Plaza de Italia».) En la nota preliminar a la recopilación publicada en 1979, el poeta indica que una preocupación similar caracteriza poemas como «Plaza de Italia», de *Dibujo,* y «Elogio de la dialéctica a la manera de Magritte», de *El azar.* Esta afirmación nos obliga a asumir inmediatamente que, antes que nada, el cambio metapoético antedicho resulta más de una modificación de intensidad que de un cambio de interés; o, como indica el autor, que a partir de *Dibujo* se escoge una parcela del mundo desarrollado en el primer libro con el fin de profundizar en aquél, y «esa parcela es el lenguaje, como elemento cultural que ha de merecer una atención preferente para el escritor, puesto que su vocación y su castigo consisten en usar precisamente un lenguaje que le entrega y desde el que le condiciona la cultura en que se encuentra situado» (Jover, «Nueve preguntas», pág. 150).

El concepto de metaliteratura se generaliza en el panorama literario español a partir de 1970. Desde un punto de vista histórico, es preciso considerar la metapoesía como realización en el género de la lírica de un fenómeno más amplio que indudablemente afecta a los demás géneros literarios —de ahí que, en la poética descriptiva y en los análisis históricos de este período, se haya hablado de metanovela y de metateatro—, tratándose además de un fenómeno supranacional, afectando por consiguiente a autores de distintas tradiciones en un mismo momento histórico. En su *Five Faces of Modernity*, Calinescu sugiere un posible origen para este desarrollo de la metaliteratura, estableciendo un contraste entre el momento presente (que siguiendo la convención denominaremos postmoderno) y las vanguardias: mientras los vanguardistas entendieron que la forma era convencional, y exhibieron dicha forma para dar cuenta de su inherente convencionalismo, los autores postmodernos son igualmente conscientes de que el tema es tan convencional como la forma. El discurso se centra así en el discurso mismo, destacando su valor convencional y al mismo tiempo su incapacidad para acceder a la realidad.

En 1971.

La metapoesía resulta, por tanto, de una orientación negadora dentro de la cultura contemporánea, orientación que Bousoño describió lúcidamente en su afamado estudio preliminar a la recopilación publicada por Carnero en 1979 con el título *Ensayo de una teoría de la visión*: «La metapoesía —dice Bousoño— es no sólo testimonio de las falacias de la razón racionalista y su desprecio por el individuo, sino denuncia y reprobación de la injuria que, de esta guisa, comete el espíritu de Totalidad contra la integridad del hombre» («La poesía de Guillermo Carnero», pág. 61). En términos similares se expresa más tarde Scarano, afirmando: «Desde el principio el discurso de Carnero elabora un paradigma programático que constituye una estética negativa, apoyada en refutaciones desmitificadoras de la concepción dominante del arte propia de una estética simbólica y trascendente [...] Su cuestionamiento del lenguaje es, a la vez, cuestionamiento del discurso cultural de la época y denuncia de las falacias que la sociedad ha erigido como absolutos»[41]. La metapoesía viene así a demostrar el valor puramente parcial y provisional (arbitrario, diría Saussure) de los distintos postulados anteriormente concebidos como absolutos (Kruger-Robbins, *Frames of Referents*, pág. 52).

La metapoesía ha sido definida como una manifestación del carácter imaginario, o sea, no real, de la obra estética (Bousoño, «La poesía de Guillermo Carnero», pág. 61), y ha sido estudiada como constatación del fracaso del lenguaje poético para aprehender la experiencia original de que parte (López, «Metapoesía en Guillermo Carnero», pág. 53); formalmente, se ha indicado que el texto metapoético es aquel en que se rompe deliberadamente la línea de demarcación entre el texto como elaboración artística y el texto como examen crítico de dicha elaboración; y, vinculando la metapoesía con la modernidad, ha sido descrita como proceso (no como producto) y como textualización de la realidad (Debicki, *Historia*, pág. 192). Carnero mismo ha indicado que la me-

[41] Laura Scarano, «La poesía de Guillermo Carnero: una estética de la negatividad», *Anales de la Literatura Española Contemporánea* 16.3 (1991), pág. 321.

tapoesía es el discurso poético «cuyo asunto, o uno de cuyos asuntos, es el hecho mismo de escribir poesía y la relación entre autor, texto y público». Un metapoema —continúa Carnero— cuenta así con dos niveles discursivos paralelos; el primero formado por lo que habitualmente entendemos por poema, mientras que el segundo reflexiona sobre la naturaleza del poema, sobre sus orígenes y condicionamientos. La práctica de la metapoesía requiere, por tanto, «capacidad de reflexión sobre el problema de la escritura». Por último, el segundo de los dos niveles descritos, o nivel propiamente metapoético, se estructura sobre el primero, sea éste tácito o expreso, reproduciéndose de este modo la secuencia histórica que lleva de la poesía a la metapoesía, pues «no puede haber metapoesía si no hay poesía primero» («La corte de los poetas», pág. 57).

El sueño de Escipión vendría a ejemplificar esta doble estructuración de la metapoesía que tiene, en última instancia, una función distanciadora (López, «Ironía», págs. 1 y 10). Parafraseando la anterior descripción que el poeta proporciona de lo que es un metapoema, observamos que el nivel «inicial» de *El sueño* está formado por un poema de asunto o contenido amoroso; la reflexión metapoética ulterior, que se estructura sobre dicho poema «inicial», se ocupa de explorar la huida personal de esa experiencia amorosa y la resolución de ésta en lenguaje.

Según ha revelado Carnero, el poema se escribió en Inglaterra, concretamente en Cambridge, donde el autor pasó el invierno de 1970 y la primavera del 71. Sobre la experiencia amorosa que motiva este poema y la distinta reacción que ésta genera en un poeta de su promoción frente a los de generaciones anteriores, Carnero ha manifestado lo siguiente: «Claro que si hubiera sido de otra generación hubiera podido resolverlo todo transcribiendo una serie de quejidos. Creo que tanto la imposibilidad generacional de escribir un libro de amor tradicionalmente entendido, como mi propio sentido de la ética, me llevaron a escribir *El sueño de Escipión* tal como salió, de lo que yo fui el primero en sorprenderme. El tema central del libro es el reconocimiento de la mezquindad constitutiva del escritor, que utiliza la cochambre de su propia experiencia para convertirla en poemas estéticamente bellos. Y ése es el tema de uno de los poemas de ese libro, que se titula *Erótica del marabú*, donde utilizo el marabú pájaro, que se alimenta de cadáveres y lleva en su cuerpo la pluma más preciada en alta costura, como símbolo de lo que hace el escritor al convertir su experiencia en lenguaje estéticamente bello» (Jover, «Nueve preguntas a Guillermo Carnero», pág. 151).

A pesar de su asunto amoroso original, el libro está desprovisto de sentimentalismo, como indicara hábilmente Bousoño («La poesía», págs. 53-66). Y esta ausencia de sentimentalismo lleva al poeta a explorar el discurso poético como manifestación de la experiencia, lo cual se hace con profunda ironía; consciente de la mezquindad de toda escritura, el autor cuestiona el valor del lenguaje para dar cuenta de la realidad y nuestras presuposiciones respecto a la misma. Si, por un lado, el poema trata de responder al interrogante de cómo convertir la experiencia en lenguaje (Ferrari, «Un espejo», pág. 143), por otro el autor es consciente de que la experiencia sobrevive exclusivamente como hecho lingüístico, siendo el amor un material vigente en el discurso literario, expresable en un escenario convencional, según se dice en el poema inicial, «Jardín inglés», donde se lee:

> Los árboles sin savia y los cuerpos sin luz
> dan en las alamedas ya borradas
> al viento su rigor, y la inmortalidad
> es patrimonio firme de lo muerto.
> Así tu cuerpo fue.

Comentando este poema, concluye Debicki que «"Jardín inglés", y el libro del que proviene, rompen con la premisa típica de la modernidad, de la obra de arte como un ente independiente, y nos sumergen en un proceso en que el tema, la técnica y el comentario se funden y confunden, y donde el texto, el autor implícito y el lector pueden colaborar de varias maneras» (*Historia*, pág. 212).

En el momento de su publicación *El sueño de Escipión* fue considerado como «una de las reflexiones más inteligentes y profundas [...] sobre el acto de creación poética. Reflexión cuya validez reside en haberse integrado en el discurso multiplicando sus planos semánticos» (Icardo, «Guillermo Carnero», pág. 3). *El sueño* toma su título de la conclusión del libro *De Republica* de Cicerón, conocida gracias a la edición con comentario de Macrobio. Años después Mozart compuso la ópera *Il sogno di Scipione,* en la que indica que la consecución del éxito y la virtud resultan de la Fortuna, o bien del Esfuerzo unido a la Constancia.

La versión de Mozart es la que interesa en particular al poeta, que entiende la inspiración poética como resultado de la fortuna y de la experiencia, viéndose el esfuerzo y la constancia reflejados en la técnica, en la conciencia del poeta y en la sabiduría artística. Y a explorar este planteamiento se dedican poemas como «Piero della Francesca» o «Cannonball Adderley»; en ellos se anuncia una preocupación que ha de alcanzar mayor desarrollo en los libros posteriores: el poeta se propone expresar las emociones con frialdad intelectual. A este respecto, frente a la aspiración romántica de dar expresión al mundo mediante el lenguaje, y a diferencia de los poetas sociales que deseaban transformarlo, Carnero entiende que el poema tiene una capacidad menos pretenciosa pero en modo alguno menos interesante; como se nos dice en el poema «Elogio de Linneo», el poema tiene la capacidad de ordenar el mundo reconstruyéndolo con el poder de una ciencia *(vid.* Prieto, *Musa,* pág. 61).

Variaciones y figuras sobre un tema de La Bruyère (1974) continúa la exploración hacia el centro del poema, hacia el lenguaje, que se inicia con *El sueño*[42]. Volvemos a encontrar en este libro la pulcritud lingüística que caracteriza toda la poesía de Carnero, y al mismo tiempo la crítica del lenguaje como medio adecuado para aprehender la realidad o la experiencia. «La poesía de Carnero —indica Antonio Colinas— se ilumina y crece precisamente gracias a la mucha, y al mis-

---

[42] *Vid.* Ricardo Bellveser, «Guillermo Carnero contra el miserable tráfico de las palabras», *Las Provincias,* 29-IX-1974; Teodoro Fernández, «Estética y razón en Guillermo Carnero», *Diario de Mallorca,* 10-X-1974; Juan Antonio Icardo, «Guillermo Carnero», *Ínsula* 341 (1975).

mo tiempo escasa, fe que como autor tiene en el lenguaje. Y no es poco —lo es casi todo— que el poeta se reconozca, y utilice y domeñe lo que le puede destruir: la palabra»[43].

Manifestándose contra el realismo y contra el surrealismo, ubicando el interés de su discurso en un punto virtual tan sólo definible por su rechazo de dos vicios alternativos, que el poeta identifica como la poesía de combate y la poesía basada en el irracionalismo surrealista químicamente puro, el volumen explora, en poemas como «Paestum», la expresión fría de las emociones, continuando por tanto el proyecto inicialmente expuesto en poemas como «Piero della Francesca» o «Cannonball Adderley» de *El sueño*. Los peligros y las posibles críticas de este proyecto son anticipados por el autor, quien, en «Discurso del método» y «Giovanni Battista Piranesi», entiende el efecto que estos poemas pueden tener en el lector, y la acusación de cientificismo e intelectualismo que podrían suscitar[44].

Variaciones es un libro central en la producción de Carnero. Es, asimismo, un libro estructuralmente diferente de los demás, estando dividido en cuatro partes bien diferenciadas: una introducción; una parte dedicada a las «variaciones»; otra a las «figuras», y un epílogo. Esta estructrua inmediatamente choca por su disposición ensayística, disposición que se hace más patente en el primero de los poemas, «Discurso del método», y en el uso de métodos o procedimientos del discurso filosófico y científico dieciochesco, como son los procedimientos analítico y sintético correspondientes a la variación y a la figura, respectivamente. Dichos procedimientos fueron formulados por Kant en su *Crítica de la razón pura*. Notamos así un cambio respecto al uso de correlatos objetivos en *Dibujo de la muerte*: en el primer libro de Carnero los personajes del Renacimiento y los estetas y decadentes de finales del XIX aparecen para sugerir la emoción que el poeta quiere transmitir; en *Variaciones*, en cambio, las formas del

[43] Antonio Colinas, «Variaciones hacia el centro del poema», *Informaciones* (12-I-1975, pág. 3.

[44] *Vid.* Abelardo Linares, «Guillermo Carnero, *Variaciones y figuras sobre un tema de La Bruyère*», *Estafeta Literaria* 562 (abril 1975), pág. 2.071.

discurso científico y filosófico de los siglos XVII y XVIII (Descartes, Kant) proporcionan al autor una posibilidad similar a dichos correlatos objetivos: el *yo* queda refractado en formas discursivas que tienen la función de explorar las posibilidades del lenguaje, y que, como indica el motivo inicial del libro anterior, se benefician precisamente de la imperfección del lenguaje.

Variaciones plantea, además, uno de los grandes motivos de la postmodernidad: la sensación de que el poeta se encuentra en un momento de crisis al vivir en una época de agotamiento cultural en la que todo ha sido ya dicho, y nada nuevo queda por decir (La Bruyère) o nombrar («Mira el breve minuto de la rosa»). Los vanguardistas habían confiado en el amanecer de una nueva cultura, lo que los llevó a adoptar una actitud rupturista con el pasado y la tradición. El poeta contemporáneo, sin embargo, entiende que el momento presente corresponde al cierre de una época cultural en la que es imposible introducir novedades. Puesto que todo está ya dicho y hemos llegado demasiado tarde, el autor postmoderno se ve obligado a introducir «variaciones» o a formular precisiones o «figuras» en la herencia cultural; esto es, se ve reducido a participar en un diálogo constructivo con la tradición (Jover, «Nueve preguntas», pág. 152). Describiendo esta situación en la literatura occidental, Matei Calinescu ha indicado que este diálogo adopta la forma de alusiones, comentarios críticos, citas, referencias inventadas o lúdicamente distorsionadas, recolecciones, trasposiciones, anacronismos deliberados, mezcla de dos o más modos históricos y, en suma, todo aquello que convierte la literatura del presente en una forma de arqueología (según las acertadas precisiones de Foucault o John Barth), arqueología que parece ser el destino del poeta según se indica en «Giovanni Battista Piranesi».

Según Catherine Ruth Christie (*Poetry and Doubt in the Work of José Ángel Valente and Guillermo Carnero,* pág. 1), entre fines de los años cincuenta y la década de los setenta, una creciente falta de fe en la palabra poética para expresar la experiencia se reveló especialmente fecunda para Valente y Carnero, dando a la poesía española un nuevo impulso que supuso su orientación postmoderna. Valente fue un importante elemento de transición, y la obra de Carnero un excelente ejemplo de poesía que abre un nuevo territorio y posibilita un nuevo camino, más allá de la oscilación entre poesía «humana» y «deshumanizada» que ha determinado las corrientes poéticas en la España de este siglo.

El sueño y *Variaciones* forman una unidad de propósito, y ha habido críticos que han entendido estos dos títulos como distintas partes de un solo libro en el que se plantea el hecho de que la realidad se integra en el poema y éste a su vez configura la realidad insertándose en ella, pero todo ello con un resultado negativo[45]. El poeta mismo alude a esta interrelación negativa entre lenguaje y realidad cuando indica que los goces de la palabra son bastardos y que el poema es estéril al no permitirnos el acceso a la realidad; todo lo más, concluye el poeta, nos asegura la existencia de un orden. El mismo interés persiste en el libro siguiente, *El azar objetivo* (1975), nuevo título que confirma la unidad de la obra del poeta en cuanto que éste «de nuevo se propone una operación de dos factores: la realidad y el lenguaje. Lo que ya se ha visto en *El sueño* y *Variaciones*»[46].

Como indicó Carnero en su estudio sobre Dalí, el Azar Objetivo es, junto con la Alucinación Voluntaria y el Humor Objetivo, uno de los tres pilares fundamentales de la filosofía surrealista, según el cual «quien sea capaz de alucinación, y de conservarla gracias al Humor Objetivo, verá caer el telón de falsa realidad que la educación y la cultura le imponen, perderá los hábitos convencionales de percepción del mundo y de sí mismo, y tendrá acceso a la epifanía de la rea-

---

[45] José Piera, «Los lúcidos fantasmas de Guillermo Carnero», *Camp de l'Arpa* 14 (1974). Sobre la desconfianza en el lenguaje para expresar la realidad, y tras referirse a Antonio Machado, Henri Bergson y Jacques Derrida, escribe Christie (pág. 55): «Habiendo perdido [Valente] la confianza en las facultades humanas llamadas a conocer, confía en la palabra poética como una última esperanza. Pero ésta está fundada en la creencia en un vínculo, originario y recuperable, entre el mundo y la palabra. Cuando esta creencia falte, se iniciará la trayectoria de la poesía de Carnero» (traducción mía).

[46] César Simón, «Fracaso y triunfo del lenguaje en Guillermo Carnero», *Papeles de Son Armadans* 249 (1976), pág. 254.

lidad en los fenómenos del Azar Objetivo»[47]. No obstante, Carnero usa esta expresión surrealista con valor irónico: ya en *Variaciones y figuras* el poeta advierte de su rechazo del surrealismo, y los poemas de *El azar* siguen una poética que está basada en los modelos neoclásicos[48], desarrollándose según dos modelos formales alternativos. Como se dice en el motivo de Platón que encabeza el libro, el volumen alterna la fábula y el discurso razonado. Explicando el valor de estas elecciones, Lanz escribe:

> Frente a los peligros que veía en 1974 ante la recuperación del surrealismo, Carnero reacciona puntualmente: a) frente a la negación de la tradición que supone el surrealismo en su base, Carnero escoge un modo de escritura que enlaza con la tradición neoclásica; b) frente a la «escritura automática» surrealista, Carnero escoge la escritura del discurso razonado; c) frente a la escritura sobre el *yo* que, procedente del romanticismo, culmina en el surrealismo, Carnero escoge la escritura que toma el lenguaje como objeto de sí mismo[49].

El poeta mismo ha advertido que el uso de un discurso razonado y la elaboración del poema según fábulas de factura neoclásica ya había sido practicado en otros volúmenes, como ejemplifican «El movimiento continuo» *(Dibujo)* o «Cenicienta» *(El sueño).* En este sentido, dice Carnero:

---

[47] Guillermo Carnero, *Las armas abisinias* (Barcelona, Anthropos, 1989), págs. 141-142.

[48] En su respuesta a la encuesta sobre el surrealismo, aparecida en *Ínsula* 337 (diciembre 1974), pág. 8, Carnero manifestaba: «Con el corpus de teoría literaria de que disponemos en estos momentos, una escritura de vanguardia está más cerca —en cuanto a los métodos, no a los contenidos— del Neoclasicismo que del Romanticismo y su última consecuencia, el Superrealismo»; en la nota del autor incluida en *Ensayo de una teoría de la visión*, el poeta vuelve a aludir a este corpus de teoría literaria cuando, al parafrasear irónicamente el «Retrato» de Antonio Machado, declara con orgullo haber recibido la flecha que le asignó Roman Jakobson. Y en una reciente conmemoración de Vicente Aleixandre, escribe: «La gran lección del fracaso literario del Superrealismo, junto a la verdad incuestionable de su poética, es que la irracionalidad debe ser tamizada, revisada y dirigida por la conciencia»; en Guillermo Carnero, «El desafío de amar y conocer», *El País* 3-I-1998, pág. 12.

[49] Juan José Lanz, *La llama en el laberinto,* pág. 110.

El azar viene de un problema que ya me había planteado en *El sueño de Escipión*. En este libro hay, para entendernos, dos tipos de lenguaje: uno que podríamos llamar «caliente» y otro «frío», aunque en mi opinión ambos son igualmente cálidos, porque la razón también tiene su calentura, sin duda mayor que cualquier otra. Volviendo al símil, el caliente lo tienes en poemas como «Jardín inglés»; el frío en «Piero della Francesca» o «Elogio de Linneo». Ese lenguaje que llamamos frío se bifurca en dos: ironizaciones del caliente (como «Cenicienta») o especulaciones metapoéticas (Jover, «Nueve preguntas», pág. 153).

Y, considerando la relación de *El azar* con los dos libros anteriores, el poeta añade:

El problema que me planteaba *El sueño de Escipión* era ponerme a mí mismo en guardia contra la tentación de dar demasiada importancia al lenguaje frío. De ese peligro me defendí en *Variaciones y figuras* y en *El azar objetivo*; en éste de un modo que me parece más definitivo: produciendo un lenguaje frío límite, una hipertrofia del lenguaje frío cuya misma monstruosidad fuera una prueba palpable de sus riesgos. De ahí que el título aluda a la reivindicación superrealista de los resortes irracionales de la creación, y el lenguaje frío sea una ironización desde dentro del lenguaje frío mismo, una ironización ardiente (cit., pág. 153).

En *El azar* el discurso se usa irónicamente con el fin de mostrar el fracaso del método dialéctico (Bousoño, «La poesía de Guillermo Carnero», págs. 53-56). Amusco indicó que este uso de un discurso filosófico tenía precedentes en la poesía de Bousoño, aunque el tono era diferente en Carnero pues, «mientras el primero realiza el trueque retórico con seriedad, [...] el segundo lo hace con sutil ironía, y siempre desde la conciencia de la experimentación lingüística»[50].

Estudiando el valor de ese uso irónico del discurso científico y filosófico en *El azar*, César Simón subraya que el interés en este libro se desvía hacia zonas poéticamente inexplo-

[50] Alejandro Amusco, «La ficción del lenguaje», *El Ciervo* 269 (1975).

radas, un mundo rarefacto que ha sustituido a los temas humanos y que resulta, en su extraña manera, fascinante. Y, como haciéndose eco de esa reflexión entre dos lenguajes, el caliente y el frío, antes descrito, César Simón concluye indicando que:

> Ya desde el principio advertimos el uso y abuso de los enlaces lógicos para enfatizar lo absurdo del método discursivo. ¿Y qué decir de su retórica? En la «Meditación de la pecera», por ejemplo, después de una parrafada con varios niveles de subordinación —paréntesis y corchetes—, en la que casi acaba por perderse el hilo, se concluye que no hay modo de conocer aquello, porque ningún pez se está quieto mientras se estudia el movimiento de los otros. Y a esta conclusión se llega tras un período construido con inflada amplitud, lo que resulta grotesco, por el contraste entre la vaciedad del resultado obtenido y el énfasis dialéctico puesto en juego: incisos fatigosos, precisiones doctorales. Y aquí reside su valor. Toda estridencia caricaturesca —como cuando dice que «el problema se muerde la cola, pero ninguno de los peces lo hace»— es enmendada a tiempo. Hay el deseo de no propasarse, para mantenerse en un equilibrio equívoco y algo zumbón (Simón, «Fracaso y triunfo», pág. 255).

Y, sobre el poema siguiente, añade:

> En el poema «Elogio de la dialéctica a la manera de Magritte» ocurre algo semejante a «Meditación de la pecera». Los nueve primeros versos se reducen a nada, una neutralización del contenido, como si varias fuerzas se hubieran anulado entre sí. Es como el carbón de piedra ya quemado, desprovisto de potencialidad, pura escoria. Se resuelve en un párrafo complicado por su estructura gramatical: el sujeto se halla traspuesto violentamente al final, entre el predicado y el sujeto encontramos una larga proposición adjetiva que lleva subordinada a su vez una modal. El resultado gramatical parece algo abstruso, muy en consonancia con su contenido. Y, sin embargo, se presenta con pretensiones de precisión, de cartesiana limpieza. Es el mismo artificio, en el fondo, de muchos pasajes del libro; para mayor homogeneidad aparecen también aquí enlaces como *cuanto*... Burla de la dialéctica (pág. 256).

El modelo de la fábula, que expresamente se menciona en el epígrafe de Platón citado como motivo del libro, reaparece en el poema «La busca de la certeza», poema en el que «el hombre, en curso de una dieciochesca "felicidad, honor, sabiduría", tiene, de un modo swiftiano, que tragar sus heces» y donde «el discurso lógico sirve de metáfora para una tarea asquerosa. La subversión del lenguaje filosófico produce una sátira de humor negro» (Bourne, «Inutilidad de la poesía frente al azar», pág. 27). Otro tanto sucede en «Meditación de la pecera», donde encontramos «una fábula donde tres peces apoyan, en su aparente "indefensión", la frustración (no obstante, por el ejemplo, graciosa y patética) del narrador en no descubrir un supuesto "programa efectivo"» («Inutilidad de la poesía frente al azar», pág. 27).

Frente al desorden, el poeta explora en «Eupalinos» la estética contenida de expresión fría de las emociones, exploración iniciada en «Piero della Francesca», «Cannonball Adderley...» y «Giovanni Battista Prianesi». Como acertadamente señala Mayhew: «El poema termina con una reafirmación obsesiva del valor de la "nitidez"; la claridad de la percepción alcanza prioridad sobre la vitalidad desordenada del estercolero. Y no hay alternativa a esta visión distanciada, "puesto que no se le alcanza alternativa posible". Una participación activa en la vida ya no resulta una alternativa válida para el protagonista del poema debido a que su existencia ha tomado la forma de una memoria sin vida. Su decisión de ver la realidad como basura le permite transformar esta memoria en una estructura nítida como la del templo de Eupalinos. Cualquier otra alternativa resultaría menos satisfactoria que la visión de la realidad, fértil aunque sin vida»[51].

El poema «Discurso de la servidumbre voluntaria», primero de los que componen *Ensayo de una teoría de la visión*, se inicia con unos versos que aluden de modo directo al proyecto de *El azar*; toman de éste el mundo rarefacto de animales disecados y suspendidos hasta formar tan sólo el concepto de sí mismos, y recuperan los personajes de la fábula que

[51] Jonathan Mayhew, *The Poetics of Self-Consciousness*, pág. 117.

En 1983. Foto de Fernando Zóbel.

vienen a demostrar la inutilidad del discurso científico y de la dialéctica:

> ¿Por qué dejarle puertas al azar
> y que pueda verter su fauna entonces,
> inundar el tiempo vacío con sus reptiles y el rosáceo
> ondear de las membranas de sus peces?

Junto a este replanteamiento del discurso razonado de *El azar*, los poemas de *Ensayo de una teoría de la visión* retoman la preocupación por el tiempo y la muerte que caracterizaba *Dibujo de la muerte*, reapareciendo una vez más esa temporalidad circular que había sido enunciada en «Ávila» —«el torturado brazo de las norias»—, imagen que se repite en «Discurso de la servidumbre voluntaria»:

> El tiempo como un espacio oblongo sin principio ni grietas
> ni recodos o aristas en donde hallar refugio,
> que gira sobre su eje con gravidez de pecera
> cuando ovilla en el aire circunvoluciones de noria.

En repetidas ocasiones el poeta ha indicado que los poemas de *Ensayo*, en apariencia diferentes de los de los tres libros precedentes, continúan con la metapoesía y el discurso irónico anterior *(vid.* Jover, «Nueve preguntas», pág. 153). Formalmente vienen a resolver un problema planteado con anterioridad. En una entrevista concedida a Juan José Lanz, el poeta ha declarado: «La solución de "Ostende" fue azarosa; realmente era lo que estaba buscando desde el principio: la angustia del poema es, por un lado, la angustia de la muerte, pero, por otro lado, es la angustia de escribir sobre algo y reconstruirlo por medio de palabras» (cit. Lanz, *La llama en el laberinto*, pág. 110).

«Divisibilidad indefinida»

En una entrevista de 1971, Carnero indicaba que «*Dibujo de la muerte* está influido por los simbolistas y parnasianos franceses, los clásicos griegos y latinos, y la poesía española barroca»[52]. La influencia de la poesía barroca española vuelve a ser notable en *Divisibilidad indefinida*, último libro de poesía publicado por Carnero hasta la fecha, aparecido en Sevilla, en la Editorial Renacimiento, en 1990. Un tercio de los textos contenidos en este volumen habían sido publicados previamente, aparecidos en distintas revistas y en la *plaquette* editada en 1989 por la editorial Hiperión con el título *Música para fuegos de artificio*[53].

De *Divisibilidad indefinida* ha desaparecido el tono rupturista que había marcado en buena parte la poesía anterior de Carnero, pero se mantienen las premisas esenciales de la estética novísima en un momento en que la poesía de los autores más jóvenes (i. e., los nacidos en la segunda mitad de la década de los 50 y primeros 60) parece marchar en una dirección diferente, si no en algunos casos totalmente contraria, a las líneas directrices de la mencionada estética. Este hecho fue puntualmente indicado por Miguel García Posada cuando, en su reseña de *Divisibilidad*, escribía que las últimas corrientes de la lírica española «no parecen ir en la dirección de este libro, transitadas [dichas corrientes últimas] por un insistente vitalismo y una dicción poética de voluntaria desnudez»[54]. *Divisibilidad indefinida* es así descrito por García Posada como ejemplo de la «persistencia de una poética». Esta «persistencia» ha de entenderse, pienso, en el sentido de desarrollo de la poética iniciada en torno a 1965, y que hoy adquiere una formulación diferente al haber cambiado las circunstancias o el contexto en el que el poeta escribe.

Como dije con anterioridad, Carnero describe el momento inicial de su poesía y de los demás miembros de su generación como una reacción contra las formas poéticas dominantes en la postguerra, pues «la herencia poética que se nos ofrecía en 1965 me pareció entonces, y me parece ahora, rechazable en términos generales»[55]. No obstante, añadía Car-

---

[52] Federico Campbell, *Infame turba* (Barcelona, Lumen, 1971), pág. 49.

[53] Guillermo Carnero, *Música para fuegos de artificio,* Madrid, Hiperión, [1989].

[54] Miguel García Posada, «*Divisibilidad indefinida* de Guillermo Carnero», *ABC Literario* 7-VII-1990, pág. 4.

[55] «Poética», en Morales y Pereda, *Joven poesía española,* pág. 306.

nero en dicho texto, tras el momento primero de ruptura generacional y de renovación de la lengua poética disponible, era preciso que surgiera un segundo momento, el cual podríamos denominar aquí momento fundacional para distinguirlo del anterior, y en el que, una vez abandonadas las iniciales actitudes rompedoras («porque ya no hay enemigo», habrá de añadir inmediatamente Carnero), se restituyan a la creación poética algunos de los principios de la poesía anterior, incluyendo el «compromiso» mismo, pero teniendo siempre en cuenta que el interés por el lenguaje ha de permanecer como centro indiscutible del poema. Y concluía Carnero aludiendo a Tristan Tzara, cuyo ejemplo usaba como analogía para explicar la nueva orientación poética de su generación:

> Creo que en estos momentos nuestra poesía se encuentra en un momento óptimo. Las expectativas del lector de poesía han sido considerablemente ampliadas; se le ha obligado a admitir que el verso puede ser el lugar natural de infinitas posibilidades expresivas; se ha roto el maleficio que hace diez o quince años codificaba lo expresable dentro de cauces estrechos. El lenguaje ha sido enormemente enriquecido en consonancia. Los poetas, olvidada ya la inicial actitud combativa —porque ya no hay enemigo—, pueden enfrentarse a la tarea de sintetizar todos los elementos necesarios a una poesía de gran alcance. Entre esos elementos están algunos de los que distinguieron a las promociones anteriores: una humanización más directa e inmediata del poema, un reasumir el «compromiso» a un nivel que no anule la expresión. Haciendo un símil con la evolución de uno de los más grandes poetas de este siglo, Tristan Tzara, ha pasado la época negadora de los manifiestos Dadá; ha llegado el momento de escribir *L'homme approximatif* (cit., pág. 308).

Esta transición o paso del momento negador inicial a un momento ulterior en el que «ya no hay enemigo», y que yo he denominado anteriormente —con una exactitud que probablemente no es más que aproximada— momento fundacional de la nueva poesía de Carnero, es lo que puede ayudarnos a entender las diferencias que existen entre los poemas recogidos en la recopilación de 1979, *Ensayo de una teoría de la visión*, y su último libro, *Divisibilidad indefinida*. Al quedar delineadas estas diferencias, será posible observar lo que el nuevo libro debe todavía a aquel momento inicial del que sin duda parte para proyectarlo últimamente en una nueva dimensión en la que, una vez establecido el espacio en que por así decirlo se ubica el lenguaje poético de la generación del 70, se potencian los valores constitutivos de dicho lenguaje.

Comienza *Divisibilidad* con una larga cita procedente de las *Anotaciones a Garcilaso* de Fernando de Herrera. Se trata, antes que nada, de la cita culta que ha acompañado siempre a los novísimos[56], aunque se precise en este caso no poca precaución pues Carnero tiene, sin duda, escaso o nulo interés en la pedante exhibición científica de Herrera, siendo necesario entender esta cita como un guiño irónico al lector. De hecho, el poeta da cuenta, al traer este texto al frente de su libro, de un interés nuevo por el sentimentalismo. Pero se trata de un sentimentalismo —i. e., las lágrimas vertidas por Garcilaso— convertido aquí en código literario y, por ello, susceptible de ser tratado como material lingüístico. Conseguido así el debido distanciamiento, puede este material ser ofrecido al lector como puramente estético.

Por lo tanto, de modo análogo a como anticipaba Carnero en la poética aparecida en la antología de Morales y Pereda, antes citada, al indicar que se podría en el futuro tornar al compromiso siempre que no se perdiera de vista la cuestión esencial del lenguaje, se rescata aquí el sentimentalismo —y, por extensión, podría decirse que también las emociones personales del autor— que es reintegrado al poema. Dicho de otro modo, mediante el comentario herreriano se reivindica aquí el sentimentalismo al que se llega, no tras un supuesto acercamiento a la vida (acercamiento, o intento de acercamiento, que expresamente niega el autor al indicar, en

[56] Cita culta que ya el título del libro, *Divisibilidad indefinida*, ilustra. Como ocurriera con *Ensayo de una teoría de la visión* (título procedente del tratado *An Essay Towards a New Theory of Vision*, del obispo Berkeley), el nuevo libro toma su nombre de la tradición cultural: en este caso se trata de un cuadro de Yves Tanguy.

el poema «Música para fuegos de artificio», que «la certidumbre de una mirada limpia / es una ingenuidad no perdurable»), sino restaurándolo en el lugar estético que le corresponde al entenderlo como resultado de la elaboración o conciencia de un arte.

Visto lo anterior, es menester subrayar ahora que hay en este nuevo libro de Carnero un mayor interés por la vida de lo que podría pensarse al leer manifestaciones anteriores del autor. En concreto, Carnero parece más dispuesto que en libros anteriores a hablar de sí mismo o de su propia experiencia, aunque esta autoexpresión sigue estando sujeta a los imperativos de indirección que caracterizaban la producción previa. La vida entra a formar parte de este nuevo libro de Carnero, pero cuidadosamente sometida al imperativo de la expresión poética que tan importante fue para los novísimos. De ahí, pues, que al tener que ser aquélla expresada mediante el lenguaje, éste parezca insuficiente para aprehenderla, pues el poema no es capaz de abarcar la vida por completo.

La insuficiencia del arte para dar cuenta de la vida era ya motivo predominante en los primeros poemas de los novísimos. La huella novísima en *Divisibilidad* es bien visible en el poema «Teatro ducal de Parma», por ejemplo, en el que resuena la poesía más celebrada de su autor, aunque, mediante el soneto, alcanza nuevo realce la riqueza verbal de algunos poemas de *Dibujo de la muerte* (p. ej., «Capricho en Aranjuez»), conjugada con la precisión casi epigramática de algunas «figuras» de *Variaciones y figuras sobre un tema de La Bruyère* (p. ej., «Santa Maria della Salute»; «Mira el breve minuto de la rosa»). Huella, entiéndase, que no supone dependencia o reiteración, sino origen del que parte un nuevo desarrollo. Pues el soneto sirve para expresar en este nuevo libro un conocimiento que procede de la poesía de los primeros años ciertamente, pero que, al haber sido interiorizado, se presenta como saber personal[57]. Así se explican, en

[57] Uso la distinción entre «conocer» y «saber» que el mismo poeta enunciara al hablar de la poesía de Aleixandre. «Conocer» implica movimiento futuro, mientras que «saber» implica memoria y pasado. Véase «'Conocer' y 'saber' en la última poesía de Vicente Aleixandre», en J. L. Cano (ed.), *Vicente Aleixandre* (Madrid, Taurus, 1982).

primer lugar, las dos «lecciones» iniciales: los sonetos «Lección del páramo» y «Segunda lección del páramo».

Es imprescindible conectar estos dos sonetos con «Castilla», de *Dibujo de la muerte*. Éste era un a modo de *wasteland* o espacio estepario que servía al poeta para ilustrar metafóricamente la diseminación del lenguaje (Zimmermann, «Signes de Castille», págs. 249-264). El poema comenzaba dando cuenta de una ignorancia de las dimensiones mismas de dicho lenguaje, ignorancia que se originaba precisamente en la diseminación antedicha («No sé hasta dónde se extiende mi cuerpo»), y concluía simbolizando la labor destructora y restauradora del lenguaje poético, pues éste destruye y construye simultáneamente en su búsqueda de un nuevo espacio expresivo; en su búsqueda, esto es, de un espacio en el que ubicarse frente a la aparente lisura que presenta la tradición, lo ya dicho. Dice, así, el poema:

> Sobre estos muros lisos como una tumba, una
> y otra vez, he buscado, sobre este cuerpo, una
> y otra vez, he buscado una poterna, el vago
> clarear de unas luces sobre las impasibles
> murallas.
> Y otra vez al galope, matando,
> descuartizando telas y andamiajes y máscaras
> y levantando muros y andamiajes y telas
> y máscaras.
> Mi cuerpo es ancho como un río.

La perspectiva ha variado, como digo, en *Divisibilidad*, donde una vez más se enuncia la doble actividad del lenguaje. Pero en este caso la labor restauradora se tiñe de una nota de pesimismo al subrayarse el modo sistemático con que dicho lenguaje asimila toda ruptura o, en la enunciación del poema, cómo toda «división» o imagen transgresora queda inmediatamente asimilada —«soldada» es la expresión usada en el texto— al horizonte de lo ya dicho:

> Veo cruzar el pájaro pausado
> por el aire, que apenas dividido
> se suelda sin estela de sonido
> en su cristal ardiente y deslumbrado,

y un arroyo, que mudo e ignorado
en el valle perdido,
minimiza el caudal de su latido
y lo conduce al arenal quemado.

Resultado de esta nueva perspectiva es, pues, un escepticismo que ya se había anunciado en los poemas finales de *Ensayo de una teoría de la visión* y, concretamente, en «Ostende». En el soneto inicial de *Divisibilidad*, este escepticismo, que resulta de la transformación antedicha según la cual el conocimiento se convierte en saber, aparece enunciado en los dos tercetos finales en los que el poeta evoca el momento de silencio que sustituye —y ha de entenderse como alternativa— a toda actividad poética. En el segundo de los sonetos mencionados, que lleva por título «Segunda lección del páramo», un escepticismo de raíz barroca se mezcla con algunas de las preocupaciones que ya asomaran en el poema «Ostende», con el que se cerraba *Ensayo de una teoría de la visión*. En aquella ocasión el poeta hablaba del proceso mediante el cual obtenía las imágenes (i. e., «piedra preciosa») a partir de una inspiración perseguida (i. e., «cervatillo»), y cómo estas imágenes, convenientemente elaboradas, pasaban a formar parte del poema. En él, el poeta es consciente de la distancia que media entre experiencia, o inspiración, y poema. Esta distancia se expresa, metafóricamente, mediante una fábula de origen romántico. De ese cadáver de la experiencia emerge al fin la imagen —«en medio de la forma que levemente humea / brilla nítida y pura una piedra preciosa»—, la cual pasa a formar parte del poema. Éste tiene por objeto el dolor ante la experiencia perdida, recuperada como lenguaje: «En el dolor se engendra la conciencia».

Análogo es el punto de partida en «Segunda lección del páramo», donde recurre la misma imagen, si bien aquí el poeta manifiesta su escepticismo ante el valor de dicho conocimiento. A la reverberación de las imágenes ya comentadas de «Ostende» se une ahora una nota barroca, todo ello ilustrando precisamente la insuficiencia de la literatura para dar cuenta de la vida y, por extensión, como indicara Bousoño en el prólogo a *Ensayo*, el fracaso de la razón («La poesía de

Guillermo Carnero», págs 16-22 y 66-67). El poema es, así, una ficción que traza «espacios de serena gloria / y un firmamento plácido y fingido». Pero es también resultado de un extraño culto, definido por el poeta como «un fervor erosionado / en la noche total definitiva». En tanto que producto de dicho fervor, el poema es un acto de afirmación personal que, a pesar de todo, cede a la reflexión sobre el vacío que subyace a su propia existencia. Ejemplo de esto se halla en los dos tercetos finales del poema «Segunda lección del páramo», en los que aparecen reminiscencias del Barroco:

Sólo para regalo de mis ojos
brillan y aroman, y por un momento
chisporrotean en la llama huidiza;

después, con otros restos y despojos
de voluntad y de conocimiento,
perecen hechas brasas y ceniza.

El escepticismo, como se sabe, es indicio de una actitud intelectualista, la cual, cerrando el círculo reflexivo, se vuelve sobre sí misma para descubrir el vacío que caracteriza todo discurso. Así ocurre en el caso de Carnero, según ilustra el poema «Catedral de Ávila», poema que es imprescindible leer en conexión con el que abre *Ensayo de una teoría de la visión*, titulado precisamente «Ávila». Si belleza y muerte constituían la preocupación del poeta en este poema, en *Divisibilidad* esta preocupación se considera en tanto que relacionada con la experiencia personal. De ahí el uso de la primera persona: «cuando mi mano se detenga helada / un anaquel será mi sepultura». Pero la relación intertextual con el primer poema de *Dibujo*, ya mencionado, permite crear una distancia con la que romper toda la inmediatez que podría resultar de tal interiorización. De hecho, el símil con que comienza el poema sirve para encarecer esta distancia desde el comienzo mismo del texto, y el sepulcro renacentista elaborado por el artífice italiano en el poema de *Dibujo* deja paso al libro del poeta como centro de interés. Aparece el libro, así, entregado al olvido, abandonado en un anaquel; esta imagen sustituye ahora al sepulcro anterior para convertirse en indicio metafórico del silencio que amenaza al poema y, en última instancia, al autor mismo. Aludiendo a la distancia señalada, y a la consideración distanciada de la vida en el arte, García Posada destacaba ya la frecuencia de las comparaciones, muy visibles estilísticamente, y «que son [...] muestra de un sistema poético que pretende la objetivación continua, y la utilización de escenarios diversos que permitan esa proyección hacia fuera de los temas tratados» (cit., pág. 4).

Preciso es insistir en que todos los poemas de *Divisibilidad* se caracterizan por un tono de escepticismo moderado que, como vienen a demostrar las «lecciones» del páramo en los poemas ya citados, recuerdan las visiones desengañadas y expresadas desde el saber que aporta la experiencia de una vida, tan abundantes en la poesía barroca española. El tono de escepticismo descrito resulta, sin duda, de esa interiorización del conocimiento de que he hablado más arriba, y de la subsiguiente transformación de dicho conocimiento en saber personal, esto es, en experiencia. Se trata aquí de un saber que constantemente reflexiona sobre su propia limitación y, en concreto, sobre su insuficiencia para captar adecuadamente la vida. Y es la capacidad de la vida para sustraerse y superar siempre nuestras representaciones conscientes o nuestras conceptualizaciones de la misma, el motivo que ocupa el último texto del libro, titulado «La hacedora de lluvia», y que bien puede ser el mejor poema de todo el volumen. En él reverberan imágenes ya aparecidas en los tres poemas finales de *Ensayo de una teoría de la visión*, siendo preciso, para una comprensión adecuada del poema de *Divisibilidad*, una lectura que tenga en cuenta intertextualmente los poemas de dicho libro anterior. Así, en «La hacedora de lluvia» tenemos al hombre quemado:

> Al borde del camino yace el hombre quemado
> bajo una tenue túnica de polvo
> que el viento agita, deshilacha y teje
> como la mano lenta que sosiega al dormido,

y en el poema «Ostende» se habla de la «carne [que] hierve», que acaba por convertirse en «un reguero de ceniza». Como

En 1993. Foto de Salvador Polo (Salamanca).

indiqué anteriormente, el poeta se sirve en «Ostende» de esta imagen para dar cuenta de la distancia que media entre experiencia —o inspiración— y poema. El poema, por tanto, puede ser descrito en «Ostende», texto final de *Ensayo de una teoría de la visión*, con la misma imagen que había aparecido inicialmente en «Ávila»: como un renacimiento que resulta de la muerte de la experiencia viva, la cual renace después como conciencia, esto es, como poema[58].

Lo que ha cambiado en el poema último de *Divisibilidad*, con respecto a *Ensayo*, es el centro de atención del poema. En 1979 era el proceso poético el que ocupaba dicho centro, mientras que en este caso el sujeto de la imagen es aquí este «hombre quemado», que yace vacío y consumido al borde del camino, y que es preciso interpretar como representación metafórica del poeta mismo. García Posada, en la reseña del libro citada anteriormente, describe este poema indicando que: «En definitiva, sólo la naturaleza "salva" al hombre, como indica el poema final del libro, "La hacedora de lluvia"». En él, sobre el tradicional motivo del camino, dibuja Carnero dos figuras en contraste: la del viandante cansado y caduco, y la de la doncella espléndida y feraz, capaz de nutrir abundantemente al peregrino» («*Divisibilidad indefinida*», pág. 4). Nótese, no obstante, que el mismo motivo de la doncella que nutre al caminante desfallecido había aparecido ya en otro de los poemas finales de *Ensayo*, el titulado «Discurso de la servidumbre voluntaria», donde se lee:

Me concedes el barro
en que reside el don de la palabra.
Tu me donnes ta boue,
jeune fille qui apporte le miroir.

Este motivo aparecía precisamente junto a la conciencia de que el poema era insuficiente frente a la vida, siendo incapaz de restaurar la experiencia. Así, unos versos antes se de-

[58] Ignacio Javier López, «El silencio y la piedra: metáforas de la tradición en la poesía española contemporánea», *Bulletin of Hispanic Studies* 67 (1990), págs. 43-56.

cía que «Este poema / carece de [...] heroísmo plácido», para añadir poco después que:

> Es un discurso muerto,
> el esqueleto ritual que ironiza la fe
> en la virtud de la ironía,
> embadurnado de sangre para indicar resurrección.

Sin embargo, a pesar de las coincidencias, esta visión negativa se ha atenuado en el poema final de *Divisibilidad,* pues mientras en «Discurso de la servidumbre voluntaria» la mísera dádiva ofrecida por la dama (i. e., el barro) tan sólo sirve en tanto que materia prima para la escritura, en «La hacedora de lluvia» es la mujer la que da la vida. De modo similar, lo que en el poema de *Ensayo* era una simulación —p. ej., «*embadurnado* de sangre para *indicar* resurrección» (cursiva mía)— se torna en expresión auténtica en el poema de *Divisibilidad.* En éste no hay «indicación» de resurrección, sino que la imagen femenina aparece como indicio de la vida que es capaz de resucitar el cuerpo inerte del caminante:

> Y se tiende desnuda como un río
> ovillado y redondo, cuyas aguas oscuras
> ungen los huesos yertos, la sima de la boca,
> y humedecen los ojos apagados.

Volvemos con esto al punto de partida. La cita de Herrera con que se abre *Divisibilidad indefinida* nos advertía ya del nuevo interés del poeta, un interés ya anticipado por las manifestaciones de Carnero recogidas en la antología de Moral y Pereda: en futuros desarrollos de la poética novísima, decía el autor, será preciso llegar a la asimilación de los temas de la poesía anterior, incluido el sentimentalismo confesional y el compromiso. Pero esta asimilación ha de tener siempre presente el esencial imperativo estético del lenguaje poético. *Ensayo de una teoría de la visión* puede así ser considerado como un viaje de iniciación hacia el lenguaje, en el que el objetivo es la afirmación de dicho imperativo estético. Pero diez años después, cuando la reacción contra las formas poéticas anteriores ya carece de objeto, «porque ya no hay enemigo», el discurso poético se acerca a la vida, sin por ello olvidar el imperativo estético del lenguaje, antes señalado. En dicho acercamiento el discurso ya no simula la resurrección de la experiencia de que parte el poema —«embadurnado de sangre para indicar resurrección»— sino que, en la quietud de ese saber al que me he venido refiriendo, expresa el anhelo de llegar a abarcarla.

Esta edición

Se editan aquí seis libros de poesía de Guillermo Carnero: los cinco incluidos en la recopilación publicada por la editorial Hiperión en 1979 *(Dibujo de la muerte, El sueño de Escipión, Variaciones y figuras sobre un tema de La Bruyère, El azar objetivo* y *Ensayo de una teoría de la visión)* y *Divisibilidad indefinida,* último libro de poesía publicado por Carnero hasta la fecha. Por deseo del autor se han excluido los poemas de *Barcelona, mon amour* y *Modo y canciones del amor ficticio*, títulos publicados en ediciones no venales, aparecidos en 1969 y 1970, respectivamente. Tampoco se incluyen los poemas «Pedraza» *(Dibujo de la muerte*, 1.ª ed.), «Tardes del Retiro» y «Nocturno en Sahagún» *(Libro de horas):* el primero fue eliminado de *Dibujo de la muerte* a partir de la segunda edición; los otros dos nunca llegaron a formar parte de dicho poemario. Siguiendo una vez más indicaciones del autor, en apéndice se incluye el poema «Une semaine de bonté», aparecido en la *plaquette Música para fuegos de artificio* (Madrid, Hiperión, 1989), que después fuera excluido de *Divisibilidad indefinida.*

Algunos de los poemas de *El sueño de Escipión* llevan, desde su primera edición, notas a pie de página, introducidas por el poeta para indicar su tono voluntariamente ensayístico *(vid.* nota 229 al poema «Chagrin d'amour...»). Las doy con asterisco e inmediatamente a continuación de los versos en las páginas en que aparecen, para distinguirlas de las mías, que van numeradas. Un reducido número de éstas podrán acaso parecer superfluas para el lector y el estudiante universitario español, pero las creo convenientes para los estudiantes de menor nivel, y en general para los extranjeros.

El poeta ha revisado la versión de los poemas incluidos en esta edición, efectuando ligeras modificaciones en algunos de ellos y corrigiendo las erratas aparecidas en ediciones anteriores.

Bibliografía

BIBLIOGRAFÍA DE GUILLERMO CARNERO

1. *Poesía*

Dibujo de la muerte, Málaga, El Guadalhorce, 1967; 2.ª ed., Barcelona, Ocnos, 1971; 3.ª ed. en *Ensayo de una teoría de la visión.*
Libro de horas, Málaga, El Guadalhorce, 1967.
Modo y canciones del amor ficticio, Málaga, El Guadalhorce, 1969.
Barcelona, mon amour, Málaga, El Guadalhorce, 1970.
El sueño de Escipión, Madrid, Visor, 1971; 2.ª ed. en *Ensayo de una teoría de la visión.*
Variaciones y figuras sobre un tema de La Bruyère, Madrid, Visor, 1974; 2.ª ed. en *Ensayo de una teoría de la visión.*
El azar objetivo, Madrid, Trece de Nieve, 1975; 2.ª ed. en *Ensayo de una teoría de la visión.*
Ensayo de una teoría de la visión. (Poesía 1966-1977), introducción de Carlos Bousoño, Madrid, Hiperión, 1979; 2.ª ed., Madrid, Hiperión, 1983.
Música para fuegos de artificio, Madrid, Hiperión, [1989].
Divisibilidad indefinida, Sevilla, Renacimiento, 1990.

2. *Traducciones a distintos idiomas*

Al alemán:

Akzente 5 (octubre 1978).
BOSO, Felipe y BADA, Ricardo, *Ein Schiff aus Wasser. Spanische Literatur von heute,* Colonia, Kiepenhauer, 1981.
Spanische Lyrik des 20. Jahrhunderts, Stuttgart, Philip Reclam, 1985.

Al búlgaro:

SHISHKOVA, Albena, *La Luna de Valencia. Doce poetas contemporáneos españoles,* Sofía, Svodobno Poetichesko Obshtestvo, 1994.

Al checo:

Svetová Literatura (marzo 1976).
ULICNY, Prelozil M., *Stín Ráje. Tisíc let Spanelské Poezie*, Praga, Ministerio Español de Cultura, 1992.

Al francés:

ANCET, Jacques, *Neuf poètes espagnols du XXe. siècle. Plein Chant* (invierno 1975).
Journal des poètes (julio 1989).
LY, Nadine *et al., Anthologie bilingue de la poésie espagnole,* París, Gallimard (La Pléiade), 1995.
FRAYSSINET, Claude de, *Poésie espagnole 1945-1990,* Arles, Actes Sud & UNESCO, 1995.

Al holandés:

CARRASQUER, Francisco, *De Vertraadge boodschapper. Twaalf hedengaagse Spaanse dichters,* Amsterdam, Meulenhoff, 1985.

Al inglés:

Chicago Review 27. 3 (invierno 1975-1976).
HAMMER, Louis y SCHYFTER, Sara, *Recent Poetry of Spain,* Nueva York, Sachem, 1983.
COHEN, J. M., *The Penguin Book of Spanish Verse*, Londres, Penguin, 1988.
The Literary Review (otoño 1988).
American Poetry Review (marzo-abril 1989).
Quarry West 28 (1991).
PRITCHETT, Kay, *Four Post-Modern Poets of Spain*, Fayetteville, University of Arkansas Press, 1991.

Al italiano:

DOPLICHER, Fabio, *Poesia della metamorfosi*, Roma, Stilb, 1984.

Coco, Emilio, *Cinco pesetas di stelle*, Bari, Vallisa, 1985.
Mussapi, Roberto, *L'Anno di poesia 1986,* Milán, Jaca, 1986.
Pelagos (julio 1991).
Bettini, Emanuele, *Approdi. Antologia di poesia mediterranea*, Milán, Marzorati, 1996.

Al portugués:

Bento, José, *Antologia da poesia espanhola contemporanea*, Lisboa, Assinio & Alvim, 1985.

3. *Ensayo*

Espronceda, Madrid, Júcar, 1974.
El grupo «Cántico» de Córdoba: un episodio clave de la historia de la poesía española de postguerra, Madrid, Editora Nacional, 1976.
Los orígenes del Romanticismo reaccionario español: el matrimonio Böhl de Faber, Valencia, Universidad de Valencia, 1978.
La cara oscura del Siglo de las Luces, Madrid, Fundación Juan March/Cátedra, 1983.
Las armas abisinias, Barcelona, Anthropos, 1989.
Estudios sobre teatro español del siglo XVIII, Zaragoza, Universidad, 1997.

4. *Ediciones eruditas de autores del XVIII*

Martínez Colomer, Vicente, *El Valdemaro (1792),* Alicante, Instituto Juan Gil-Albert, 1985.
Luzán, Ignacio de, *Obras raras y desconocidas,* vol. I, Zaragoza, Instituto Fernando el Católico, 1990.
Montengón, Pedro, *Eudoxia, El Rodrigo, Odas,* Alicante, Instituto Juan Gil-Albert, 1990, 2 vols.
Zavala y Zamora, Gaspar, *Obras narrativas: La Eumenia; Oderay*, Barcelona, Sirmio/Universidad de Alicante, 1992.
García Malo, Ignacio, *Voz de la naturaleza,* Londres, Támesis/Fundación Juan March/Universidad de Alicante, 1996.
— *Doña María Pacheco, mujer de Padilla. Tragedia,* Madrid, Cátedra, 1996.
Jovellanos, Gaspar M. de, *Memoria sobre espectáculos y diversiones públicas. Informe sobre la Ley Agraria*, Madrid, Cátedra, 1997.

5. *Ediciones de autores contemporáneos*

GIL-ALBERT, Juan, *Antología poética,* Valencia, Consell Valencià de Cultura, 1993.
— *Las Ilusiones, con los poemas de El Convaleciente,* Barcelona, Grijalbo-Mondadori, 1998.

6. *Edición de volúmenes colectivos*

Actas del congreso internacional sobre el Modernismo español e hispanoamericano, Córdoba, Diputación, 1985.
Montengón, Alicante, CAPA, 1991.
La novela española del siglo XVIII. Anales de Literatura Española 11 (1995).
(Coordinador), *Historia de la Literatura Española (Siglo XVIII),* Madrid, Espasa-Calpe, 1995, vols. 6 y 7. Fundada por Ramón Menéndez Pidal y dirigida por Víctor García de la Concha.
(Coordinador), *Historia de la Literatura Española (Siglo XIX, I),* Madrid, Espasa-Calpe, 1996, vol. 8. Id.

BIBLIOGRAFÍA SOBRE GUILLERMO CARNERO

AA.VV., *Últimos veinte años de poesía española,* Oviedo, Ayuntamiento, 1994.
ALCOVERRO, Tomás, «Retrato del poeta», *ABC* 6-X-1967, 71.
ÁLVAREZ, José M.ª., «Las rayas del tigre: introducción a la actual poesía española, *Zurgai* diciembre 1989, 14-17.
AMORÓS, Amparo, «La retórica del silencio», *Los Cuadernos del Norte* 16 (noviembre-diciembre 1982), 18-27.
— «¿Fabricantes o almacenistas?», *La Vanguardia,* 4-II-1986, 37.
— «¡Los novísimos, y cierra España! Reflexión crítica sobre algunos fenómenos estéticos que configuran la poesía de los años ochenta», *Ínsula* 512-513 (agosto-septiembre 1989), 63-67.
— «Dos tendencias características de la poesía contemporánea: la crítica del lenguaje y la poética del silencio», *Zurgai* diciembre 1989, 18-20.
AMUSCO, Alejandro, «La ficción del lenguaje», *El Ciervo* 269 (15-X-1975), 28-29.
ANÓNIMO, «*Dibujo de la Muerte*», *Solidaridad Nacional* 22-IV-1967.

— «Guillermo Carnero: *Dibujo de la Muerte*», *Triunfo* 291 (30-XII-1967), 5.
— «La metapoesía de Guillermo Carnero», *Boletín Informativo de la Fundación Juan March* 87 (noviembre 1979), 4-5.
ARMAND, Octavio, «Chamanismo y showmanship», *Plural* julio 1976, 67-69.
— «*El Azar Objetivo*», *Escandalar* 1.1 (1978), 72-73.
ARRANZ NICOLÁS, Clara, «Neopositivismo y culturalismo en la obra de Guillermo Carnero», *Los Cuadernos del Norte* 16 (noviembre-diciembre 1982), 58-65; reimpreso en *Cuadernos para Investigación de la Literatura Hispánica* 8 (1987), 137-147.
BARELLA, Julia, «La reacción veneciana: poesía española en la década de los setenta», *Estudios Humanísticos* 5 (1983), 69-76.
BARNATÁN, Marcos Ricardo, «*Dibujo de la Muerte* de Guillermo Carnero», *Poesía Española* 175 (julio 1967), 16-18.
— «Dos aproximaciones a la nueva poesía española», *El Urogallo* 5-6 (octubre-noviembre 1970), 138-139.
— «Guillermo Carnero ensaya una teoría de la visión», *El País* 25-VII-1979, 21.
— «La polémica de Venecia», *Ínsula* 508 (abril 1989), 15-16.
BAYO, Emili, *La poesía española en sus antologías (1939-1980)*, Lérida, Universidad, 1994.
BELLVESER, Ricardo, «Guillermo Carnero contra el miserable tráfico de las palabras», *Las Provincias* 29-IX-1974, 33.
— «Guillermo Carnero: la actitud objetiva», *Las Provincias* 29-II-1976, 41.
BENSON, Douglas K., «Tres calillas en la posmodernidad y la poesía española contemporánea», *Siglo XX / Twentieth Century* 12.1-2 (1994), 69-85.
BOURNE, Louis M., «Inutilidad de la poesía frente al azar», *El País* 18-VII-1976, 27.
BOUSOÑO, Carlos, «Una época en sus personajes», *Papeles de Son Armadans* 53.158 (mayo 1969), 143-172.
— «La poesía de Guillermo Carnero», *Peña Labra* 32 (verano 1979), 11-12.
— «La poesía de Guillermo Carnero», en G. Carnero, *Ensayo de una teoría de la visión (Poesía 1966-1979)*, Madrid, Hiperión, 1979 (2.ª ed. 1983), 11-68; reproducido en *Poesía postcontemporánea*, Madrid, Júcar, 1985, 227-301.
— «Risa y razón en Guillermo Carnero», en Francisco Rico (ed.), *Historia y crítica de la literatura española*, vol. 8 *(Época contemporánea, 1939-1980)*, ed. Domingo Ynduráin, Barcelona, Crítica, 1980, 313-317.

BRINES, Francisco, «Integración del título en el poema», *Ínsula* 310 (septiembre 1972), 4 y 7.
CAMANDONE, Mirta, «Asedio a la poesía de Guillermo Carnero», *Hispanic Journal* 7.2 (1985), 123-129.
CAMPBELL, Federico, *Infame turba*, Barcelona, Lumen, 1971, 43-52; 2.ª ed., *Infame turba. Entrevistas a pensadores, poetas y novelistas en la España de 1970*, Barcelona, Lumen, 1994, 44-53.
CANO, José Luis (ed.), *Lírica española de hoy*, Madrid, Cátedra, 1974.
CANO BALLESTA, Juan, *Las estrategias de la imaginación. Utopías literarias y retórica política bajo el Franquismo*, Madrid, Siglo XXI, 1994, 148-173.
CAÑAS, Dionisio, «El sujeto poético postmoderno», *Ínsula* 512-513 (agosto-septiembre 1989), 52-53.
CAPECCHI, Luisa, «Guillermo Carnero: *Ensayo de una teoría de la visión*», *Cuadernos Hispanoamericanos* 379 (enero 1982), 217-219.
CARNERO, Guillermo, «Seis preguntas y una respuesta» (entrevista con Alberto Míguez), *Madrid* 13-XI-1969.
— Contestación a la encuesta sobre Bécquer, *Ínsula* 289 (diciembre 1970), 4.
— «Génesis de un libro. Autocrítica de *El Sueño de Escipión*», *Pueblo* 2-II-1972.
— «Guillermo Carnero, o el decadente y su moral» (entrevista anónima), *Anué Cultural* 16 (marzo 1972), 25.
— «*Conocer* y *saber* en *Poemas de la Consumación* y *Diálogos del Conocimiento*», *Cuadernos Hispanoamericanos* 276 (junio 1973); reimpreso en José Luis Cano (ed.), *Vicente Aleixandre*, Madrid, Taurus, 1977, 274-282; y en Guillermo Carnero, *Las Armas Abisinias. Ensayos sobre literatura y arte del siglo XX*, Barcelona, Ánthropos, 1989, 228-237.
— Contestación a la encuesta sobre el Surrealismo, *Ínsula* 337 (diciembre 1974), 8-9.
— «Jaime Gil de Biedma, o la superación del realismo», *Ínsula* 351 (febrero 1976), 1 y 3.
— «Guillermo Carnero y la poesía como experimento» (entrevista con Bel Carrasco), *El País* 12-XI-1976, 26.
— «Poesía de posguerra en lengua castellana», *Poesía* 2 (agosto-septiembre 1978), 77-89.
— «Guillermo Carnero, la gala del neomodernismo» (entrevista con Blanca Berasátegui), *ABC* 15-VII-1979, 26-27.
— «*Knowing* and *Known* in *Poems of Consummation* and *Dialogues of Knowledge*», en Vicente Cabrera & Harriet Boyer (eds.), *Critical Views on Vicente Aleixandre's Poetry*, Lincoln, Sociedad de Estudios Hispánicos e Hispanoamericanos, 1979, 87-96.

— «Todo poema auténtico tiene motivaciones irracionales» (entrevista con Jesús Fuentes Ródenas), *La Verdad. Suplemento Literario* 7-XII-1980, 2.
— «Intervista a Guillermo Carnero. Spagna: estetismo delle avanguardie» (entrevista con Giovanni Allegra), *Messagero Véneto* 16-III-1983.
— «La corte de los poetas. Los últimos veinte años de poesía española en castellano», *Revista de Occidente* 23 (abril 1983), 43-59.
— «A colloquio con Guillermo Carnero» (entrevista con Giovanni Allegra), *Il Tempo* 22-IV-1983, 3.
— «Nueve preguntas a Guillermo Carnero» (entrevista con José Luis Jover), *Nueva Estafeta* 9-10 (agosto-septiembre 1979), 148-153.
— «La poética de la poesía social en la postguerra española», *Leviatán* 13 (otoño 1983), 119-134; recogido en *Las Armas Abisinias. Ensayos sobre literatura y arte del siglo* XX, Barcelona, Ánthropos, 1989, 299-336.
— «Culturalismo y poesía novísima. Un poema de Pedro Gimferrer: *Cascabeles,* de *Arde el Mar*», en Biruté Ciplijauskaité (ed.), *Novísimos, postnovísimos, clásicos. La poesía de los ochenta en España,* Madrid, Orígenes, 1990, 11-23.
— «Culturalism and new poetry. A poem by Pedro Gimferrer: *Cascabeles,* from *Arde el Mar*», *Studies in XXth.Century Literature* 16.1 (invierno 1992), 93-108.
— «El desafío de amar y conocer», *El País* 3-I-1998, suplemento *Babelia,* 12.
— (coord.) *Ínsula,* número extraordinario sobre los novísimos, 505 (enero 1989), continuación en 508 (abril 1989).
CASADO, Miguel, «Líneas de los novísimos», *Revista de Occidente* 86-87 (julio-agosto 1988), 204-224.
CASTELLET, José M.ª (ed.), «Seis jóvenes poetas españoles», *Mundo Nuevo* 22 (abril 1968).
— *Nueve novísimos poetas españoles,* Barcelona, Barral, 1970.
CHRISTIE, Catherine Ruth, *Poetry and Doubt in the Work of José Ángel Valente and Guillermo Carnero,* Lewiston, Mellen University Press, 1996.
— «The Transition to Postmodernism in Spanish Poetry: from the *Generación del 50* to the *Novísimos*», *Agenda* 35.2 (1997), 117-129.
COLINAS, Antonio, «Variaciones hacia el centro del poema», *Informaciones* 12-I-1975, suplemento *Informaciones de las artes y las letras,* 3.
— «El método y el azar», *Camp de l'Arpa* 23-24 (agosto-septiembre 1975), 41.

CORREA, Gustavo (ed.), *Poesía española del siglo veinte,* Nueva York, Appleton Century Crofts, 1972.
— *Antología de la poesía española 1900-1980,* Madrid, Gredos, 1980, 2 vols.
Cuadernos del Norte, Los, extraordinario n.° 3, «El estado de las poesías» (1986).
CUENCA, Luis Alberto de, «La generación del lenguaje», *Poesía* 5-6 (1979-1980), 245-251.
DADSON, Trevor J., «The Reappropiation of (Poetic) Language from Francoism: the Case of Guillermo Carnero's *Dibujo de la Muerte*», *Donaire* 2 (mayo 1994), 12-23.
— «Orpheus, Garcilaso and *Natura artifex:* some Reflections on Poetic Creativity in the Work of Guillermo Carnero», *The Modern Language Review* 92.1(1997), 86-97.
DEBICKI, Andrew P., «Poesía española de la postmodernidad» *Anales de Literatura Española* 6 (1988), 165-180.
— «La poesía postmoderna de los novísimos: una nueva postura ante la realidad y el arte», *Ínsula* 505 (enero 1989), 15-16.
— «Una poesía de la postmodernidad: los novísimos», *Anales de la Literatura Española Contemporánea* 14.1-3 (1989), 33-50.
— *Spanish Poetry of the Twentieth Century. Modernity and Beyond,* Lexington, University of Kentucky, 1994, 143-178; trad. esp.: *Historia de la poesía española del siglo XX,* Madrid, Credos, 1997, 193-252.
— (ed.), *Studies in Twentieth-Century Literature* 16.1 (invierno 1992), extraordinario «Contemporary Spanish Poetry»
DÍEZ DE REVENGA, Francisco Javier, «Guillermo Carnero en busca del lenguaje poético», *Tránsito* 3 (1979), 34-40.
FALCÓ, José Luis, «La poesía: vanguardia o tradición», *Revista de Occidente* 122-123 (julio-agosto 1991), 170-186.
— & RUBIO, Fanny (eds.), *Poesía española contemporánea (1939-1980),* Madrid, Alhambra, 1981.
FERNÁNDEZ, Teodoro (Carlos Meneses), «Estética y razón en Guillermo Carnero», *Diario de Mallorca* 10-X-1974.
FERRARI, Marta, «Un espejo fragmentado: la práctica metapoética de Guillermo Carnero», en Laura Scarano *et al., Marcar la piel del agua. La autorreferencia en la poesía española contemporánea,* Rosario (Argentina), Beatriz Viterbo, 1996, 141-158.
FERRERES, Rafael, «Dos libros de poemas de Guillermo Carnero», *Levante* 13-II-1972.
FORTUÑO, Santiago, «Ironía e intertextualidad (dos rasgos de la poesía española contemporánea)», *Mot a mot. Quaderns de creació i estudis,* 1986-1987, 37-48.
GARCÍA, T. *et al.,* «La ruptura culturalista de los 70: los nueve noví-

simos. Ejemplo y lectura de un poema de Guillermo Carnero», *Literatura COU,* Paterna, ECIR, 1992, 96-100.
GARCÍA BERRIO, Antonio, «El imaginario cultural en la estética de los novísimos», *Ínsula* 508 (abril 1989), 13-15.
— *Teoría de la Literatura,* Madrid, Cátedra, 1989, 362-364.
GARCÍA DE LA CONCHA, Víctor, «La poesía española actual», *Boletín Informativo de la Fundación Juan March* 131 (noviembre 1983), 3-22.
— «La renovación estética de los años sesenta», *Los Cuadernos del Norte,* extraordinario núm. 3 («El estado de las poesías»), 1986, 10-23.
GARCÍA MARTÍN, José Luis, *La poesía figurativa,* Sevilla, Renacimiento, 1992.
— (ed.), *Las voces y los ecos,* Madrid, Júcar, 1980.
GARCÍA NIETO, José, «El cuaderno roto», *Estafeta Literaria* 487 (1-III-1972), 32-33.
— *«Música para fuegos de artificio», ABC Literario* 28-X-1989, 5.
GARCÍA POSADA, Miguel, *«Divisibilidad indefinida», ABC Literario* 7-VII-1990, 4.
— (ed.), *Cuarenta años de poesía española,* Madrid, Cincel, 1979.
GIORDANO, Jaime, «Reflexiones sobre *Ávila* de Guillermo Carnero. Clausura del simbolismo», *España Contemporánea* 3.2 (otoño 1990), 69-78.
— «Guillermo Carnero, *Divisibilidad indefinida», España Contemporánea* 5.1 (primavera 1992), 122-124.
GOMIS, Lorenzo, «El mascarón en el agua», *La Vanguardia Española* 6-VII-1967, 57.
GONZÁLEZ, Ángel, «Poesía española contemporánea», *Los Cuadernos del Norte* 4 (1980), 4-7.
GONZÁLEZ HERRÁN, José M., «Poesía modernista y poesía novísima», *Peña Labra* 11 (1974), 31-32.
GONZÁLEZ MUELA, Joaquín, «Dos poemas de Guillermo Carnero», en Willard F. King (ed.), *Poemas y ensayos para un homenaje,* Madrid, Tecnos, 1976, 80-87.
— *Gramática de la poesía,* Barcelona, Planeta, 1976.
GRACIA, Antonio, «Guillermo Carnero: más allá del poema», *Ínsula* 451 (junio 1984), 22.
— «Una revisión de los novísimos», *Ínsula* 607 (julio 1997), 16-18.
GRANDE, Félix, «Poesía en castellano, 1939-1969», *Cuadernos para el Diálogo* Mayo 1969, extraordinario núm. 14 («Treinta años de literatura»), 43-61.
— *Apuntes sobre poesía española de posguerra,* Madrid, Taurus, 1970.
HERNÁNDEZ, Mario, *«El Sueño de Escipión:* chagrin d'amour», *Trece de Nieve* 3 (primavera 1972), 33-35.

HORNO LIRIA, Luis, «Lecturas», *Heraldo de Aragón* 15-X-1967, 28.
ICARDO, Juan Antonio, «Guillermo Carnero, del *trobar ric* al *trobar clus*», *Ínsula* 341(abril 1975), 3.
Ínsula núm. 505 (enero 1989) y 508 (abril 1989), extraordinario sobre los novísimos, coord. Guillermo Carnero.
JIMÉNEZ, José Olivio, «Medio siglo de poesía española (1917-1967)», *Hispania* 50.4 (diciembre 1967), 931-946.
— «Nueva poesía española (1960-1970)», *Ínsula* 288 (noviembre 1970), 1 y 12-13.
— «Estética del lujo y de la muerte: sobre *Dibujo de la Muerte* de Guillermo Carnero», *Papeles de Son Armadans* 194 (mayo 1972), 145-157; recogido en *Diez años de poesía española (1960-1970)*, Madrid, Ínsula, 1972, 375-389; 2.ª ed *Diez años decisivos en la poesía española contemporánea, 1960-1970*, Madrid, Rialp, 1998, 210-219.
— «Variedad y riqueza de una estética brillante», *Ínsula* 505 (enero 1989), 1-2.
JIMÉNEZ MARTOS, Luis, «Guillermo Carnero: *Dibujo de la Muerte*», *Estafeta Literaria* 383 (18-XI-1967), 29.
JOVER, José Luis. Véase Carnero, Guillermo, 1979.
KRUGER-ROBBINS, Jill, «The Shattered Image: Referentiality and the Speaker in Guillermo Carnero's *Divisibilidad Indefinida*», *Anales de la Literatura Española Contemporánea* 20 (1995),139-154.
— *Frames of Referents. The Postmodern Poetry of Guillermo Carnero*, Lewisburg, Bucknell University Press, 1997.
LANZ, Juan José, «Rechazo del realismo y del surrealismo: por una concepción barroca y simbolista de la poesía en Guillermo Carnero», *Zurgai* diciembre 1989, 96-103.
— «Primera etapa de una generación. Notas para la definición de un espacio poético: 1977-1982», *Ínsula* 565 (enero 1994), 4.
— *La llama en el laberinto. Poesía y poética en la generación del 68*, Mérida, Editora Regional de Extremadura, 1994.
— «La joven poesía española al fin del milenio», *Letras de Deusto* 25.66 (enero-marzo 1995), 173-206.
—(ed.), *Antología de la poesía española 1960-1975*, Madrid, Espasa-Calpe (col. Austral), 1997.
LÁZARO CARRETER, Fernando & TUSÓN, Vicente. *Literatura Española 2.º BUP*, Madrid, Anaya, 1976, 430.
LEYVA, Ángel, «Guillermo Carnero: un mundo de infinitos códigos», *Arriba Cultural* 21-VII-1977, 26.
LINARES, Abelardo, «Guillermo Carnero: *Variaciones y figuras*», *Estafeta Literaria* 562 (15-IV-1975), suplemento *Estafeta Libros*, 2.071.
LÓPEZ, Ignacio Javier, «Ironía, distancia y evolución en Guillermo Carnero», *Ínsula* 408(noviembre 1980), 1 y 10.

— «Metapoesía en Guillermo Carnero», *Zarza Rosa* 5 (octubre-noviembre 1985), 37-52.
— «Metonimia y negación: *Variaciones y figuras sobre un tema de La Bruyère* de Guillermo Carnero», *Hispanic Review* 54.3 (1986), 257-277.
— «El olvido del habla: una reflexión sobre la escritura de la metapoesía», *Ínsula* 505 (enero 1989), 17-18.
— «El silencio y la piedra: metáforas de la tradición en la poesía española contemporánea», *Bulletin of Hispanic Studies* 67(1990), 43-56.
— «Guillermo Carnero», en Michael L. Perna (ed.), *Dictionary of Literary Biography,* vol. 108 *(Twentieth-Century Spanish Poets),* Detroit & Londres, Bruccoli, 1991, 71-77.
— «Language and Consciousness in the Poetry of the Novísimos: Guillermo Carnero's latest poetry», *Studies in Twentieth-Century Literature* 16.1 (invierno 1992), 127-148.
— «Persistencia de la estética novísima: *Divisibilidad indefinida* de Guillermo Carnero», en Nicasio Salvador Miguel (ed.), *Letras de la España Contemporánea. Homenaje a José Luis Varela,* Alcalá de Henares, Centro de Estudios Cervantinos, 1995, 223-234.
LÓPEZ DE ABIADA, José Manuel, «Los novísimos en la última encuesta sobre poesía española contemporánea», *Ínsula* 505 (enero 1989), 18-19.
LOSTALÉ, Javier, «*Ensayo de una teoría de la visión,* obra poética completa de Guillermo Carnero. El lenguaje como única realidad», *Informaciones* 12-VII-1979, suplemento *Informaciones de las artes y las letras,* 1-2.
LUCIO, Francisco, «Guillermo Carnero en su mundo de bellos fantasmas», *Tarrasa Información* 15-I-1968.
LUNA BORGE, José, «Sobre la generación del setenta, o el irresistible encanto de una escuela clásica», *Zurgai* diciembre 1989, 10-13.
MARCO, Joaquín, «La nueva poesía española», *Destino* 9-VI-1967, 55.
MARTÍ, Salvador *et al., Lengua castellana y literatura, 4.º curso de la Enseñanza Secundaria Obligatoria,* Barcelona, Teide, 1995, 304-305.
MARTÍN, Salustiano, «La teoría de la visión de Guillermo Carnero», *Ínsula* 404-405 (julio-agosto 1980), 24.
MARTÍN PARDO, Enrique (ed.), *Antología de la joven poesía española,* Madrid, Pájaro Cascabel, 1967.
— *Nueva poesía española,* Madrid, Scorpio, 1970; 2.ª ed. *Nueva poesía española (1970). Antología consolidada (1990),* Madrid, Hiperión, 1990.
MARTÍNEZ RUIZ, Florencio, «Mirador literario: *Ensayo de una teoría de la visión*», *ABC* 5-VII-1979, 35.
— (ed.), *La nueva poesía española,* Madrid, Biblioteca Nueva, 1971.

MASOLIVER, Juan Antonio, «¿Hacia un neosimbolismo?», *Camp de l'Arpa* 3 (septiembre 1972), 28.
— «Verrá la morte...», *La Vanguardia Española* 29-XII-1972, 52.
MAYHEW, Jonathan, *The Poetics of Self-Consciousness. 20th.Century Spanish Poetry*, Lewisburg, Bucknell University Press, 1994.
MINGOTE, Pilar Eugenia, «Poeta de la última generación antologada», *Reseña* 83 (marzo 1975), 12-13.
MIRÓ, Emilio, «Crónica de poesía: Gastón Baquero, José Batlló, Guillermo Carnero», *Ínsula* 248-249 (julio-agosto 1967), 14.
MOIX, Ana María, «*Dibujo de la Muerte* de Guillermo Carnero: un desenfrenado carnaval de las historias», *Presencia* 102 (17-VI-1967), 10.
MOLINA FOIX, Vicente, «Guillermo Carnero, *Dibujo de la Muerte*», *Cuadernos Hispanoamericanos* 214 (octubre 1967), 233-239.
MORAL, Concepción G. del & PEREDA, Rosa M.ª (eds.), *Joven poesía española*, Madrid, Cátedra, 1980; 2.ª ed. 1987.
MORALES, Rafael, «La novísima poesía de Carnero Arbat», *Arriba* 3-IX-1967, suplemento *Páginas especiales del domingo*, 5.
NICOLÁS, César, «¿Todavía los novísimos?», *Aguas Vivas* 2 (12-VI-1980), 3.
— «Novísimos (1966-1988). Notas para una poética», *Ínsula* 505 (enero 1989), 11-14.
O'HARA, Edgar, «De fidelidades y despojos: dos rumbos», *Iris* 1994, 145-164.
PABA, Antonina, «Guillermo Carnero: *Ensayo de una teoría de la visión*», *Rassegna Iberistica* 10 (marzo 1981), 58-59.
PALOMERO, Mari Pepa (ed.), *Poetas de los 70. Antología de la poesía española contemporánea*, Madrid, Hiperión, 1987.
PEÑA, Pedro J. de la, «La persona, la obra: *El Azar Objetivo*», *Las Provincias* 22-VI-1975, 38.
— «Hacia la poesía española trascontemporánea», *Cuadernos Hispanoamericanos* 382 (abril 1982), 129-144.
— «*Divisibilidad Indefinida*», *Contemporáneos* 9 (1991), 38-39.
PERSIN, Margaret H. & DEBICKI, Andrew P. & MANDLOVE, Nancy & SPIRES, Robert C., «Metaliterature and Recent Spanish Literature», *Revista Canadiense de Estudios Hispánicos* 7 (1983), 297-309.
PIERA, José «Los lúcidos fantasmas de Guillermo Carnero», *Camp de l'Arpa* 14 (noviembre 1974), 18-20.
PRAT, Ignacio, «La página negra (notas para el final de una década)», *Poesía* 15 (verano 1982), 115-122.
— *Estudios sobre poesía contemporánea*, Madrid, Taurus, 1982.
PRIETO DE PAULA, Ángel L., *Musa del 68. Claves de una generación poética*, Madrid, Hiperión, 1996.

PRITCHETT, Kay (ed.), *Four Postmodern Poets of Spain,* Fayetteville, University of Arkansas, 1991.
PROVENCIO, Pedro, *Poéticas españolas contemporáneas. La generación del 70,* Madrid, Hiperión, 1988.
— «La generación del 70 (I): las siete vidas del final», *Cuadernos Hispanoamericanos* 522 (diciembre 1993), 87-102.
— «La generación del 70 (II): los antinovísimos y la cultura de consumo», *Cuadernos Hispanoamericanos* 524 (febrero 1994), 99-115.
QUINTANA, Emilio, «Apuntes sobre novísimos y postnovísimos», *Zurgai* diciembre 1989, 134-136.
QUIÑONERO, Juan Pedro, «Guillermo Carnero y el drama de la retórica», *Informaciones* 16-II-1972.
RAMONEDA, Arturo, «El fasto y la mentira», *Diario 16* 8-XI-1990, Suplemento *Libros,* 5.
RAMOS, Juan Luis, «Guillermo Carnero: Ensayo de una teoría», *La Moneda de Hierro* 3-4 (1980), extraordinario «Diez años de poesía en España, 1970-1980», 81-84.
— «Meditaciones sobre las contrariedades del azar», *Ideologies and Literature* 1.1-2 (1985), 207-217.
RODRÍGUEZ DE LA FLOR, Fernando, «Neo-neoclasicismos en la poesía española última», *Los Cuadernos del Norte* 20 (abril 1983), 61-65.
ROJO, José, «Sobre *El azar objetivo* de Guillermo Carnero», *Síntesis* 1(s.a.; 1975), 28-30.
ROMERO ESTEO, Miguel, «Guillermo Carnero, donde la sabiduría poética se acoge a la racionalidad melancólicamente», *Nuevo Diario* 12-I-1975, suplemento *Libros,* 4.
ROZAS, Juan Manuel, «Los novísimos a la cátedra», *El País* 25-XI-1979, suplemento *Libros,* 4.
RUBIO, Fanny, *Las revistas poéticas españolas 1939-1975,* Madrid, Turner, 1976.
— «Guillermo Carnero: *Ensayo de una teoría de la visión»*, *La Moneda de Hierro* 2 (verano-otoño 1979), 54-55.
SÁNCHEZ TORRE, Leopoldo, «Metapoesía y conocimiento: la práctica novísima», *Zurgai* diciembre 1989, 24-29.
— *La poesía en el espejo del poema,* Oviedo, Universidad, 1993.
SANZ VILLANUEVA, Santos, *Historia de la Literatura Española,* vol. 6.2, Madrid, Ariel, 1984, 434-468.
SCARANO, Laura, «La poesía de Guillermo Carnero: una estética de la negatividad», *Anales de la Literatura Española Contemporánea* 16.3 (1991), 321-335.
SIEBENMANN, Gustav, *Los estilos poéticos en España desde 1900,* Madrid, Gredos, 1973.

SILES, Jaime, «Los novísimos: la tradición como ruptura, la ruptura como tradición», *Ínsula* 505 (enero 1989), 9-10.

SIMÓN, César, «Un problema de asentimiento: la poesía de Guillermo Carnero», *Ínsula* 361 (diciembre 1976), 5.

— «Fracaso y triunfo del lenguaje en Guillermo Carnero», *Papeles de Son Armadans* 249 (diciembre 1976), 249-263.

SOLNER. G. L. (ed.), *Poesía española hoy,* Madrid, Visor, 1982.

STYCOS, María N., «Spanish Poetry of the Post-War Period: the Changing Poetics of the 70's Generation?», en R. Fernández Rubio (ed.), *Selected Proceedings of the Thirty-Fifth Annual Mountain Interstate Foreign Language Conference,* Greenville, Furman University, 1985, 341-349.

TALENS, Jenaro, «(Desde) la poesía de Antonio Martínez Sarrión», en Antonio Martínez Sarrión, *El centro inaccesible,* Madrid, Hiperión, 1981, 7-37.

— «La coartada metapoética», *Ínsula* 512-513 (agosto-septiembre 1989), 55-57.

— «De la publicidad como fuente historiográfica: la generación poética española de 1970», *Revista de Occidente* 101 (octubre 1989), 107-127.

— «De poesía y su(b)versión», en Leopoldo M.ª Panero, *Agujero llamado Nevermore,* Madrid, Cátedra, 1992, 9-62.

TOVAR, Antonio, «Trobar clus», *Gaceta Ilustrada* 929 (28-VII-1974), 11.

— «Extremos de la poesía», *Gaceta Ilustrada* 1.084 (17-VII-1977), 58.

— «El desarrollo de Guillermo Carnero», *Gaceta Ilustrada* 1.237 (22-VI-1980), 92.

VILLENA, Luis Antonio de, «Barras situacionales a una década de nuestra poesía», *Las Nuevas Letras* 3-4 (1985), 36-38.

YAGÜE LÓPEZ, Pilar, *La poesía de los setenta. Los novísimos, referencia de una época,* La Coruña, Universidad, 1997.

ZIMMERMANN, Marie-Claire, «Les jeux de la théorie et de la pratique dans la poésie espagnole actuelle», *Revue des Langues Néolatines* 245 (1983), 5-26.

— «Signes de Castille dans la géographie poétique de Guillermo Carnero: *Dibujo de la Muerte*», *Ibérica* 2 (1993), 249-264.

— «Guillermo Carnero: le langage, la fête et la démythification», *Poésie espagnole moderne et contemporaine,* París, Dunod, 1995, 177-179.

Dibujo de la muerte.
Obra poética

Sólo pido una gracia: que ninguna parte de este discurso sea juzgada en sí misma e independientemente del resto.

EDMUND BURKE, *A Philosophical Enquiry*..., I, 19[1].

¿Les gustaría conocer mi método? Es sencillo: al escribir un libro [...] escribo otro sobre este primero, y un tercero sobre el segundo, y así sucesivamente. Acaso de este modo, por qué no, pueda surgir una nueva lógica. Como esos monos de los frescos indostánicos [...], que para bailar necesitan apoyarse cada uno con el dedo índice en el trasero del anterior.

LAWRENCE DURRELL, *Nunquam*, I[2].

---

1 Las ediciones de 1979 y 1983 de *Ensayo de una teoría de la visión* iban precedidas por esta cita de Burke y por la que sigue, de Durrell, y por la «Nota del autor» que se transcribe a continuación. En este caso se trata de la obra de Edmund Burke, *A Philosophical Enquiry into the Origin of our Ideas of the Sublime and the Beautiful* [Una investigación filosófica sobre el origen de nuestras ideas de lo sublime y lo bello], concluida en 1756 y publicada en 1757. Sobre Burke y su *Philosophical Enquiry*, *vid.* las notas 243 y 245.

2 Lawrence Durrell, escritor inglés nacido en Jullundur (India) en 1912. Son famosas sus colecciones *El cuarteto de Alejandría* y *El quinteto de Avignon*, series de nueve novelas en total compuestas entre 1956 y 1985. Menos conocida es una tercera serie, inicialmente llamada *Tunc* y, más tarde, *La revuelta de Afrodita*, que se completó con *Nunquam*, novela aparecida en Londres en 1970.

Nota del autor a la edición de 1979[3]

Se presenta aquí reunida una obra que se ha ido escribiendo a lo largo de once años, y la reunión obedece a dos razones fundamentales. La primera, que las anteriores ediciones se han agotado y parece persistir una cierta demanda, circunstancia que no deja de sorprenderme porque ni hay en mis venas gotas de sangre jacobina ni espero hablar a Dios un día, y a decir verdad no me importa gran cosa de qué modo dejar mi verso, aunque tengo bien claro que no será como deja el capitán la espada[4]; de modo que puedo acusarme de no amar sino muy vagamente una porción de cosas que encantan a la gente[5], y de ahí que me sorprenda esta edi-

[3] Guillermo Carnero, *Ensayo de una teoría de la visión. Poesía 1967-1977*, Madrid, Hiperión, 1979, págs. 71-72; 2.ª ed., 1983.

[4] Collage formado por la alusión a los siguientes versos del «Retrato» de Antonio Machado, que abre su libro *Campos de Castilla*: «*Hay en mis venas gotas de sangre jacobina*, / pero mi verso brota de manantial sereno; / [...] ¿Soy clásico o romántico? No sé. *Dejar quisiera / mi verso como deja el capitán su espada:* / famosa por la mano viril que la blandiera, / no por el docto oficio del forjador preciada. / [...] Converso con el hombre que siempre va conmigo / —*quien habla solo espera hablar a Dios un día...*» (en cursiva los versos 9, 21-22, 26); *Campos de Castilla*, ed. Rafael Ferreres, Madrid, Taurus, 1977, págs. 49-50. La intención irónica y la elección del poema y versos referidos son indicativas del repudio por Carnero de los dogmas de la poesía social de los años 60, y de la mitificación en su seno de cierta imagen parcial de Antonio Machado.

[5] Cita de los versos 13 y 14 del «Retrato» que inicia el libro *El mal poema* de Manuel Machado: «*Me acuso de no amar sino muy vagamente / una porción de*

ción. A falta de lo cual recibí la flecha que me asignó Jakobson[6]; con orgullo lo digo.

La segunda, que dicha obra —con minúscula— emite, vista en su evolución, principios de coherencia que autorizan a considerarla no como una yuxtaposición de elementos aislados sino como una unidad, y esto no sólo desde perspectivas *formales* (que por sí solas no explican nada), sino desde aquellas que admiten que la cuestionación del discurso literario ha de ser entendida como cuestionación del discurso cultural total desde el terreno específico que es la literatura.

Pero no me corresponde hacer tal análisis, porque el lector lo tiene en las páginas precedentes, firmado por nuestro primer crítico y teórico de la literatura[7], y aunque los de mi generación somos poetas del Mester de Clerecía[8], y no sabríamos existir sin cierta dosis de conciencia teórica antes, durante y después (sobre todo después) de nuestras propias producciones, difícilmente podría un autor pronunciarse con precisión sobre sí mismo con pretensiones de objetividad y de validez teórica. Carlos Bousoño ha realizado un análisis de alcance, profundidad, trascendencia y penetración insuperables, y no seré yo quien pretenda añadir a ese

---

cosas que encantan a la gente»; *Poesías completas*, ed. Antonio Fernández Ferrer, Sevilla, Renacimiento, 1993, págs. 113-114. La inversión de la valoración respectiva de los hermanos Machado, tanto como la mera atención a Manuel, eran sendas herejías en el contexto de la poesía politizada en el que aparecieron —y contra el que se manifestaron— los novísimos.

[6] Reelaboración, igualmente irónica, del verso 7 del citado «Retrato» de Antonio Machado: «*Mas recibí la flecha que me asignó Cupido* / y amé cuanto ellas pueden tener de hospitalario»; *Campos de Castilla*, ed. cit., págs. 49-50. Sobre Roman Jakobson, *vid.* nota 335.

[7] El poeta se refiere a Carlos Bousoño, autor del estudio preliminar, «La poesía de Guillermo Carnero», con que se iniciaba la edición de *Ensayo de una teoría de la visión*, y que será mencionado poco después en este mismo texto. En diversas ocasiones Carnero ha manifestado su interés por la poesía de Bousoño, señalando a éste como uno de los pocos poetas de postguerra que interesaron a los poetas del 70, interés que resultaba de la «disidencia» que Bousoño mantuvo respecto a la poesía social *(vid.* Carnero, «La corte de los poetas», págs. 23-41).

[8] *Mester de clerecía*: «oficio de sabios», nombre de la escuela poética culta y erudita del siglo XIII español, opuesta —según los planteamientos de Menéndez Pidal— al «Mester de juglaría» con el que se identificaban los poetas sociales de la postguerra española.

banquete de la inteligencia una mísera aceituna. Más todavía cuando de él se deduce algo de lo que siempre he sido consciente: que todos mis libros eran en realidad *un solo libro*, y junto con ellos lo serán los venideros. Del estudio de Carlos Bousoño he aprendido las razones que justifican esa intuición mía.

En cuanto a los últimos poemas que aquí se incluyen, parte del libro inacabado *Ensayo de una teoría de la visión*, es pronto para pronunciarse sobre ellos, pero creo que no contradicen mi idea de cómo se desarrolla a lo largo del tiempo una obra coherente: no de modo lineal sino en espiral, es decir retomando siempre los mismos problemas según una trayectoria circular que se salva de ser viciosa porque en cada ciclo hay una mayor complejidad que sintetiza el anterior recorrido y relee esa síntesis de modo más abarcador.

*

Dibujo de la muerte se publicó por primera vez en 1967. Una segunda edición ampliada apareció en 1971, incorporando «Amanecer en Burgos», «Atardecer en la pinacoteca», «El embarco para Cyterea» y «Sagrado Corazón y Santos...». Aquí se añaden «Boscoreale» y «Plaza de Italia», incluidos en el número 15 de mayo-junio de 1967 de la revista *Claraboya*, de León. Al releer el segundo de ellos me ha parecido muy relacionable con «Elogio de la dialéctica», de mi último libro. Espiral.

Llamo «Poemas del ciclo de *Dibujo de la muerte*» a los escritos en 1966-1967 dentro del clima de este libro, para respetar cuya unidad se ponen aparte. «El Arte Adivinatoria» se imprimió en el volumen colectivo en homenaje a Vicente Aleixandre, Ínsula, 1968. «Pie para un retrato...» forma, como «El movimiento continuo», parte de una familia de la que se seleccionó este último para incluirlo en *Dibujo de la muerte* desde la primera edición, porque sólo él podía ser colocado allí sin romper el tono del libro. «Carnaval en el Sur» fue escrito para un homenaje a Rafael Alberti que nunca llegó a materializarse en forma de libro.

El Sueño de Escipión apareció en 1971; *Variaciones y figuras sobre un tema de La Bruyère*, en 1974; *El azar objetivo*, en 1975.

Los poemas inéditos de *Ensayo de una teoría de la visión* han sido escritos entre noviembre del 75 y enero del 77.

Se dan, por tanto, aquí nueve poemas no incluidos en las ediciones de mis cuatro libros publicados hasta ahora.

Corrijo defectos de puntuación y erratas de imprenta, especialmente numerosas —hasta el punto de hacer el texto ilegible— en el libro de 1974.

Guillermo Carnero
Diciembre 1977

Dibujo de la muerte[9] (1967)

[9] *Dibujo de la muerte*, Málaga, Librería Anticuaria El Guadalhorce, 1967; 2.ª edición ampliada, Barcelona, Ocnos, 1971; 3.ª edición nuevamente ampliada en *Ensayo de una teoría de la visión. Poesía 1966-1977*, Madrid, Hiperión, 1979. El libro recibió una acogida entusiasta de los críticos, siendo considerado «el más hermoso libro de la nueva generación» (Barnatán, «Dos aproximaciones», pág. 138; J. O. Jiménez, «Estética del lujo», pág. 146); se lo describió como ejemplo de «poesía esteticista que añora el pasado y se refugia en la decadencia» en «posición antitética de lo social» y resultando, por ello, «un libro inimaginable hace sólo cinco años» (J. Marco, «La nueva poesía española», *Destino* 9-VI-1967). Fue entendido como ejemplo de un arte culto y minoritario cuyas fórmulas expresivas no dejaban de revelar sensibilidades muy actuales, al mismo tiempo que se subrayaba el carácter innovador del esteticismo del libro pues su decadentismo tenía mucha más osadía que cualquier actitud «social»; opiniones similares expresaron Joaquín Marco en *Destino* cit., Barnatán en *Poesía española* (julio 1967), Emilio Miró en *Ínsula* (julio-agosto 1967), Rafael Morales en *Arriba* (3-IX-1967), y Luis Horno Liria en *Heraldo de Aragón* (15-X-1967).

Vobiscum cupiam quolibet esse modo.

OVIDIO, *Tristes,* V, I[10]

Ne voise au bal qui n'aimera la danse.

GUY DU FAUR DE PIBRAC[11]

[10] Ovidio, *Tristes,* Libro V, elegía I. Se trata del verso final de dicha elegía, correspondiente al envío de la misma. Dice el texto: «Cur scribam, docui. Cur mittam, quaeritis, istos? / *Vobiscum cupiam quolibet esse modo*» [Ya te he confesado por qué escribo. ¿Por qué te remito mis obras, preguntas? /*Porque deseo estar con vosotros de algún modo*].

[11] *Ne voise au bal qui n'aimera la danse* [No vaya al baile quien no guste de la danza]; Guy du Faur, señor de Pibrac (1529-1584). La cita procede de su obra *Cinquante quatrains, contenant préceptes et enseignements utiles pour la vie de l'homme, composés à l'imitation de Phocylides, d'Epicharnus et autres anciens poètes grecs, par le Seigneur de Pybrac, à Paris, chez Gilles Gorbin, en 1574.*

ÁVILA[12]

En Ávila la piedra tiene cincelados pequeños corazones de nácar
y pájaros de ojos vacíos, como si hubiera sido el hierro martilleado por Fancelli[13]
buril de pluma, y no corre por sus heridas ni ha corrido nunca la sangre,
lo mismo que de los cuellos tronchados sólo brota el mismo mármol que se entrelaza al borde de los dedos
en un contenido despliegue de pétalos y ramas,
en delgados cráneos casi trasparentes en la penumbra de las bóvedas
que conservan la ligera sombra azul de los ojos yertos en las raíces de la lluvia,
la morbidez, las redondas mejillas de los niños nacidos al mármol para la muerte,
los senos vagamente estériles de las Parcas[14] diluidas en rígidos ramos de volutas y frutos,
el doloroso latir de las irisadas tibias sobre los cojincillos de mármol, ondulados
para ofrecer un reposo caliente y amortiguar la delgadez helada
de esa mano de ámbar que acaricia con el pausado ritmo de la lluvia
la cabeza de un perro también muerto en la piedra[15],
muerto en la piedra junto a unos dedos y un cuerpo demasiado hermosos para haber vivido[16],
muerto en la piedra mientras se escucha brotar hacia la tumba
toda una inmensa vegetación de alas.

Luego, por la ciudad, tiene la noche
un lejano horizonte de olivos y acaso alguna ermita
entre las llamas color de cardo que suben hasta las figurillas
de bronce de las fuentes,
los jirones de almenas lamiendo entre la noche
el torturado brazo de las norias[17],
los jirones de almenas ardiendo como un turbio
arroyo, entre el helado crepitar de las fuentes,
entre el resbaladizo gotear, en el aire
de la estepa, del sordo sonido de los siglos.

A pesar de la noche, es imposible
reconstruir su muerte.
Ir ensamblando antiguos inciensos y sudarios,
medallones, y viene hasta mí el golpeteo
de un caballo en los lisos espejos de la noche,
es imposible, nadie sabrá, ni esas raíces
ni esas pequeñas uvas de humedad y salitre
ni ese tenue azabache como el salto de un pájaro
que al trasluz se desliza, en los atardeceres,
al fondo de la carne de los ángeles muertos en el mármol.

Hay algún bar abierto en donde suena un disco.
Es tan vasto tu reino que no puede llenarte,
pero yo sé que nada hay de ti entre tus libros,
en tus palabras, nada puede saberse, nada
puedes mostrar.
También tú has recibido la oscura herencia de un inmenso
dominio inaccesible
que no tiene ni principio ni fin ni esperanza en el tiempo.
Pero hoy algo renace en las pequeñas flores de óxido de las
órbitas vacías[18],
levanta por entre los hacinamientos de escorias ecos y
presencias de pájaros,
transcurre con un ligero temblor de alas por los delgados
caminos de la sangre, despierta
amortiguadas voces al fondo de los cuerpos, inicia
los ahogados latidos de los fríos corazones de hierro.
Por eso, entre el inmenso latido de la noche,

Domenico Fancelli. Sepulcro del príncipe don Juan en el convento de Santo Tomé (Ávila).

elevado entre un rumor de vides húmedas, es triste
no tener ni siquiera un puñado de palabras, un débil
recuerdo tibio para aquí, en la noche,
imaginar que algún día podremos
inventarnos, que al fin hemos vivido[19].

NOTAS

[12] Poema publicado por vez primera en 1966, en la revista *La trinchera*, que dirigía en Barcelona José Batlló. Temáticamente marca la pauta del libro al establecer el conflicto que existe entre la belleza perdurable del arte frente a la decadencia del ser humano (Bousoño, «La poesía de Guillermo Carnero», págs. 25-27 y 30-37). Este conflicto, que en un poema modernista podría haber llevado a una solución, pero que aquí no se resuelve nunca *(vid.* Bousoño, «Una época en sus personajes»), motiva una serie de experiencias contradictorias para el lector, y quizás una invitación a extender y continuar el tema; en última instancia, ejemplifica un deseo de sobreponerse a la mortalidad por medio del arte, y la limitación y el fracaso de tal deseo (Debicki, *Historia de la poesía*, págs. 208-210). Estructuralmente consta de tres partes, que han sido descritas como una técnica de cambio de planos (Lanz, *La llama en el laberinto*, pág. 116). La primera consiste en una descripción de la tumba del príncipe don Juan, primogénito y único hijo varón de los Reyes Católicos, fallecido en Salamanca el 4 de octubre de 1497 y cuya muerte, como recuerda Juan del Encina en dos poemas, fue sentida como una tragedia nacional *(vid.* el romance que comienza «Triste España sin ventura» y el villancico «A tal pérdida tan triste» en Juan del Encina, *Poesía lírica y cancionero musical*, ed. R. O. Jones y Carolyn Lea, Madrid, Castalia, 1972, págs. 212-214). Su tumba, que es la que aquí se describe, se encuentra en la iglesia del convento de Santo Tomé de Ávila. Dicha primera parte contiene además una visión de la ciudad («Luego, por la ciudad, tiene la noche...») en la que la belleza y riqueza de la tumba contrastan con la aridez del espacio y la esterilidad de la noche. Partiendo de esta imagen de la ciudad («Hay algún bar abierto...»), el poema da cuenta de la emoción sentida ante la belleza de la tumba, una emoción que es expresada mediante el «nosotros» del último verso en el que se incluye a autor y lector. Entre ambas partes media una reflexión («A pesar de la noche...») sobre la belleza que el poeta siente, y que intenta formular en su poema aun siendo consciente de la imposibilidad de expresarla adecuadamente. Dos poemas de *Divisibilidad indefinida* —«Convento de Santo Tomé» y «Razón de amor»— que hay que relacionar intertextualmente con éste, repiten el mismo tópico: el sujeto que observa y describe una estatua fúnebre. El interés de Carnero por las estatuas ha llamado la atención de la crítica, señalándose que su visión de la poesía se caracteriza por una actitud en la que el hablante contempla, «sin dolerse ante lo inevitable, las huellas que va dejando la muerte» (Giordano, «Divisibilidad», pág. 122); este interés, además, cifra el entendimiento del símbolo en Carnero, destacando en *Dibujo* «la frustración

ante las obras del hombre que devienen en no más que espejo o dibujo de su propia muerte» («Reflexiones», pág. 73). La belleza en *Dibujo* se caracteriza por su inmovilidad, teniendo tan sólo «una modesta capacidad de concretar los afanes humanos en la obra de arte, más duradera que el hombre que la fabricó» (Prieto, *Musa*, pág. 65; *vid.* además, J. L. Ramos, «Meditaciones», págs. 210-212). Frente a la belleza duradera de la piedra, o del arte, poeta y lector (incluidos ambos en el *nosotros* final) se ven obligados a imaginar que al fin han vivido al proyectarse mediante la lectura en la belleza que el poema nombra *(vid.*, además, J. Kruger-Robbins, *Frames of Referents*, págs. 30-35).

13 *Domenico di Alessandro Fancelli de Settignano*: «A comienzos del siglo XVI, puede señalarse la presencia en España de algunos escultores italianos que introducen las formas de la escultura florentina, la decoración de grutescos en relieve, y un eco de las delicadezas del círculo de Donatello... [Particular] importancia tiene la figura de Domenico Fancelli (1469-1518), de Settignano, que hace la tumba del Príncipe don Juan, hijo de los Reyes Católicos, en Santo Tomás de Ávila (1512), con la urna sepulcral exenta y la serena estatua yacente»; J. M. de Azcárate Ristori, A. E. Pérez Sánchez y J. A. Ramírez Domínguez, *Historia del arte* (Madrid, Anaya, [1982]), págs. 427-428.

14 *Parcas*: en mitología, cada una de las tres deidades hermanas —Cloto, Láquesis y Átropos—, con figura de viejas, de las cuales la primera hilaba, la segunda devanaba y la tercera cortaba el hilo de la vida del hombre. Figuradamente, se trata de una representación de la muerte.

15 *un perro muerto en la piedra*: representación convencional de la fidelidad, habitual en los monumentos fúnebres. Reaparece más tarde este motivo en el verso «y la fidelidad que representa el perro», del poema «Museo de Historia Natural» (*El azar objetivo*; *vid.* nota 350).

16 *un cuerpo demasiado hermoso para haber vivido*: «Si este libro se limitara a recoger un procedimiento tradicional al simbolismo y a negar uno de sus elementos, el plano real, y quedáramos solamente con lo evocado como signo de nada (no de la nada, sino de nada), nos encontraríamos apenas frente a una especie de "antisimbolismo", tal como hay "antipoesía" y "antinovela". El elemento trágico en la poesía de *Dibujo de la muerte* es, por el contrario, positivo; es la evidencia de que, para el hablante lírico, este mundo de símbolos es el único hermoso. Que sea un mundo muerto no implica que sea falso ni negativo: lo verdadero no tiene por qué ser lo que nos halaga, lo que nos infunde esperanza y optimismo: hay cosas demasiado hermosas para haber existido [...]. Esto significa que, por falso, frívolo, formal, alejado de la vida que esté el mundo de los símbolos, es el único que se afirma en su hermosa, atroz verdad» (Giordano, «Reflexiones», pág. 74); *vid.*, además, Lorenzo Gomis, «El mascarón en el agua» (*La Vanguardia* 6-VII-1967), Bousoño («La poesía de Guillermo Carnero», págs. 41-44), Debicki (*Historia de la poesía*, págs. 208-209) y Prieto (*Musa*, pág. 65).

17 *brazo de noria*: pértiga o palanca a la que va ajustada la maroma de la noria y a la que se unce el animal que la hace girar, dando vueltas al pozo; aquí tiene un valor simbólico —el brazo de la noria circulando o rotando como las agujas del reloj— marcando el tiempo anónimo que ha de mencionarse inmediatamente como «el sordo sonido de los siglos».

18 *hoy algo renace*: El poema, que comienza con una descripción de la belleza que es posible tras la muerte, termina anunciando un renacer o, si se pre-

fiere, una nueva vida formulada en los verbos *levanta, transcurre, despierta.* Simbólicamente, este renacer correspondería a la escritura del poema, y habría que entenderlo, no implicando una resurrección —esto es, la vuelta de lo mismo—, sino la transformación de lo anterior en imagen: la vida del príncipe transformada en piedra por Fancelli y, paralelamente, la piedra del sepulcro transformada en imagen de la belleza en este poema. Con ello, la experiencia del sujeto poético que contempla la tumba creada por Fancelli es reproducida por el lector que se acerca al poema y que contempla, no la vida o la experiencia, sino el renacimiento de éstas como imágenes artísticas. Esta distinción conceptual entre resurrección y renacimiento —que fundamenta las teorías del símbolo y la metáfora en Hegel *(Estética,* Barcelona, Altafulla, 1988, vol. I, pág. 125)— va a centrar algunas de las preocupaciones sobre el lenguaje poético de los poetas del 68 *(vid.* I. J. López, «El silencio y la piedra», pág. 47; Kruger-Robbins, *Frames of Referents,* pág. 34). Es éste, además, el principio en el que se basa la teoría bousoñiana sobre la insuficiencia del lenguaje poético, expuesta en su prólogo a *Ensayo de una teoría de la visión* (Bousoño, «La poesía de Guillermo Carnero», págs. 60-61). Guillermo Carnero, en fin, la ha expuesto en su respuesta a González Muela *(vid. infra,* notas a los poemas «El altísimo Juan Sforza...», de *Dibujo de la muerte,* y el poema «Investigación de una doble metonimia», de *El sueño de Escipión*).

[19] Mientras que en otros autores de la generación a que Carnero pertenece, cuya producción está igualmente caracterizada por el culturalismo *(vid.* nota 150), la relación entre literatura y realidad es una obsesión primordialmente teórica o intelectual, en Carnero esta relación no se plantea en términos teóricos, sino como problema vital: «Carnero abre una posibilidad hacia lo existencial: partiendo [...] de la lectura se abre a la vivencia. Si se trataba de poetizar el recuerdo de lo vivido, Carnero situaba en un mismo grado el recuerdo de una lectura y el de una experiencia física. De todo ello surge, en fin, la comprensión de la literatura como un proceso reflexivo, un proceso de meditación sobre sí» (Ramos, «Meditaciones sobre las contrariedades del azar», pág. 211).

CASTILLA

> [...] estorbóselo una carreta que salió al través del camino, cargada de los más diversos y extraños personajes y figuras que pudieron imaginarse. El que guiaba las mulas y servía de carretero era un feo demonio. Venía la carreta descubierta al cielo abierto, sin toldo ni zarzo[20]. La primera figura que se ofreció a los ojos de Don Quijote fue la de la misma muerte, con rostro humano; junto a ella venía un ángel con unas grandes y pintadas alas; al un lado estaba un emperador...
>
> *Quijote*, II, 11[21]

No sé hasta dónde se extiende mi cuerpo.
No sé hasta cuándo cayera el más lejano cuerpo de muralla; no sé
hasta qué altura yacen los sillares entre las serpientes o lenguas del sol,
entre la alucinada tierra, bajo ese cráter polvoriento y callado,
los cuarteados terrones de ese cielo de arcilla.
Tampoco sé hasta dónde se extiende la tierra; quizás
un horizonte redondo.
Porque mi cuerpo es ancho como un río.
De mar a mar, recuerdo, he galopado, una
y otra vez, levantando bastiones y murallas,
he galopado, quiero vivir, he galopado
para dejar atrás ese bosque de muros,
he extendido mi cuerpo, esa ciega maraña
de sillares marchitos y argamasa candente
de mar a mar.
Mi cuerpo es ancho como un río.

Conozco muchos nombres de murallas.
Murallas para mirar la noche (lamidas por los dedos escamosos del sol),
murallas para tocar esqueletos y plumas de pájaros; murallas

para gritarlas contra otras murallas.
Me han despertado voces y ladridos lejanos
y chocar de armaduras y de yelmos[22] y hachas
y de pieles rasgadas por la luz de la espuela.
Me han despertado voces y rumor de pisadas
y relucir de plumas y púrpuras y sedas
y clarines y espadas y sangre contenida.
He tocado mis dedos sobre los fríos muros.
Sobre los fríos muros retumbaba mi sangre
en mi oído. Y he visto mis ojos en el frío
espejo de los muros.
Sobre estos muros lisos como una tumba, una
y otra vez, he buscado, sobre este cuerpo, una
y otra vez, he buscado una poterna[23], el vago
clarear de unas luces sobre las impasibles
murallas.

Y otra vez al galope, matando,
descuartizando telas y andamiajes y máscaras
y levantando muros y andamiajes y telas
y máscaras.
Mi cuerpo es ancho como un río.

Notas

[20] *zarzo*: tejido de varas, mimbres o juncos, que forman una superficie plana sobre la carreta.

[21] Carnero remite al lenguaje que enuncia la realidad y la vida como mascarada y como muerte. El lenguaje, en su labor a la vez destructora y fundadora («descuartizando ... levantando»), es insuficiente para crear algo estable, sustentándose tan sólo en el vacío y, como se indica en el poema, fluyendo de modo permanente —«Mi cuerpo es ancho como un río»—, pero sin que sea posible conseguir su propósito (expresión, comunicación) ni establecer su extensión: «No sé hasta dónde se extiende mi cuerpo». Esta conciencia motiva el presente poema, cuya visión de la actividad literaria como un páramo —imagen cuyo origen puede ser *The Waste Land* de T. S. Eliot— ha de reaparecer en poemas posteriores (*vid.* «Lección del páramo» y «Segunda lección del páramo», de *Divisibilidad indefinida*). Ya en el poema anterior se había sugerido una imagen similar (vv. 24-25: «en el aire / de la estepa»). El que el tema poético sea el lenguaje permite explicar el motivo del *Quijote* que aparece al frente del mismo, tratándose de la obra emblemática de la lengua en que

se expresa el autor. Más aún, el episodio de las Cortes de la Muerte, de la segunda parte del *Quijote*, de donde procede el texto, ofrece un escenario análogo al ya visto en el poema «Ávila»: si entonces el sujeto del poema contemplaba las imágenes en la piedra, en «Castilla» las imágenes alegóricas —la muerte, un feo demonio, un ángel, un emperador, etc.— le son ofrecidas mediante el lenguaje (para una descripción de los procedimientos formales usados por Carnero en este poema, *vid.* Arranz Nicolás, «Neopositivismo y culturalismo», págs. 59-60; sobre el uso del lenguaje como representación del vacío, *vid.* Zimmermann, «Signes de Castille», págs. 256-257 y Lanz, *La llama en el laberinto*, págs. 110-114).

22 *yelmo*: parte de la armadura que resguardaba la cabeza.

23 *poterna*: en las fortificaciones, puerta menor que cualquiera de las principales, que da al foso o al extremo de una rampa.

AMANECER EN BURGOS[24]

Las Huelgas[25]

En el silencio de los claustros reposa
la luz encadenada por la epifanía del tiempo.
Florece la altísima tumba
en blancos capullos de escarcha. Un ámbito
de otro oculto transcurre, sólo por unas losas
que oscuramente resuenan, incubando
el crescendo angustioso de la proclamación de la muerte.
Fidelidad no ensayada a la hora de vivir,
permanece cada corazón bajo el delicado sudario
que nada oprime. Sobre las piedras se abre
una fontana de musgo. Porque quizá
temiéramos vivir, en la sombra germina
la floración de la carne muerta. Andrajos y oro
el esplendor revelan de los cuerpos antiguos.
Entre imágenes de lejana belleza, piadosamente se oculta
la carne muerta. Y así es hermoso
discurrir fugazmente entre la eternidad de la vida, engarzada
por la geométrica perfección de los albos sepulcros,
como quien nada escucha, puesto que ni seremos
llamados a los turbios festejos de la muerte
ni el amor y el deseo corruptos, y el impalpable polvo de los besos
alteran, en la madrugada tibia que turba el aire,
el armonioso vuelo de la piedra, elevado
en muda catarata de dolor.

NOTAS

[24] Se publicó por primera vez en *Libro de horas* (Málaga, El Guadalhorce, 1967); se integra en *Dibujo* al publicarse la segunda edición.

[25] El sujeto del poema contempla el museo de vestiduras regias que hay en el Monasterio de Las Huelgas Reales (Burgos), vestiduras sacadas de las tum-

bas de los reyes de Castilla. Se trata, por tanto, de un motivo análogo a la contemplación del sepulcro del príncipe don Juan, ya descrito al hablar del poema «Ávila»; una vez más el sujeto del poema se enfrenta a los despojos que el tiempo ha legado y que, como las representaciones en piedra («Ávila»), no sirven para capturar la vida, pero encarnan la belleza. A diferencia de lo que ocurría en el poema «Ávila», sin embargo, donde la contemplación es estática, aquí la muerte florece del objeto contemplado. Así, pues, el poema presenta el tema que unifica el libro, y que sería el triunfo y la certeza de la muerte: el monasterio florece como una tumba en el amanecer (vv. 3-4), y la muerte va gestándose como se indica en los vv. 6-7 —«incubando / el crescendo angustioso de la proclamación de la muerte». El poema «Bacanales en Rímini...», con el que se cerraba el libro en la primera edición, serviría como contrapunto temático de este florecer de la muerte, al formular la certeza de la misma: «quizá será la muerte / la única certeza que nos ha sido dado alzar sobre la tierra» *(vid.* J. O. Jiménez, «Estética del lujo», págs. 155-156).

ATARDECER EN LA PINACOTECA[26]

Ibas y venías tan airosamente lejana, entre inciertas
imágenes inertes de belleza antigua
en el museo ya oscuro, cuando la luz del Sol
mágicamente se engarza con el sonido del eco
y resbala en los ventanales, llueve y retumba
delicadamente, sobre palio,
se desparrama por cañadas ocultas, sonando como débil
galope —acero y grana brillan— en la llanura
—escorzo[27] del lejano muro, arambel[28], añafil[29], fuego y
azul— inmensa,
ibas y venías en el incesante círculo de la rotonda
tan cerca de los ensortijados —labor de miniatura—
cabellos de la Virgen con el Niño, los hondos
horizontes lavados, hiriente azul la Estigia[30],
brillante manzana, círculo en espera del dardo,
sangre recién vertida y latir[31] de lebreles[32],
que en el callado laberinto, alto como una llama,
ajustada blancura sobre el azul poniente,
eco de mate fulvo[33] entre los muros eras,
concertabas con el armónico —Agnès Sorel[34] quizá—
mausoleo, tú, viva —o Lola Montes[35].

NOTAS

[26] Se publicó por primera vez en *Libro de horas* (Málaga, El Guadalhorce, 1967); se integra en *Dibujo* a partir de la segunda edición. Por lo que se refiere al desarrollo temático del libro, y a su organización estructural, este poema introduce la segunda persona del singular. Al final del poema se establece una analogía («concertabas») y una diferencia («tú, viva») entre dicha «persona» literaria y los personajes históricos Agnès Sorel y Lola Montes, la primera representante de la «belle damme sans merci» medieval; la segunda, ejemplo de «femme fatale», dos tipos de personaje que interesaron grandemente a los autores decadentes de fin de siglo *(vid.* M. Praz, *La carne, la morte e il diavolo nella letteratura romantica,* Milán, Società La Cultura Nuova, [1930]).

[27] *escorzo*: técnica pictórica mediante la cual se representan, acortándolas, las figuras en posición perpendicular u oblicua.

[28] *arambel*: adorno o colgadura de paños.

[29] *añafil*: trompeta morisca.

[30] *Estigia* o Estige: laguna del infierno en la mitología grecorromana. El verso se refiere a su representación en un cuadro de Patinir.

[31] *latir*: aquí usado en el sentido de «ladrar».

[32] *lebrel*: variedad de perro que se usa en la caza de la liebre; por extensión, galgo.

[33] *fulvo*: ocre rojizo.

[34] *Agnès Sorel* (1422-1450) fue la amante «oficial» del rey Carlos VII de Francia. Se cree reconocer un retrato de ella en el díptico «Virgen con niño», pintado por Fouquet alrededor de 1452, que se conserva en el Museo de Amberes. El cuadro combina la temática religiosa con una exposición marcadamente profana en la que Agnès Sorel, quien como digo era la amante públicamente conocida del rey, se usa como modelo para la Virgen, apareciendo en el cuadro con un muy opulento pecho izquierdo al descubierto. Este mismo rasgo femenino vuelve a aparecer en el soneto «Razón de Amor», de *Divisibilidad indefinida*.

[35] *Lola Montes* (o Montez) es el seudónimo de Marie Dolores Eliza Rosanna Gilbert, actriz, presunta danzarina española y cortesana, que nació en Limerick (Irlanda) en 1818. La fama de su belleza fue proverbial en el siglo XIX. El rey Luis I de Baviera se enamoró perdidamente de ella y la nombró condesa de Lansfeld. Pero la animadversión de los políticos bávaros la obligó a abandonar el país en 1848. Se estableció en los EE. UU., y murió en Nueva York en 1861. El pintor alemán Joseph Karl Stieler realizó un hermoso retrato de ella en 1847, que hoy se conserva en el castillo de Nymphenburg (Alemania); Max Ophüls rodó en 1955 una película, protagonizada por Martine Carol y Peter Ustinov, que evoca patéticamente sus últimos años en los que, arruinada y enferma, se convirtió en atracción de circo.

EL MOVIMIENTO CONTINUO[36]

> Pronto envejeceremos; moriremos
> antes de conocer la libertad.
>
> ROBERT HERRICK[37]

Las personas *comme il faut*[38], honestos padres de familia y demás gente de principios
(fotógrafos profesionales, profesores de baile y otros agentes de la autoridad)
tenían desde antiguo organizado su modesto baile de disfraces.
Y lo peor no fueron los ridículos gestos de las matronas, torpes animales domésticos,
ni el parloteo de los intrascendentes animalillos partidarios del orden y la compostura,
sino el distinguir, debajo de la pacotilla y de las flores de plástico,
su buena fe de gansos soñolientos.

En las afueras, después de haber dejado atrás las últimas viviendas del suburbio
—«glorria y prrez sempiterrnas», como dijo el santo varón[39], arrastrando las erres—,
encontramos en el crepúsculo, sin demasiado esfuerzo,
el modesto tinglado de una feria vacía:
ositos mecánicos, muñecas caucásicas para neuróticos
—cada una contiene otra igual, más pequeña, indefinidamente—,
espejos cóncavos, convexos y cóncavoconvexos,
barracas donde un coro de malolientes atletas vociferaba el canto del cisne,
antifaces de muselina, ciudadanos disfrazados de asnos de Persia,
asnos de Persia disfrazados de ciudadanos,
una completa historia del traje

y muchas otras cosas, como, por ejemplo, varitas mágicas,
insectos de cartón-piedra,
una colección bastante amplia de cremas para payasos,
la botella de porcelana rosada donde el prestidigitador
guardaba su elixir
para aparecer vivaracho y chispeante en público,
tres o cuatro chaquetas reversibles, las memorias de Frégoli[40]
y un manual de Etiqueta Cortesana, con anotaciones manus-
critas
de Óscar Wilde, y alguna raspadura de Baudelaire[41].
Alguien descubrió que el tiovivo podía seguir girando,
mientras un organillo
oculto bajo las tablas martilleaba una mutilada *Chanson de
Cour*[42],
reconocible con un poco de buena voluntad.
Vosotros, mientras en la noche resuena
la rutilante música de circo,
decidme si merecía la pena haber vivido para esto,
para seguir girando en el suave chirrido de las tablas alquitra-
nadas,
para seguir girando hasta la muerte[43].

NOTAS

[36] En la nota que precede a *Ensayo de una teoría de la visión*, Carnero relaciona este poema con «Pie para un retrato de Valery Larbaud» (*Poemas del ciclo de Dibujo de la muerte*), indicando que ambos forman «parte de una familia de la que se seleccionó [«El movimiento»] para incluirlo en *Dibujo de la muerte* desde la primera edición, porque sólo él podía ser colocado allí sin romper el tono del libro» *(Ensayo,* pág. 72). Al reseñar la primera edición de *Dibujo de la muerte,* Vicente Molina Foix apuntaba la existencia de dos orientaciones complementarias en la poesía de Carnero: por un lado, un lenguaje y un mundo exquisitos, manifestados en un vocabulario selecto; y, al mismo tiempo, «una regresión a la intimidad» como contrapunto de la vulgaridad y materialización que amenazan su entorno, regresión que ejemplificaría «El movimiento continuo» («Guillermo Carnero», págs. 236-37). Frente a los poemas anteriores, que se ocupan de representaciones artísticas, éste ofrece una visión de la vida como juego circense, como «movimiento continuo» o «dinamismo incansable», que no niega la acción, sino el sentido de la misma (Prieto, *Musa*, pág. 67). La primera parte del poema contiene los ingredientes de una fábula, con personajes descritos con rasgos animales *(animales domésticos, intrascendentes animalillos, gansos soñolientos),* aunque falta en ellos cual-

quier tipo de consideración moral. Esta reflexión surge en la segunda parte del poema cuando, tras presentar la existencia como una feria vacía, el poeta trata de derivar un sentido de los mecanismos de la misma *(Musa,* págs. 67-71).

[37] *Robert Herrick* (1591-1674): poeta inglés, autor de unos 1.400 poemas de corta extensión recogidos en dos libros —*Hespérides* y *Sus nobles números*— en los que hace gala de una expresión mundana y un sentir hedonista inspirado en la tradición clásica (Marcial, Anacreonte, Ovidio, Horacio) y en los maestros italianos.

[38] *Las personas comme il faut*: el uso de esta expresión francesa en español, para dar a entender «las personas decentes», ha tenido durante muchos años un toque de ironía que hoy ya se va perdiendo en el habla coloquial española, y cuyo probable origen era la jerga pretenciosa de las clases acomodadas de finales del XIX y comienzos del XX, una jerga y un sistema de valores que se parodian al usar esta expresión.

[39] *el santo varón*: se trata de una alusión al nuncio papal en 1966, Monseñor Riveri. La segunda mitad de los sesenta corresponde a los años del Concilio Vaticano II, en que la Iglesia predica el apostolado social en las zonas desfavorecidas; de ahí la conexión entre el suburbio y el santo varón.

[40] *Leopoldo Frégoli* (1867-1936): actor y transformista italiano, que se hizo famoso por su habilidad para cambiar de aspecto con celeridad. Representaba todos los papeles de una obra dramática, cambiando de ropa y reapareciendo en escena velozmente con nuevo aspecto. Su fama se inició cuando, mientras realizaba el servicio militar, tuvo la audacia de bailar toda la noche, disfrazado de dama, con el oficial que le había negado el permiso de salida del cuartel. En algún tiempo se usó la expresión de «Pareces un Frégoli» para describir a alguien que había cambiado de apariencia.

[41] Bousoño fue el primero en notar el interés de Carnero por los estetas del siglo XIX, indicando que éstos venían a reunir los dos elementos —belleza y muerte— de que consta el libro: «el poeta nos pinta primero un mundo de refinamiento o de arte y belleza que, de un modo u otro, muestra por algún sitio, al cabo de los versos, su revés de finitud o de carroña» (Bousoño, «La poesía de Guillermo Carnero», pág. 45). Sobre la preferencia de los poetas novísimos, y en particular de Carnero, por los autores decadentes y simbolistas, *vid.* Bousoño, «Una época en sus personajes», *Papeles de Son Armadans* vol. 53, núm. 158 (mayo 1969). Sobre Óscar Wilde *vid.* las notas 62, 69, 77, 88, 93, 101, 105 y 131; sobre Charles Baudelaire, las notas 166, 177, 222, 228, 334 y 401.

[42] *Chanson de Cour* puede ser tanto una canción cortesana [canción de Corte] como una canción escolar [canción de patio].

[43] Hablando del aspecto interior y profundo del Modernismo, Octavio Paz ha indicado que se trata de «un girar en el vacío, una máscara con que la conciencia desesperada simultáneamente se calma y se exaspera» *(Cuadrivio,* México, Joaquín Mortiz, 1965, pág. 21). El universo de los modernistas —que reivindican los novísimos *(vid.* Carnero, *Actas del Congreso Internacional sobre el Modernismo)*— va a ser punto de referencia para explicar la primera poesía novísima *(vid.* Bousoño, «Una época en sus personajes»). Tomando las reflexiones de Paz como punto de partida, José Olivio Jiménez señala los versos finales de este poema de Carnero como intuición «del giro hacia la nada, y de corporeización ilusoria y balsámica de alguna forma de realidad» (J. O. Jiménez, «Estética del lujo y de la muerte», pág. 151)

MUERTE EN VENECIA[44]

Detlev Spinell, son aquí debajo
de la muerte.
La sangre de la noche
por el parque, las alas de la noche
por el agua del parque, hasta la sangre
los ojos submarinos, las palomas,
el negro viento de su pelo, el agua
por el kiosko, por las porcelanas
azules, por los álamos, la orilla
de la noche, los mimbres destejidos
de la noche.
Debajo de su nombre,
del borroso marchamo, demasiada
fue su belleza por entre las barbas
de los antepasados, los blasones
y el yeso colorado de los culos
de los ángeles.
Mira: no es el pájaro
debatiendo su herida en el teclado
ni es la cuerda que gime ni el antiguo
sonido de su nombre, ni los tilos
ni el sol sobre la nieve.
Aquí debajo,
Detlev Spinell, de la muerte, al fondo
de las playas que rozan las palomas
de sus dedos, debajo de la muerte,
ya has olvidado el nombre de los bancos
de madera, la grava del camino,
las sombrillas de seda, los rugidos
de un presentido mar, mira la horrible
presencia de las cosas, los zarpazos
del sol, rugen las flores, se despliegan
los dientes de la noche, arriba sombra,
el martillo del mar, amor, oh noche

debajo de la muerte!
Se ha rizado
muy tenuemente el mar, o era su pelo,
se levanta cantando entre el tiznado
desnudo de los árboles, o el viento
ya quebrantado de su pelo, ola
por el monte lluvioso, hacia los viejos
sonidos de la vida, su lejana
adolescencia...
No, ni en el piano
ni en su muerto cabello, no, debajo
de la muerte renace, ni en las fotos
amarillas, debajo de la muerte,
en la ola de hoy se ha creado
su pasada belleza.
Ahora recoge
tu viejo libro... Pola[45], la sirena,
il vaporetto[46], las palomas grises
su belleza la ola pronto el viejo
maletín, hacia el puerto, hacia Venecia,
hacia ninguna parte.
El afilado
grito desde la nieve, desde el hueco
bramido de la noche los zapatos
de viaje deprisa allí la muerte
la arena, aquel sonido como el largo
vuelo de las gaviotas, allí tienes
Detlev Spinell deprisa la capa
de viaje tu muerte pronto, tienes
que llegar
el sombrero de los músicos
la pasarela, el Lido[47], las palomas,
und bon jour, euer Exzellenz![48]
la ola
ya está muy lejos, Venecia, tu muerte,
Detlev Spinell, has sentido el largo
sonido anticipado, ve, tu muerte,
rescata la belleza de su inútil
adolescencia.

Una vez más el silencioso resbalar de la góndola, casi
para tocar hacia la sangre un ramillete de frío,
para mirar al fondo de los derrumbaderos de la noche.
Como tantas otras veces, hacia la laguna,
despacio, desde ese ligero puñado de fresas[49],
tantas y tantas veces por entre los leones de piedra
y las columnillas trasparentes de mármol, su delgado racimo
de sangre,
tantas veces entre el aire mordido por las gárgolas[50],
en los rincones de las loggias[51], en los ecos
cubiertos de polvo en el mojado silencio de las fuentes,
una y otra vez
casi podría decirte cómo he recorrido
los dedos y la palma de mi mano,
cómo he visto despacio el opaco vacío de mis ojos
al mirar y tocar y correr y seguir cada tarde hacia la laguna
la góndola ligeramente velada por la niebla,
un puñado de fresas, a lo lejos,
allá atrás, en la playa, podría buscar ahora
las largas trasparencias sobre el pálido fondo del abismo
pero no
rozar la mano ligeramente sobre las aguas
para tocar con los dedos la punta de otros dedos, no,
allá a lo lejos es la muerte acaso,
tan sólo es un racimo de fresas salvajes, casi puedo
decirte cómo iba buscando el rostro de las cosas desde el
brocal de los pozos,
quiero descender blandamente hacia la más alta noche,
ahora llevo mi muerte por la sangre vuela una golondrina,
quiero llevar mi muerte hacia la noche,
a la orilla del mar, hasta la orilla
de la noche,
quiero dejar mi muerte a orillas de la noche,
respirar la brisa de la noche, las flores ateridas,
el aire de las cosas, la tierra que no es,
al mismo fondo de los derrumbaderos de la noche.

[44] Se trata de la novela de Thomas Mann, del mismo título. El poema, sin embargo, mezcla elementos de esta novela con otros de la titulada *Tristán,* asimismo de Thomas Mann *(vid.* J. Kruger-Robbins, *Frames of Referents,* páginas 35-40). En *Tristán,* Detlev Spinell está escribiendo una novela cuya acción ha de transcurrir en un ambiente caro al Modernismo —salones de sociedad, tapices, antigüedades, porcelanas, paños lujosos—, y manifiesta su odio hacia lo útil y práctico, por ser al mismo tiempo vulgar y feo, adorando la vida de las imágenes en que ha encarnado la belleza. Pero la acción del poema de Carnero también alude a *Muerte en Venecia* y a su protagonista, Gustav von Aschenbach, víctima de la peste en Venecia, donde se ha quedado hasta el último momento, a pesar del peligro que esto representa, para cultivar íntimamente la pasión que en él despierta la belleza perfecta del joven Tadzio. El poema, publicado por primera vez en 1967, es por consiguiente anterior a la famosa película que en 1971 realizara Visconti con el mismo título. La mezcla de las dos novelas de Thomas Mann reproduce un modelo estructural o formal que Carnero ha de ensayar repetidas veces: dos o más narraciones distintas, pero de tema complementario o análogo, se combinan para la creación de un efecto complejo en el que ambas historias se conjugan (p. ej., los poemas «Ineptitud de Orfeo y alabanza de Alceste» y «Cenicienta»). En este caso, el decadentismo y culto de la belleza de Detlev Spinell y la muerte de Aschenbach compondrían ese esquema de dibujo (i. e., arte) y muerte que se enuncia en el título del libro; asimismo, una historia de amor heterosexual *(Tristán)* y otra de amor homosexual *(Muerte en Venecia)* permitirían una visión completa del asunto tratado en el poema.

[45] *Pola*: ciudad del noreste de Italia, en la bahía de su nombre en el Adriático, cedida a Yugoslavia tras la Segunda Guerra Mundial.

[46] Llegado a Venecia, en el capítulo III de *Muerte en Venecia,* Aschenbach toma una góndola que lo lleve hasta San Marcos para, desde allí, tomar un vaporcito («vaporetto») hasta su hotel. El gondolero —que simbólicamente representa a Caronte, el mítico barquero de los muertos— le indica la imposibilidad de tomar dicho «vaporcito» pues éstos no admiten equipaje, de modo que es él quien lo lleva hasta el Hotel Bader, donde el protagonista se hospeda.

[47] *Lido*: la playa de Venecia donde está el Hotel Bader.

[48] *und bon jour, euer Exzellenz!* [y «buenos días», Excelencia]. El texto corresponde al momento en que von Aschenbach, llegado a Venecia, tiene que esperar en el muelle a que acaben de descargar su equipaje, y allí es víctima de la solicitud de un anciano borracho que le da los honores de bienvenida; en la novela dicho anciano vendría a ser una de las múltiples encarnaciones de la Parca *(vid.* nota 14). El texto citado dice así: «Por eso [von Aschenbach] se vio durante unos minutos expuesto, sin escape posible, a la solicitud del repugnante viejo, a quien la borrachera impulsaba a rendir al extranjero los honores de la bienvenida. "Le deseamos una agradable temporada", tartamudeaba entre tumbos. "Tendremos muy presente su recuerdo. Au revoir, excu-

sez *y bonjour, excelencia*"» (T. Mann, *Muerte en Venecia*, Barcelona, Plaza y Janés, 1972; cursiva mía), págs. 27-28.

[49] En *Muerte en Venecia*, Aschenbach fallece en la playa mientras come unas fresas.

[50] *gárgola*: caño o canal por donde se vierte el agua de los tejados, generalmente decorado con imágenes elaboradas y vistosas de estilo grotesco.

[51] *loggia*: palabra italiana que designa el atrio de un edificio o de una casa, generalmente cerrado y guarecido bajo techo, a que da la puerta principal.

MELANCOLÍA DE PAUL SCARRON, POETA BURLESCO[52]

Zumban las mariposas en mi oído
y ante los ventanales apagados.
En la penumbra de los corredores
una daga sutil relampaguea.
Inventaré tu voz. Inventaré
tu cuerpo en la distancia. Desmorona
esa raíz de hondísimo deseo.
Olvídame de tanto presentido
desorden de rubíes encerrados.
No revele la huella de tu pie
en los tapices la delgada trama
de tantísimas músicas caídas.
Inmóviles los aires. El crepúsculo,
un espejo de límpido cristal
sobre la muerta delgadez del río.
Alabastro, mujer. Fueran aristas
de cortante cristal tu cabellera
y el imborrable río de tus manos.
Fueran tus ojos luz. Fuera la tarde
una dulce mortaja.
Mármol sobre la cumbre. En la dormida
superficie nevada está creciendo,
al pie de tu cristal, alguna antigua,
alguna azul y hondísima cañada.
Una sola palabra y surtirán
en las tazas los ríos apagados.
Puertas, hierros, cerrojos, celosías,
derribaré dinteles y montañas.
Duele como cauterio en mi pupila
la vertical profanación del aire.
Ríe, ríe. Mi corazón resuena
como una inmensa caja de vïola[53].

[52] *Paul Scarron* (1610-1660): poeta francés cuya poesía burlesca le hace destacar entre los autores de su tiempo. En su momento fue muy renombrada su parodia de la *Eneida*. Hoy se celebra más su *Romant comique* (1651-1657), obra clave en el desarrollo de la novela francesa. Scarron, paralítico desde los 25 años, casó a los 42 con Françoise d'Aubigné, luego amante de Luis XIV y conocida como marquesa de Maintenon. Estos datos —i. e., el hecho de estar impedido y su papel de marido resignado— le relacionarían con Clifford Chatterley, el personaje elegido en el poema que sigue.

[53] *viola*: instrumento de cuerda parecido al violín aunque de tamaño algo mayor.

PRIMER DÍA DE VERANO EN WRAGBY HALL[54]

¿Qué hacer, sino dejar que las cosas sigan su curso?

D. H. LAWRENCE[55]

Un tímido vaho de sol, a través de los blancos visillos
ojeteados en verde, remedando
alguna cacería o Arcadia[56], entretejida
de pájaros y frutos, despierta en los tapices
y en las puertas forradas de terciopelo un vago
hormigueo de sueños, un clarear de soles
entre el helado viento de los pinos nevados,
una alucinación de iluminado polvo
que los oboes[57] pintados en los vasos de porcelana, simétricos
en las cuatro esquinas oscuras, resonando
cuando los pies oprimen el león o el cubo de las ruedas
de la diosa[58], difunden en el espacio umbrío
de las campanas ondulantes sobre los tallos del agua.
Por las volutas esgrafiadas[59] en amarillo y blanco sobre la pared malva
se entrelaza un presentimiento de zarcillos y hojas,
un vaho de tierra caldeada bajo las gavillas de heno,
ondulando al compás de las suaves colinas, con un ritmo
de lejanas abejas.
En la eterna penumbra de la casa, en que apenas
giran las estaciones, como entre la hojarasca
eternamente umbría de los bosques,
parpadean las fuentes, los relojes gotean
sobre el mármol, enfrente de los espejos, giran
agitando sus frágiles campanillas.
Y a poco
se agazapan las aguas sobre los terciopelos,
arlequines de mármol abandonan sus ojos al crepúsculo.
Los caballeros charlan en el salón —corbatas

de Bond Street[60]— de orquídeas o de falos. La tarde
gotea como el limo de las barbas de un dios
en las fuentes que invaden los lotos de la noche.
¿Cómo encontrar la vida? Ni la sangre querría
abandonar las venas seccionadas. Crepúsculo
de verano adormece los cuerpos. En la sala
los naipes, las levitas, los bastones de ámbar.
Casi parecerían impúdicos los versos
del viejo Anacreonte: «Dadme, dadme la lira
de Homero»[61].
Nada debe perturbar el decurso
de las horas. Tan sólo, en silencio, que alguien
renueve los marchitos ramos, y así hasta la muerte
sólo será una gota más en los alabastros,
sólo una nueva brizna sobre las alamedas,
así no será trueno sobre los oleajes,
así los emparrados recibirán inertes
un año y otro año el estéril augurio de la vida.

NOTAS

[54] Wragby Hall es la casa solariega de Clifford Chatterley, el marido de Constanza en *El amante de Lady Chatterley,* novela de D. H. Lawrence.

[55] Se trata de una de las múltiples afirmaciones de desinterés o resignación de Clifford Chatterley quien, impedido —como Paul Scarron, el personaje citado en el poema anterior *(vid.* nota 52)—, se ve obligado a dejar que la vida siga su curso, como se dice en el texto citado, procedente del capítulo I de la novela, y cuyo original completo en inglés dice: «But he was a man of experience himself and let life take its course», D. H. Lawrence, *Lady Chatterley's Lover* (Nueva York, A. Knopf, 1942), pág. 26.

[56] *Arcadia*: es la parte central del Peloponeso, en Grecia. Por su aislamiento del exterior, y por su vida pastoril, la Arcadia vino a representar, para griegos y romanos, el ideal de vida bucólica y paradisiaca, una imagen que se desarrolla más tarde en la literatura y el arte del Renacimiento, y en los idilios del XVIII.

[57] *oboe*: instrumento musical de viento.

[58] *el cubo de las ruedas de la diosa:* se trata de la diosa Cibeles, cuyo carro es tirado por leones.

[59] *esgrafiar*: dibujar con un punzón sobre superficies formadas por capas de colores superpuestos.

[60] *Bond Street*: la calle más elegante de Londres, similar a la Quinta Avenida de Nueva York, donde se compra y exhibe la ropa de moda. La acción

referida en estos versos —«Los caballeros charlan en el salón [...] de orquídeas o de falos»— procede del capítulo IV de *El amante de Lady Chatterley*.

[61] *Anacreonte de Teos* es, junto con Arquíloco, el más importante poeta en lengua jonia de la Antigüedad griega. Conocido por sus poemas amorosos y por su exaltación del goce y los placeres, su obra refleja «la dulzura de la vida con tal intensidad, que en ocasiones llega a ser dolor» (Alvin Lesky, *Historia de la literatura griega*, Madrid, Gredos, 1976, pág. 203). No puede asegurarse, sin embargo, que estos versos —Δοτε μοι λυρην 'Ομηρου / φονιης 'ανευθε κορδης [Dadme la lira de Homero / pero alejad de mí su estro sangriento]— sean de Anacreonte, pudiendo bien ser de alguno de sus múltiples imitadores posteriores; *vid. Carmina Anacreontea*, ed. de Martin R. West, Leipzig, BSB BG Teubner Verlagsgesellschaft, 1984, 2, § 2, vv. 1-2. Para Clifford Chatterley, que en la guerra ha quedado incapacitado para el placer, pueden resultar dolorosos, en relación con su situación personal, estos versos de Anacreonte en los que se celebran las delicias de la vida y se rechazan las hazañas bélicas descritas por Homero.

BRUMMEL[62]

Miraba pasar bajo su ventana los landós[63] amarillos,
las muchachas de grandes ojos azules y rizadas pestañas,
oculta la carita de almendra tras las reidoras guirnaldas de la sombrilla.
Hasta se dice que de vez en cuando se ponía la vieja *redingote bleue*[64]
y dejaba caer una nubecilla de esencia en la marchita flor de la solapa.
No, hubiera sido conceder demasiado a aquellos necios usureros y sátrapas[65]
el presentarse sin crisantemo a las *soirées*[66] íntimas,
explicar la «manía italiana» de Stendhal[67] al apolillado corsé de la duquesa,
à cette sale rosse de bourgeois[68].
Y sin embargo,
qué poca cosa necesitó para morir,
algunas carretadas de agavanzos[69] y rosas,
un amplísimo diván de pluma, recubierta de terciopelo verde bajo los rosetones de la cúpula,
un altísimo palacio donde se exhalaran ocultamente
el olor del tabaco, y la verbena[70].

NOTAS

62 *George Bryan Brummel* (1778-1840), conocido como *El Bello Brummel*, prototipo de *dandy* y árbitro de la elegancia inglesa de finales del XVIII y comienzos del XIX. Su amistad con el príncipe de Gales —más tarde rey Jorge IV— le hizo ascender en sociedad. Pero sus críticas le enemistaron con el príncipe, perdiendo pronto su favor. Se exilió en Caen (Francia) para escapar a sus muchos acreedores, y en su exilio francés murió en la más absoluta miseria. Sobre la elección de éste, y de otros personajes que pueden identificarse con el esteticismo decimonónico, *vid.* Bousoño (« La poesía de Guillermo Carnero», págs. 44-50); sobre el mismo tema Prieto escribe: «si el esteticismo, en anteriores épocas, tenía la función de mostrar un modelo de vida por encima de las mezquindades y recortes de la existencia usual y corriente, en

Carnero está sistemáticamente timbrado por un valor trágico o negativo. Los personajes que encarnan el lujo y el hedonismo no resultan, a la postre, triunfadores en el carnaval con que se identifica la vida, sino, muy al contrario, grandes derrotados [...] Así observamos que esos seres galantes y exquisitos que pululan por sus poemas caen vencidos por las hipócritas convenciones del entorno (Wilde), la codificación social que los programa aunque simulen haberla escogido *motu proprio* (Watteau) o el contraste entre la placidez del buen vivir y su destino mortal (Brummel)» (Prieto, *Musa*, pág. 58).

63 *landó*: coche de caballos con cuatro ruedas y cubiertas delantera y trasera.

64 *redingote* (deformación en lengua francesa del inglés *ridingcoat*): chaqueta larga y amplia que inicialmente se usó para cabalgar; *bleue*: azul.

65 *sátrapa*: en el imperio persa, el gobernador de una provincia, donde ejercía como virrey; en el lenguaje del siglo pasado, sin embargo, el significado de esta palabra cambia, pasando a designar a la persona astuta en los negocios, y que debe a ello su influencia y poder, aplicándose este término a todo tipo de trepadores sociales y teniendo el mismo sentido despectivo que, entonces, y aun más tarde, tuvo o tendrá la palabra «burgués».

66 *soirée*: reunión o baile nocturno; sarao.

67 Stendhal, que introduce en francés la palabra «turista», viajó repetidas veces por Italia, escribiendo tres libros de viajes por este país —*Roma, Nápoles y Florencia en 1817; Paseos por Roma* y *Memorias de un turista*— así como una serie de *Crónicas italianas*, reflexión sobre la estética y la historia italianas. Es recurrente en su obra la idealización del primitivismo emocional y la espontaneidad amorosa del pueblo italiano, en contraste con la hipocresía y la atonía de la sociedad francesa de la restauración borbónica siguiente a la caída de Napoleón.

68 *à cette sale rosse de bourgeois* [a ese sucio burgués palurdo]. Se refiere al príncipe antes citado. Brummel solía ridiculizar en público la zafiedad de su mecenas, con lo cual acabó perdiendo su favor.

69 *agavanzo*: rosal silvestre, mencionado en el capítulo I de *El retrato de Dorian Gray* de Óscar Wilde. *Vid.* notas 41, 62, 77, 88, 93, 101, 105 y 131.

70 *el olor del tabaco, y la verbena*: verso procedente del capítulo IX de *Madame Bovary*: «Souvent, lorsque Charles était sorti, elle allait prendre dans l'armoire, entre les plis du linge où elle l'avait laissé, le porte-cigares en soie verte. Elle le regardait, l'ouvrait, et même elle flairait l'odeur de sa doublure, *mêlée de verveine et de tabac*». Flaubert, *Madame Bovary, Œuvres completes* (París, L. Conard, 1930), pág. 79. [Cuando Carlos salía, a menudo Emma buscaba en su armario la petaca de seda verde, que tenía oculta entre los pliegues de la ropa blanca. La miraba, la abría e incluso respiraba el perfume de su interior, *mezcla de verbena y tabaco*.]

LES CHARMES DE LA VIE[71]

Watteau

Que no turben las aves el crepúsculo.
Va a comenzar el vals. Que todo quede
en tinieblas. Que las sedas oculten
las abiertas ventanas, y que alguien desenlace
los gruesos terciopelos. Nada debe
amenazar el flujo de la música:
ninguna arista o mármol o pájaro dormido.
Que nada permanezca. Sólo el aire
ilumine las fuentes ocultas de la noche,
difunda en las estancias un resbalar de remos
en los estanques, prenda el roce de las hojas
que desordena el viento entre las alamedas,
apague los destellos sobre los ventanales,
que las cortinas pongan su caliente aleteo
sobre cada cristal para que los espejos
no descubran de dónde brotan los surtidores,
para que no resbalen hacia las balaustradas
las serpientes del agua, para que en la penumbra
los colores del mármol y de los terciopelos
desprendan un ingrávido gorgotear de luces
y así, por un redondo laberinto de cauces
poco a poco la música, brotando de la oscura
trasparencia del aire, irrumpa desde cada
cristal amortajado, desde cada moldura,
libere sobre el musgo las voces de la noche
para que en el silencio girando las corrientes
heladas, ni los dedos ni la curva del torso
de la estatua disientan de la inmóvil presencia
de los vasos que oprimen en las encrucijadas
un puñado de inertes raíces sumergidas.

Anacreonte supo renunciar a casi todos los mitos de su tiempo:
patria, fama, triunfo, dignidad de soldado,

respeto hacia los muertos y amistad con los dioses.
¿Cómo no serenarse, si todo está perdido?
Las montañas azules, a lo lejos, van siendo lamidas por la sombra.
Dibuja los contornos de las torres lejanas
la palidez helada de un viento submarino,
iluminando el brillo de los ojos, nítidos y cercanos
pero imposibles, como el rastro de umbría verdura que sugiere
el escondido cauce de un río subterráneo.
Que resuene el laúd, porque las voces
quebrarían el aire de la tarde.
Que los dedos desaten, entre los encajes,
el unánime llanto de las cosas,
pero que nadie intente otra vez pulsar las raíces de la vida.
Con el sol poniente van a lanzar sus últimos destellos, sobre las hojas amarillas,
las irisaciones de la música,
y los dioses silvestres convocan al silencio en la espesura.
Que nadie intente descubrir los sones
originarios.
La noche desciende
sobre las tazas de las fuentes mudas, como las hojas muertas,
y oprime con mano tibia los atributos de la música:
latón pulido de las cornamusas[72],
resonancias que cierran su corola junto a los bucráneos[73]
festoneados de racimos y cintas.
Ahora resbala por las escalinatas
la múltiple aureola de las luces
(¿y por qué no subir, si todo está perdido?)
y se desgrana el vals entre las risas
mientras las lentejuelas de las máscaras
reflejan un brillante remolino de sedas,
como un enorme espejo alucinado.

NOTAS

[71] «*Les charmes de la vie*» [Los encantos de la vida]: cuadro realizado en 1718-1719 por Jean Antoine Watteau (1684-1721), pintor rococó francés. El cuadro, de tema musical, se basa en otro del mismo artista, titulado *La lec-*

ción de música (1716). En ambos aparece un músico tocando una tiorba o laúd alargado, desarrollando los dos el delicado ambiente de *fêtes galantes* por el que es conocido el artista. En 1869, en su *Fêtes galantes*, Paul Verlaine ya había intentado dar expresión a la alegría de vivir que se percibe en los personajes de los cuadros de Watteau. De Verlaine este tema ha de pasar al Modernismo hispano, siendo un ingrediente esencial en la mitificación del siglo XVIII como época superior en su refinamiento y elegancia.

[72] *cornamusa*: trompeta de metal, con rosca central muy grande y amplio pabellón.

[73] *bucráneos*: (galicismo, fr. *bucrâne)* motivo ornamental en que aparece la cabeza descarnada de una res.

CONCERTATO

Scarlatti[74]

Qué miseras las voces. Llaman, imploran, gimen,
se desatan en llanto. En la espesura surte[75]
una liviana flauta, tímidamente vibra, y resonante asciende y
vigorosa turba
los reinos de la sombra.
Vibración de la música
derrumba las altísimas vidrieras. Qué deseo
para que brote el arpa, fluya el clave continuo[76],
irrumpa a contratiempo la vïola.
En las noches de estío
qué miseras las voces.

Notas

[74] *Alejandro Scarlatti* (1659-1725). Considerado el primer maestro y el fundador de la música clásica, al ser el puente entre la música del XVII y la escuela del XVIII que culminará en Mozart.

[75] *surtir*: brotar.

[76] *clave continuo*: clavicémbalo o clavecín, instrumento de teclado derivado del virginal y la espineta.

WATTEAU EN NOGENT-SUR-MARNE[77]

En el brillante centro de la sala se oye
las risas y el reloj. En cuatro círculos
giran las Estaciones, y las Gracias[78] recatan
su desnudez en el coronamiento.
Ágatas y nogal si se entrelazan
a los pies del reloj, la caja oprime
las resonantes cuerdas, los finísimos flejes y el contenido cauce de la música[79].
Broncíneos[80] bancos labrados y Pomonas[81] veladas de musgo.
El círculo de los naranjos, contenido con violencia y arte,
concede en la distancia un húmedo refugio. Cómo puede
el aire frío de la noche conservar su pureza originaria,
del ir y venir de candelabros y libreas separado tan sólo por unas vidrieras trasparentes.
Ficción o engaño. Pero los aprendidos pasos de baile, ¿son acaso
razón para una vida? Mezzetin[82], Cyterea[83],
el espectáculo, el universo vuestro en mí surgido
donde no soy extraño.
Mirad: más vida
hay en la mano enguantada que abruma de encajes su antifaz,
o bajo los losanges[84] del arlequín que pulsa las cuerdas del arpa,
que en todos vosotros, paseantes de los Campos Elíseos[85].
Porque el hombre desea conocer lo que ama,
descifrar la sangre que pulsa entre sus dedos, recorrer
íntimamente los senderos intuidos desde la cancela[86].
Nada vuestro me es oculto, personajes de fábula, porque soy uno mismo con vosotros,
y sin embargo, estoy tan solo como cuando, al entrar en el salón,
oprima una mano desconocida bajo la seda, en la próxima danza[87].

[77] En 1720, aquejado de la tuberculosis que habría de acabar con él poco después, Watteau abandona París para refugiarse en la población de Nogent-sur-Marne, en la que murió el 18 de julio de 1721. El esteticismo en Carnero —ya lo vimos— tiene un valor trágico o negativo, pues los personajes que lo encarnan resultan a la postre vencidos (Bousoño, «La poesía de Guillermo Carnero», págs. 44-50; Prieto, *Musa*, pág. 58). Como el poema que sigue, «Óscar Wilde en París», estamos ante una variación con respecto a los primeros poemas de *Dibujo de la muerte*. Pues, mientras en «Ávila» el sujeto del poema contempla la belleza que es posible tras la muerte, encarnada en el sepulcro del príncipe, en este poema, y en el que le sigue, nos encontramos ante el sujeto que, o crea la belleza —Watteau— o ha hecho de ella un culto personal —Wilde—, y que se ve acosado por la muerte. De ahí la importancia del tiempo, que es enunciado en el comienzo del poema. *Vid.* notas 41, 62, 69, 88, 93, 101, 105 y 131.

[78] *las Gracias*: Eufrosine, Aglae y Talía, divinidades dispensadoras del placer y la felicidad.

[79] Las figuras del reloj forman una alegoría de orden y movimiento. Estos versos encuentran su reformulación en el poema «Reloj de autómatas» de *Divisibilidad indefinida*, donde la alegoría aparece «confinada», es decir, condenada a un movimiento cerrado y prescrito —como el que se presenta en el poema «El movimiento continuo»—, considerando el poeta esta hermosura como el único refugio para «quien nada espera».

[80] *broncíneo*: de bronce.

[81] *Pomona*: diosa de la fruta y de los jardines.

[82] *Mezzetin:* seudónimo usado por un actor de la Comédie Française, pintado por Watteau en un lienzo completado entre 1718 y 1720.

[83] *Cyterea*: alusión a Venus, diosa a quien estaba consagrada la isla de Chipre (i. e., Citera). Aquí puede referirse a alguna de las alegorías de Venus pintadas por Watteau; o a cualquiera de sus dos cuadros *El peregrinaje a Citerea* (1715-1716) o *El embarco para Citerea* (1717).

[84] *losanges*: figura de rombo que compone el dibujo del traje del arlequín.

[85] Los Campos Elíseos son, como se sabe, uno de los bulevares más hermosos de París, que toma su nombre de la mitología grecorromana. Aquí, sin embargo, el poeta alude al cuadro de Watteau *Les Champs Elysées* (1716-1718), que se conserva en Londres.

[86] Estrictamente hablando, la frase que ocupa estos tres versos —esto es, el deseo de conocer la realidad y los seres exteriores y ajenos, aunque éstos sean una mascarada, y la conciencia del fracaso de este empeño, pues el poeta tan sólo puede conocer sus propias creaciones artísticas— serviría como transición para entender el comienzo del poema «Galería de retratos» («Venid, venid, fantasmas a poblarme...») en el que el sujeto del poema invoca a las criaturas de ficción. Permitiría asimismo entender la posición radical del poema siguiente, «Capricho en Aranjuez», en la que desde el comienzo —«Raso amarillo a cambio de mi vida»— el sujeto manifiesta su deseo de permanecer

(o integrarse) en el mundo de la ficción aun a costa de renunciar a la propia identidad real y vital.

[87] El episodio histórico correspondiente a la vida de Watteau *(vid.* nota 77) que motiva este poema daría un tono lúgubre a estos versos, en los que el hablante (i. e., Watteau), funcionando como correlato objetivo del poeta, tiene una premonición de la muerte, enunciada ésta como una danza ante la que ha de encontrarse desamparado y solo. También puede entenderse este pasaje como manifestación del fracaso de la integración en la realidad, al que se refiere la nota anterior.

ÓSCAR WILDE EN PARÍS[88]

Si proyectáis turbar este brillante sueño
impregnad de lavanda[89] vuestro más fino pañuelo de seda
o acariciad las taraceas[90] de vuestros secreteres de sándalo[91],
porque sólo el perfume, si el criado
me tiende sobre plata una blanca tarjeta de visita,
me podría evocar una humana presencia.
Un *bouquet*[92] de violetas de Parma[93]
o mejor aún, una *corbeille*[94] de gardenias.
Un hombre puede
arriesgarse unas cuantas veces, sobre la mesa
la eterna sonrisa de un amorcillo de estuco[95],
nunca hubo en Inglaterra un *boudoir*[96] más perfecto,
mirad, hasta en los rincones una crátera[97] de porcelana
para que las damas dejen caer su guante.
Oh, rien de plus beau que les printemps anglais[98],
decidme cómo hemos podido disipar estos años,
naturalmente, un par de guantes amarillos no se lleva dos veces,
cómo ha podido esta sangrienta burla
preservarnos del miedo y de la muerte.
Un hombre puede, a lo sumo unas cuantas veces,
arriesgar el silencio de su jardín cerrado[99].
Pero decid, Milady, si no estabais maravillosa preparando el *clam-bake*[100]
con aquella guirnalda de hojas de fresa![101]
Las porcelanas en los pedestales
y tantísimas luces y brocados
para crear una ilusión de vida.
No, prefiero no veros, porque el aire nocturno,
agitando las sedas, desordenando los pétalos caídos
y haciendo resonar los cascabeles,
me entregará el perfume de las flores, que renacen y mueren en la sombra,
y el ansia y el deseo, y el probable dolor y la vergüenza

no valen el sutil perfume de las rosas
en esta habitación siempre cerrada.

NOTAS

[88] En 1897, tras salir de la cárcel de Reading, donde había cumplido una condena de dos años de trabajos forzados por un delito de supuesta «inmoralidad», Óscar Wilde se exiló en Berneval primero, y más tarde en París. Allí vivió hasta su muerte, ocurrida el 30 de noviembre de 1900, bajo el seudónimo de «Sebastian Melmoth», nombre tomado de la novela gótica *Melmoth, the wanderer* (1820) de Charles-Robert Maturin. Sobre la elección de este momento de la vida de Wilde como motivo del poema, *vid.* la nota 77 al poema anterior. El universo de referencias de este poema es el decadentismo de fines del siglo XIX (Bousoño, «La poesía», págs. 44-50), aquí representado por Óscar Wilde, el autor de *El retrato de Dorian Gray*, quien había tenido una fría acogida entre los autores españoles (como demuestran, por ejemplo, las críticas que Unamuno le dedica en *Abel Sánchez*, donde le acusa de ser un escritor vacío). Reaccionando contra esta rigidez, de fuerte contenido moral, que ha sido habitual en la tradición castiza, los novísimos reivindicaron la figura de Wilde: Gimferrer dedicó al autor angloirlandés el poema «Pequeño y triste petirrojo» (*Arde el mar)* y Carnero éste. En ambos casos se trata de la reivindicación de un autor lúcido, minoritario, culto y refinado, reivindicación que supone una actitud moral implícita de diferente signo a la aplicada por el realismo anterior para juzgar negativamente todas las formas de refinamiento. De hecho, en los años 70 Carnero reivindicaba la suntuosidad de *Dibujo* manifestando: «En *Dibujo* la postura moral está implícita, se puede leer entre líneas, es un sentimiento de segregación de la realidad. La suntuosidad de *Dibujo de la muerte* es resultado de la necesidad de llenar la ausencia de realidad con una realidad artificial, inventada» («Guillermo Carnero, o el decadente y su moral», *Anué cultural*, núm. 15, marzo, 1972, pág. 25). Juan Luis Ramos, sin embargo, ha establecido una importante distinción en el tratamiento que Gimferrer y Carnero dan a la figura de Óscar Wilde pues, mientras en el primer caso estamos ante distanciamiento, enunciación fría y un retrato lejano y no asumible, «Carnero opone un sentimiento de asimilación de la figura» por lo que «los versos producen la emoción de *lo vivido*» (Ramos, «Meditaciones sobre las contrariedades del azar», pág. 212). *Vid.* notas 41, 62, 69, 77, 93, 101, 105 y 131.

[89] *lavanda*: palabra de origen francés con que se designa al perfume que se obtiene mediante la decantación del cantueso o de la mejorana.

[90] *taracea*: labor de maderas de distintos colores incrustadas unas en otras.

[91] *sándalo*: tipo de madera perfumada.

[92] *bouquet*: ramo.

[93] *violetas de Parma*: variedad muy apreciada de estas flores. El protagonista de *El retrato de Dorian Gray* las lleva en el ojal en el capítulo XV. *Vid.* notas 41, 62, 69, 77, 88, 101, 105 y 131.

[94] *corbeille*: cesta pequeña y ancha.

[95] *estuco*: yeso o escayola que se usa para crear figuras o para recubrir las paredes de los edificios.

[96] *boudoir*: habitación o cámara privada.

[97] *crátera*: vasija ancha y grande que se usaba inicialmente para mezclar y depositar las bebidas, y hoy para exhibir flores u otros adornos.

[98] *Oh, rien de plus beau que les printemps anglais* [Oh, nada más hermoso que las primaveras inglesas].

[99] *jardín cerrado*: intimidad. La expresión procede del motivo poético del *hortus conclusus*, es decir el jardín cerrado, interior, que el poeta o el individuo crean para su propio recreo íntimo. Varios son los autores españoles que han escrito poemas elaborando este motivo (Góngora, Lope de Vega, Jacinto Polo de Medina), destacando entre ellos el poeta barroco Pedro Soto de Rojas, autor de *Paraíso cerrado para muchos, jardines abiertos para pocos,* ed. Aurora Egido (Madrid, Cátedra, 1981) y, en la poesía de nuestro siglo, Emilio Prados, autor de *Jardín cerrado,* ed. Ignacio Javier López (Málaga, Diputación, 1995).

[100] *clam-bake*: se trata de un pastel de marisco; también se usaba la expresión para designar una reunión social al aire libre en la que se guisaban diversos alimentos aportados por los concurrentes.

[101] Las hojas de fresa son un símbolo ducal, según se indica en *El retrato de Dorian Gray*, cap. XVIII. *Vid.* notas 41, 62, 69, 77, 88, 93, 105 y 131.

GALERÍA DE RETRATOS

Venid, venid, fantasmas, a poblarme,
y sacien vuestros ojos a la muerte.
Dilatad[102] de la nave la ribera
mas tan sólo un momento. Que transcurra
vuestra fugaz constelación de sombras,
y vuestra brevedad pueda valerme
por todos estos años que he perdido.
De par en par las puertas; las ventanas
sientan la vastedad del horizonte.
Como un remordimiento repetido
de par en par los hierros de la verja.
Corran las fuentes, giren en la noche
los círculos del agua. Que se pueblen
de música las pérgolas oscuras
y lloren en la noche los espejos
por toda la pasada cetrería[103].
Todos estos recuerdos que renacen
venid conmigo, siento vuestra mano
húmeda como niebla, recorramos
las estancias sin luz, desguarnecidas.
Abandonadme suaves vuestros dedos
y oscureced mis labios y mis ojos
para que sólo dancen en la noche,
como una sangre tibia entre dos aguas,
vuestros pálidos labios casi fríos.
Rodeen vuestros brazos este cuerpo
en el que habéis dormido mientras era
el mañana un calor anticipado.
Y cuantísimos años rechacé
vuestra común presencia salvadora.
Sólo vuestro calor imaginado
redime tantos años de locura.

Notas

[102] *Dilatad*: aquí se usa en el sentido de «alejar», «separar».
[103] *cetrería*: arte de cazar con aves de presa amaestradas. También se alude a la caza como alegoría del amor.

CAPRICHO EN ARANJUEZ[104]

Raso amarillo a cambio de mi vida[105].
Los bordados doseles, la nevada
palidez de las sedas. Amarillos
y azules y rosados terciopelos y tules,
y ocultos por las telas recamadas,
plata, jade y sutil marquetería[106].
Fuera breve vivir. Fuera una sombra
o una fugaz constelación alada.
Geométricos jardines. Aletea
el hondo trasminar[107] de las magnolias.
Difumine el balcón, ocúlteme
la bóveda de umbría enredadera.
Fuera hermoso morir. Inflorescencias
de mármol en la reja encadenada:
perpetua floración en las columnas
y un niño ciego juega con la muerte.
Fresquísimo silencio gorgotea
de las corolas de la balaustrada.
Cielo de plata gris. Frío granito
y un oculto arcaduz[108] iluminado.
Deserten los bruñidos candelabros
entre calientes pétalos y plumas.
Trípodes de caoba, pebeteros[109]
o delgado cristal. Doce relojes
tintinean las horas al unísono.
Juego de piedra y agua. Desenlacen
sus cendales los faunos[110]. En la caja
de fragante peral están brotando
punzantes y argentinas pinceladas.
Músicas en la tarde. Crucería[111],
polícromo cristal. Dejad, dejadme
en la luz de esta cúpula que riegan
las trasparentes brasas de la tarde.
Poblada soledad, raso amarillo
a cambio de mi vida.

[104] En una reseña aparecida con motivo de la publicación de la primera edición de *Dibujo de la muerte*, Tomás Alcoverro manifestaba su sorpresa ante la sensibilidad expresada en este poema, resultándole ésta tan chocante que llegó a dudar de su autenticidad, escribiendo: «¿Melancolía, absurda actitud, situación falsa? ¿Podréis consentir que se os diga algo así como "Raso amarillo a cambio de mi vida"?» (Alcoverro, «Retrato», pág. 71). No obstante, para el poeta, que en 1967 se proponía primordialmente expresar su propia sensibilidad con desprecio de la repulsa generalizada entonces contra matices emocionales considerados excesivamente sutiles, y reaccionar contra un lenguaje y una tradición poética que le parecían empobrecidos, y que rechazaba dicha tradición a base de producir un «sentimiento de segregación de la realidad» («Guillermo Carnero, o el decadente y su moral», *Anué Cultural* 15, marzo, 1972, pág. 25), este poema vendría a representar su propuesta más radical. Tomando como motivo el Aranjuez dieciochesco, y enunciado el poema expresamente como «capricho» en tanto que sueño de la razón, esto es, como paréntesis o fantasía en el mismo sentido de los caprichos goyescos, el poema formula el deseo del hablante de detener el tiempo, formulación que aparece expresada en el uso del imperativo de deseo en las formas verbales. Se trata de un deseo que se sugiere por primera vez en el poema «Watteau en Nogent-sur-Marne», y en el que se insiste en «Galería de retratos»: el sujeto del poema renuncia a su identidad y al ser físico («Fuera hermoso morir»; «Fuera breve vivir»), y busca integrarse en las bellas creaciones que contempla para con ello suspender el curso del tiempo: «Dejad, dejadme...». Si, como indicó José Olivio Jiménez («Estética del lujo», págs. 145-148), el tema del libro es la certeza de la muerte, que expresamente se enuncia en «Bacanales en Rímini», este poema supone un paréntesis en que la certeza de la muerte ha sido suspendida o es ignorada, y el poema formula el deseo que el hablante tiene de integrarse en las bellas creaciones que contempla («Ocúlteme») para con ello suspender el curso del tiempo. La certeza de la muerte, no obstante, aparece asimismo nombrada en los versos de «Capricho en Aranjuez» donde el poema florece como una columna sobre el papel, al mismo tiempo que un niño ciego (emblema de Cupido) juega con la muerte: «perpetua floración en las columnas / y un niño ciego juega con la muerte». Pero el poema queda con una permanencia que le es negada a su autor quien, por contraste, desea formularse en lo que escribe y, a partir de dicha formulación, quedar en contacto permanente con el lector. De ahí esa invocación final —«Dejad, dejadme»—, cercana al apóstrofe, en que el sujeto del poema solicita permanecer en la belleza creada. En suma, si la única certeza del ser físico es su carácter perecedero, este poema, que es expresamente enunciado como capricho o fantasía, supone un paréntesis en que dicha certeza ha sido suspendida y es voluntariamente ignorada, y donde el *yo* poético se ve a sí mismo como sujeto legible y como entidad no perecedera; en un ensayo sobre las relaciones del sujeto con la escritura, Paul de Man ha estudiado las implicaciones filosóficas de este deseo de permanecer, motivo frecuente en la lí-

rica contemporánea *(vid. Blindness and Insight,* Minneapolis, Univ. Minnesota Press, 1983, págs. 36-50).

[105] Este verso procede de la novela *El retrato de Dorian Gray*, de Óscar Wilde. En el capítulo IX, hablando con el anciano Basil, Dorian comenta una frase de Gautier, y dice: «Was it not Gautier who used to write about *"la consolation des arts"?* I remember picking up a little vellum-covered book in your studio one day and chancing on that delightful phrase. Well, I am not like that young man you told me of when we were down at Marlow together, the young man who used to say that *yellow satin could console one for all the miseries of life*. I love beautiful things that one can touch and handle» [¿No fue Gautier quien escribía sobre la consolación que produce el arte? Recuerdo haber tomado un libro forrado en pergamino en tu estudio un día, y haber encontrado esa frase maravillosa. Bueno, yo no soy como el joven del que me hablaste cuando estuvimos juntos en Marlow, el joven que solía decir que *el raso amarillo podía consolarlo a uno de todas las miserias de la vida.* A mí me encantan las cosas hermosas que puedo tocar y sentir]; O. Wilde, *The Picture of Dorian Gray* (Leipzig, Collector's Edition by Bernhard Tauchnitz, 1907), página 144. *Vid.* notas 41, 62, 69, 77, 88, 93, 101 y 131.

[106] *marquetería*: taracea *(vid.* nota 90).

[107] *trasminar*: difundirse un olor o un perfume.

[108] *arcaduz*: caño de agua.

[109] *pebetero*: vaso —a menudo con una cubierta perforada— que sirve para quemar perfumes.

[110] *fauno*: personaje mitológico silvestre, símbolo del erotismo primitivo.

[111] *crucería*: sistema de construcción que se origina en el gótico, y que consiste en formar la bóveda cruzando arcos diagonales, también llamados ojivas o nervios.

PANORAMA DESDE LA TOUR FARNÈSE[112]

Tres nenúfares líquidos componen
un trasparente círculo. Aquí, desde la altura, tan sólo un persistente
surtidor se diría, y sin embargo
las tres corolas, esculpidas una y otra vez en el agua,
dilatan sus pétalos, hasta colmar la piedra. Si me fueran
concedidas las riendas de la inmortalidad, sé que las dejaría
caer, para mejor sentir cómo en la verde caverna
el frío viento de la tarde dispersa las flores agostadas.

Los pinos y las adelfas bordean el ondulante camino, ocultan
el vaho mate del sol a lo largo de las pedregosas roderas[113],
descienden en tumultuoso aluvión hasta las mismas márgenes del río.
Ligerísimas crestas pueblan el lago; un ir y venir de aves pasajeras
imprime sobre el agua el desliz de una pluma, se remonta
súbitamente al cielo. De la torre
apenas se reduce el múltiple ajetreo de las gentes, los persistentes oboes de la tierra,
a unas estelas de color, acá y allá, un ligerísimo entramado de silenciosos movimientos,
una vaga conciencia de calor y de heno, desde el umbrío y húmedo recinto.
Tres columnillas vierten en el muro
arabescos de mármol. ¿Es tu mundo
esa oculta terraza, ese piano
que pulsas escondida?[114].
Cuando llegue la noche, y sólo en el lejano valle
alguna ventana relumbre, las pintadas guirnaldas del virginal[115]
ahogarán el paso de los centinelas. Y mañana
todos estos fantasmas que de vosotros son reflejo os tomarán de la mano,
os llevarán por montes y calveros[116], como en una sonriente

proclamación de la primavera,
irán desdibujando poco a poco vuestros rostros, cubriendo
de seda vuestras voces
y pulsarán la mágica espineta[117],
creando en vuestra imagen olvidada
vuestra mejor canción.

NOTAS

112 *Tour Farnèse*: se trata de la torre, ficticia (pues no existe tal torre en Parma), en que, en *La Cartuja de Parma* de Stendhal, es recluido Fabricio del Dongo quien, mientras permanece en prisión, tiene la oportunidad de saborear su soledad. Éste es el valor de este personaje stendhaliano, que funciona aquí como correlato objetivo del poeta. En el momento en que entra en prisión, Fabricio corre a la ventana para ver el paisaje que se divisa desde su celda. Lo que descubre es una imagen que lo entusiasma, y lo hace sentirse feliz del aislamiento que le ha sido proporcionado, paradójicamente, como un castigo: «En el momento en que Fabricio entraba en la prisión, la luna asomaba majestuosamente en el horizonte, a la derecha, sobre la cordillera de los Alpes, por la parte de Treviso. [...] Sin pensar gran cosa en su desgracia, Fabricio sintió la emoción fascinadora de aquel espectáculo sublime [...] Sólo después de pasar dos horas en la ventana, admirando aquel horizonte que le hablaba al alma, y posando también a menudo los ojos en el bello palacio del gobernador, Fabricio exclamó de pronto. "Pero, ¿esto es una prisión? ¿Es esto lo que tanto he temido?" En lugar de encontrar a cada paso molestias y motivos de enojo, nuestro héroe se dejaba ganar por las delicias de la prisión» (Stendhal, *La Cartuja de Parma*, Madrid, Alianza, 1978, vol. II, pág. 374). Stephen Gilman estudió el valor emblemático de este episodio en la obra de Stendhal, y concluyó con unas palabras que pueden tener valor para entender la sugerencia que Carnero nos ofrece al usar a Fabricio como correlato objetivo. Dice Gilman: «La inmunidad de Stendhal al miedo y a la enfermedad, la aceptación de su propia naturaleza finita, pueden haberlo hecho más sensible al aislamiento. Y en esto radica, en mi opinión, el significado más importante de la Torre Farnesio. Porque tan sólo en tal lugar puede la separación de los demás hombres adquirir un valor positivo y acabar por ser una relación al mismo tiempo profunda y paradójica. Al dar forma arquitectónica a la soledad inherente al alma individual, al ilustrar el aislamiento humano en espacio y muro, Stendhal muestra a Fabricio cómo llegar a alcanzar y entender el alma de otra persona» (*The Tower as Emblem. Chapters VIII, IX, XIX and XX of the Chartreuse de Parme*, Frankfurt, Vittorio Klostermann, 1967, págs. 58-59; trad. mía).

113 *rodera*: camino o surco que van dejando las ruedas de los carros.

114 Desde la ventana de su celda, Fabricio del Dongo alcanza a ver tan sólo el balcón de la casa de la joven Clelia, quien le proporciona cierto solaz al tocar el piano, y con quien logra comunicarse, recibiendo mensajes de ella (*La cartuja de Parma*, cap. XIX)

[115] *virginal*: clavicémbalo, procedente de Inglaterra, que se usó en Francia en los siglos XVI y XVII.
[116] *calvero*: claro del bosque.
[117] *espineta*: clavicordio pequeño.

BOSCOREALE[118]

Beatriz Cenci[119] murió a los dieciséis años, en mil quinientos noventa y nueve.
A veces basta el roce de un periódico sobre el asfalto humedecido por la noche
para que surjan del légamo serpientes resbaladizas como el musgo
que hace que los deseos, que ni siquiera fueron más que un divertimento displicente,
sean, en los ojos de las estatuas desnudas en la nieve,
un suave abandono, una vaga sonrisa mientras se sirve el cocktail.
No recuerdan las losas nuestro paso; no queda
ni una señal sobre su superficie
Haber rodado como muertos planetas insensibles
o haber muerto en el punto más alto de la vida. Porque así no vendría
el recuerdo con sus gestos de trágico de feria,
agitando sus trapos remendados
—su retrato sigue perdiendo color en el Palacio Barberini[120]
o al menos allí estaba en mil ochocientos veintitrés, cuando lo vio Stendhal[121]—,
arrastrando su peluca de cascabeles por el limo,
agitando el fondo de las aguas estancadas
como las acacias que soñó Rousseau[122], en el valle del Bièvre[123].

NOTAS

[118] Poema publicado por primera vez en la revista leonesa *Claraboya*, número 15 (mayo-junio 1967), e integrado en *Dibujo de la muerte* en la tercera edición, publicada en *Ensayo de una teoría de la visión*. Boscoreale es una villa italiana, situada aproximadamente a kilómetro y medio de Pompeya. Como ésta, fue destruida por la erupción del Vesubio en el año 79 a. C.

[119] *Beatrice Cenci*. Como indica Stendhal en sús *Crónicas italianas*, se trata

de una historia trágica que nadie ignoraba en 1599. Francisco de Cenci, padre de Beatriz, violó a ésta en el lecho matrimonial, delante de su propia esposa Lucrecia. Incapaz de defenderse de su padre, que era protegido del Papa Clemente VIII y que tenía un gran poder económico y político en Roma, Beatriz, ayudada por su madrastra Lucrecia, estranguló a su padre mientras dormía. Ambas mujeres fueron sentenciadas a muerte, y ahorcadas públicamente en 1599. Durante una visita a Roma en 1819, el escritor romántico inglés Percy B. Shelley escribió la tragedia *The Cenci* sobre el tema de la joven Beatriz, víctima inocente ajusticiada por una sociedad sorda a la verdad. Stendhal conoció la historia de Beatriz durante su visita a Italia, e hizo referencias a ella en repetidas ocasiones en sus obras *(vid.* Stendhal, *Œuvres complètes,* Genève, Cercle du Bibliophile, 1974, vol. VI, págs. 10 y 42; vol. VII, págs. 199 y 294; vol. XV, pág. 468; vol. XVIII [*Crónicas italianas*], pág. 41-ss., esp. 53-83 [«Histoire véritable de la mort de Jacques et Beatrix Cenci, et de Lucrèce Petroni Cenci»]; vol. XIX, págs. 38-39, 67, 135; vol. XXI, pág. 452; vol. XXXII, págs. 102-105). Francesco Domenico Guerrazzi publicó una novela histórica (*Beatrice Cenci*) en 1851, refutada en una memoria histórica del jesuita Filippo Scolari. El tema interesó también a Andrés Clemente Vázquez, cónsul de México en La Habana, quien escribió una leyenda romántica sobre el tema (*Leyendas trémulas*, vol. I: *Beatriz Cenci*, Habana, Imp. del Avisador Comercial, 1899). Sin embargo, no es el aspecto tétrico o romántico del tema lo que interesa a Carnero; su interés es meramente formal, ya que usa el verso inicial como dato histórico que permite situar al lector en el estado de ánimo del autor: «La utilización de tan descarnada neutralidad en un verso inicial para, a partir de él, trazar las correspondencias entre historia, por un lado, y juicios personales y «actualizados» del autor, por otro, es rasgo frecuente en estos poemas de contenido esteticista y culturalista» (Prieto, *Musa,* pág. 63, nota).

[120] *Palacio Barberini*: uno de los más importantes palacios romanos, obra clave del Barroco italiano, ultimada por Gianlorenzo Bernini en 1630.

[121] A Guido Reni, pintor boloñés, atribuye Stendhal el retrato de Beatriz Cenci, realizado supuestamente la víspera de la ejecución de la joven. Hoy no se cree que este cuadro sea auténtica representación de Beatriz *(vid.* E. Abravanel [ed.], *La Chartreuse de Parme, Œuvres complètes,* cit., vol. XXV, pág. 424n.), pudiendo ser más bien una representación convencional de la Sibila. Pero, como se lee en la *Crónica italiana* titulada *Los Cenci (vid.* referencia en nota 119), para Stendhal no cabía duda de la autenticidad del retrato.

[122] Henri Rousseau (1844-1910), llamado «el Aduanero», maestro del género naïf en lienzos de gran misterio y sugerencia simbólica. Su obra fue «descubierta» y ensalzada por los surrealistas.

[123] El Bièvre es un afluente del Sena, en cuyas cercanías solía pintar Henri Rousseau.

PLAZA DE ITALIA[124]

De Chirico

Es tan sólo una geografia de dormidos cadáveres de níquel lo
que se nos ha concedido.
Una anatomía trazada por imborrables cuchillos de luna.
Como los ojos extrañamente sorprendidos —a pesar de una
tenue indiferencia que recuerda el paso de los siglos—
de las muchachas apoyadas en el pretil de los puentes en los
primeros días de las postguerras,
en la noche estancada todas las cosas detienen el delirio de
sus límites
como el puñado de pequeños objetos y baratijas que sobre
una manta
—dedales, alfileteros y flores de papel—
ancianas de ojos opacos venden en las plazas los días de fiesta,
aseguran al viajero que están recién fregadas las losas de la
plaza
y que podrá, entre los pórticos abiertos a todos los caminos
de la tierra,
extender sobre las piedras pulidas por el vaho de la luna
el reducido bagaje de su amor no correspondido, de su
soledad vieja como el mundo,
el reducido puñado de figurillas y papeles arrugados
con los que comerciar quizás un poco de calor compartido,
que podrá rodear despacio y abrazar con sus ojos esa frágil
reciedumbre de las cosas
que, por una vez, en el tiempo detenido, van a ser su patri-
monio.
Sí, van a ser su patrimonio, como la paloma que aquel niño
grabado en la piedra
acercó a su boca a la hora de morir[125],
como los labios de las modelos, lacerados sobre los carteles
un día cualquiera al amanecer, mientras la luna detiene sus
carámbanos

sobre las losas de esta plaza, arrullando
la sombra detenida de los arcos y el mármol pulido de las columnas,
arrullando los arcos hasta el sueño.

NOTAS

[124] Poema publicado por primera vez en la revista leonesa *Claraboya*, número 15 (mayo-junio 1967); integrado en *Dibujo de la muerte* en la tercera edición, correspondiente a la recopilación de 1979 *Ensayo de una teoría de la visión.* Giorgio de Chirico, el pintor cubista y metafísico italiano al que se alude en el motivo del poema, tiene varios cuadros titulados *Piazza d'Italia:* un óleo sobre tela de 1913, y que se conserva en Milán; dos óleos de 1915, conservados en Nueva York; y un óleo, de 1921. Se reproducen en el catálogo de la *Mostra di Giorgio di Chirico en el Palacio Real de Milano (abril-mayo 1970)* (Milán, Edizioni dell'Ente Manifestazioni Milanesi, 1970) láminas 12 (1913); 23 y 24 (1915); y 44 (1921); *vid.*, además, Pere Gimferrer, *Giorgio de Chirico* (Barcelona, Barral, 1970). En las décadas de 1910 y 1920, en que fue compañero de viaje de los surrealistas, Chirico llena sus cuadros con imágenes de plazas con gran perspectiva, loggias, relojes, estatuas espectrales, todo ello indicio de soledad y angustia así como de la inminencia de un impreciso daño. En la nota que precede a *Ensayo de una teoría de la visión*, Carnero relaciona este poema con «Elogio de la dialéctica a la manera de Magritte» (*El azar objetivo*); habría que ampliar esta relación, e incluir asimismo el poema «Castilla», ejemplo una vez más de un espacio amplio, indefinido, en que encontramos también una voz solitaria y angustiosa. La relación entre ellos vendría a mostrar la coherencia que existe entre los poemas del primer libro —*Dibujo de la muerte*— y los publicados a partir de 1971, momento en que la crítica ha notado un cambio metapoético en la obra del autor. La relación entre estos poemas, apuntada por el autor mismo, vendría a indicar que se trata de un cambio de intensidad, no de un cambio de interés, de orientación o de temática. En una entrevista con José Luis Jover, Carnero manifestaba a este respecto lo siguiente: «Creo que el principio que ha dado razón a todos mis libros ha sido la intuición del carácter represivo y destructor de la personalidad y la verdadera vida que tiene la cultura [...] A partir de *Dibujo de la muerte* se escoge una parcela de esa cultura: el lenguaje, como elemento cultural que ha de merecer una atención preferente para el escritor, puesto que su vocación y su castigo consisten en usar precisamente un lenguaje que le entrega y desde el que le condiciona la cultura en que se encuentra situado» (Jover, «Nueve preguntas», pág. 150).

[125] Relieve visto por el poeta en el Museo Vaticano, que estaría relacionado temáticamente con las imágenes referidas en el poema inicial, «Ávila».

TEMPESTAD[126]

Giorgione

Una paloma en llamas aparece
de súbito. Desgarra incandescente
la daga las pupilas del halcón.
Escamas plateadas, coseletes[127]
de púrpura, la pluma de airón[128] barre
el oro y el azur[129]. Desnúdate
bajo la verde bruma de este sauce
y serás fácil presa para el rayo.
Desnudos son los árboles, desnudos
los juncos en el río. Ruedan blancos
nenúfares cortados, aletea
acá y allá la espuma. Entre la fronda
emergen las luciérnagas, pupilas
que temen a la luz. Cae una gota
sobre el helado filo de las lanzas.
Emergen en el mar, sobre tu piel,
puñaladas de frío. Si las ramas
te acosan, si las víboras descienden
a la sedosa curva de tu pecho,
si atenaza tus sienes una hilera
de vírgenes corolas, mercuriales[130]
y cítisos[131] azules, no liberes
el nácar de tu pie. Pronto, en lo oscuro,
teñirán los fulgores de la antorcha
el roce de la seda.
Rugirán a los cielos las gargantas
abrasadas de sangre. Los arroyos
lavarán los sangrientos cortinajes
y el cálido plumón pisoteado.
Un concierto de garras y zarcillos
ambiciona tu cuerpo.
Los laureles

gotean, y en el tibio sol retozan blanquísimos caballos, con guirnaldas de flores en la grupa.

NOTAS

[126] Giorgio da Castelfranco, conocido como Giorgione (1477 ó 1478-1510), aprendió con Carpaccio y Bellini, desarrollando más tarde un estilo que lo hará el jefe indiscutible de la Escuela Veneciana. Además de *Tempestad*, el cuadro aquí mencionado, que se conserva en la Galería de la Academia de Venecia (los manuales en ocasiones lo interpretan como *Danae en Sérifo* y *Soldado y unos gitanos)*, destacan su contribución al altar de Castelfranco, su *Virgen leyendo* (Ashmolean Museum, Oxford), la *Adoración de los pastores* (National Gallery, Washington DC), *Concierto campestre* (Louvre) y *Tres filósofos leyendo* (Museo Histórico de Arte, Viena).

[127] *coselete*: coraza ligera, generalmente de cuero.

[128] *airón*: penacho de plumas.

[129] *azur*: palabra de origen francés que se usa en heráldica para designar el color azul oscuro.

[130] *mercurial*: planta de poca altura con flor en forma de espiga.

[131] *cítisos*: planta alta de flores no azules, sino amarillas, con fruto en forma de riñón, que en Castilla recibe frecuentemente el nombre de codeso. Óscar Wilde menciona esta flor en los dos primeros capítulos de *El retrato de Dorian Gray*. *Vid.* notas 41, 62, 69, 77, 88, 93, 101 y 105.

Giorgione, *La Tempestad.* Venecia, Museo de la Academia.

EL SERENÍSIMO PRÍNCIPE LUDOVICO MANIN[132] CONTEMPLA EL APOGEO DE LA PRIMAVERA

Tierra adentro, o allí donde se crispan
masteleros[133] y jarcias[134], algo altera,
algo renueva o mata el armonioso curso
de los astros. Así fuera, Durazzo[135],
el rutilante ondear de púrpuras y sedas en la Dogana[136],
el tintineo de los cálices, las esclavas
y los leopardos jóvenes encadenados
junto a los cestos rebosantes de fruta.
Un fanal
alancea insomne el tibio sudario inamovible,
el mascarón[137] copia en el agua la sempiterna mueca
de su ferocidad jamás extinta. Escarlata y armiño,
nada se estremece, nada tiembla al latir de los remos,
nada turba el rítmico martilleo del marfil, la caoba y el sándalo, ni estorba
la desvaída estela, las trompetas doradas que en la popa pregonan,
reposan fláccidos los flecos del quitasol, fruta madura
sazonada entre polvo y esplendorosos sueños de victoria,
de matanzas, de esclavos azotados, naves hacia Dalmacia[138], pero haced, Tesalónica[139],
viejos mármoles ultrajados por el monótono ronroneo del agua,
haced que clamen otra vez las trompetas de bronce.
Pero nadie
dude hoy que el antiguo esplendor y la felicidad consisten
en ungirse con los ricos despojos de sueños y cadáveres,
asistir, escarlata y armiño, en el altísimo sitial donde nada se siente,
calor ni frío, sino una imperturbable beatitud, al tibio
rielar de polícromos fanales en el agua insomne.

[132] *Ludovico Manin*: último dux de Venecia, cuya legislatura va desde 1789 hasta la invasión napoleónica de 1797, que acaba con la República. Este poema está relacionado con «Museo Naval de Venecia» de *Divisibilidad indefinida*.

[133] *mastelero*: palo menor que, en los barcos, se coloca transversalmente sobre cada uno de los palos mayores.

[134] *jarcias*: cuerdas y aparejo de las naves.

[135] *Durazzo*: ciudad de Albania, en la ribera del mar Adriático, históricamente controlada por Venecia.

[136] *Dogana*: edificio de la aduana en Venecia, que resulta emblemático para la corriente veneciana en la poesía española de la generación de poetas a que Carnero pertenece. Con anterioridad, Ezra Pound la mencionó en el poema «Periplum», como recuerda Pere Gimferrer en el poema «Oda a Venecia ante el mar de los teatros» de *Arde el mar* (1966).

[137] *mascarón de proa*: figura, generalmente de aspecto humano, que se pone de adorno en la proa de los barcos.

[138] *Dalmacia:* región geográfica de la Península Balcánica, originalmente conocida como Iliria, y que comprende en la actualidad la mayor parte de Croacia, y un archipiélago de la zona Este del Adriático.

[139] *Tesalónica:* hoy Salónica, ciudad de Macedonia en el golfo del mismo nombre, en Grecia.

PISA[140]

Debajo del jubón[141], en las mallas granates del justillo[142],
finísimos diamantes nos preservan,
en el cortante abrazo de su fulgor oculto,
de la ansiedad y el miedo. Siempre gruesos cristales
nos ocultan el peso de la nieve.
El vendaval retuerce los dragones verdosos
que pueblan las aldabas, exalta al cielo y hunde
—*Vedi là Farinata*[143]— las estrellas que rigen el mar abierto. Clama
contra la tempestad el plácido cortejo,
no desmorona el viento ni bonete ni pluma, ni indóciles al freno
componen los corceles el bracear airoso. Se descuajan
árboles y vidrieras, mas ni un pliegue
se agita en la gualdrapa[144], ni en el manto.
Sólo una tenue pátina ensombrece el primer resplandor de los ojos,
tiñe de tristeza y hastío el arcano universo de los belvederes[145]. Messer Guardi[146]
acostumbraba inventar amplísimas plazas, tintas por el rojizo
atardecer, o por largos jirones de vívido damasco.
En nuestra mano está. En nuestra mano yacen
los cordones fileteados de rojo que desatan sin ruido
los antiguos universos ya perdidos en su vivacidad, en su gozo, placer, dolor primeros.
San Cassiano[147], decidme, LXX ANNOS VIXIT,
¿panteón o tramoya? Pedro de Médicis[148]
hizo que los mejores trépanos y cinceles
conformasen un bloque de hielo cuando el Sol
reverberaba dolorosamente, aquel año de nieves en Florencia[149].

NOTAS

[140] Las imágenes del poema proceden de las pinturas vistas por el autor en el Camposanto de Pisa.

[141] *jubón*: chaleco antiguo, ajustado al cuerpo.

[142] *justillo*: prenda interior sin mangas, que ciñe el cuerpo hasta la cintura.

[143] «*Vedi là Farinata,* che s'è dritto» [Mira allí a Farinata, que se ha levantado (*Divina comedia*, canto X, v. 32)]. Se trata de Farinata degli Uberti, jefe del partido gibelino, que logró salvar Florencia de su destrucción por los güelfos en 1258. En su estudio sobre la poesía de Carnero, Bousoño ya advirtió que las citas en lenguas extranjeras se usan, no como hicieran los modernistas, sino al modo de Ezra Pound o T. S. Eliot, esto es, con el fin de evocar en el lector un universo de referencias culturales (Bousoño, «La poesía», págs. 35-36).

[144] *gualdrapa*: cobertura larga que cubre las ancas del caballo.

[145] *belvedere*: mirador o azotea de los edificios y casas antiguas.

[146] *Messer Guardi* [El caballero Guardi]: Francesco Guardi (1712-1793), pintor veneciano seguidor de Canaletto, especializado en representaciones del esplendor de la vida y las fiestas de la ciudad, y en vistas del Gran Canal.

[147] *San Cassiano*: uno de los palacios góticos de Venecia, descrito por John Ruskin en *Stones of Venice* del modo que sigue: «San Cassano, a noble house in which the spandrils of the windows are filled by the emblems of the four Evangelists, sculptured in deep relief, and touching the edges of the arches with their expanded wings» [San Casiano, una noble casa en la que los bordes de las ventanas contienen los emblemas de los cuatro evangelistas, esculpidos en bajorrelieve, y tocando los bordes de los arcos con sus alas extendidas (Londres, Bellew & Highton, 1981, pág. 162)]. El epitafio que se menciona a continuación —«Vivió setenta años»— procede asimismo del dibujo de un monumento fúnebre realizado por Ruskin, y reproducido en el libro citado.

[148] A la muerte de su padre, Lorenzo el Magnífico (ocurrida en 1492), Pedro de Médicis, *el Desafortunado*, fue incapaz de mantener la política republicana, y Florencia sucumbió a la invasión de Carlos VIII. Tras la ejecución de Savonarola por orden papal, en 1498, los Médicis recuperan el poder de la ciudad, que habrían de mantener gracias a su alianza con Fernando de Aragón, el rey Católico.

[149] Anécdota de la vida de Miguel Ángel.

EL ALTÍSIMO JUAN SFORZA COMPONE UNOS LOORES A SU DAMA MIENTRAS CÉSAR BORGIA MARCHA SOBRE PÉSARO[150]

La gama de los grises y de los rosas pálidos
sosiega en la penumbra nuestros ojos,
que han visto tanta muerte. Culebrinas, arietes[151],
pavos reales, fuegos de artificio
acarician los muros. Entre las arpas gira
un contenido vendaval de amor.
Eternamente jóvenes, esos cuerpos de niños o de diosas
no en el jardín, no expuestos
al fuego y a la nieve y al hierro de la lanza, sino cálidamente
abrigados aquí, en el delgado aroma del marfil, no devueltos
al ciclo, a la vorágine de lo que vive y muere. No en el aire
que sacude la pólvora, sino en esta penumbra,
entre un rescoldo helado de rubíes. Máscaras no corrompen
el finísimo brillo de las carnes de mármol. Eternamente jóvenes,
eternamente vivos, eternamente vivos como en el primer día, debajo de la máscara,
y ni fuego ni muerte ni curso de las horas
habitarán jamás este salón.

Notas

[150] Al poco de publicarse *Dibujo de la muerte*, Francisco Brines apuntó este poema como ejemplo del culturalismo que caracterizaba a la nueva poesía. Por «culturalismo» se entiende la «mención directa u oblicua de personajes, situaciones, frases, que el poeta toma de la historia de la cultura y que por su cuenta recrea para —en la mayoría de los casos— hacerlos portavoz de sus propias intuiciones» (J. O. Jiménez, «Estética del lujo», pág. 148; *vid.*, además, José Hierro, «Epílogo» a Fernando Quiñones, *Las crónicas de mar y tierra*, Madrid, El Bardo, 1968). En el poema de Carnero nos encontramos con que un título de larga extensión parece en un principio ofrecer una pista falsa sobre el sentido; no obstante, los versos adquieren en realidad un sentido

nuevo gracias a la frase del título, ofreciéndose éste «como si fuese el modelo de una manera de concebir la vida» (Brines, «Integración del título en el poema», pág. 3). El poema, sin embargo, ilustra lo que José Olivio Jiménez denominó «estética del lujo y de la muerte, en fatal asociación»: «Se trata de colmar luminosamente el gran hueco del existir. Para ello el poeta necesita extremar hasta el máximo su capacidad imaginativa —en la creación de temas y ambientes— y su habilidad de orfebre —en la elaboración de la palabra expresiva— para ensayar el alzamiento de una belleza absoluta que pueda exorcizar la asechanza del tiempo y la muerte. Hay, incluso, momentos en que parece confiar en ese poder. Así, las esculturas —carnes de mármol— del poema "El Altísimo Juan Sforza..." estarán allí, para siempre, en aquel interior sosegado y penumbroso, como signo de victoria sobre la destrucción: *Eternamente jóvenes / eternamente vivos, eternamente vivos como en el primer día, debajo de la máscara* [...] Irónico triunfo, en el que ni el poeta cree» (J. O. Jiménez, «Estética del lujo y de la muerte», págs. 152-153). Respondiendo a preguntas formuladas por Joaquín González Muela, Carnero ha dado información minuciosa sobre este poema: «El poema de Sforza es una construcción mental, y no remite a cuadro alguno; el personaje es [Giovanni Sforza, señor de Pésaro, casado con Lucrecia Borgia, y que murió a manos de su cuñado, el aquí mencionado César Borgia]. — El plural [del segundo verso] es de participación del autor/lector en la situación planteada; es una manera de mostrar el carácter de correlato que tiene la situación por referencia a la experiencia del autor, con lo cual se evita el molesto biografismo y se pretende que el texto tenga valor en sí mismo, es decir, que el texto sirva para "decir" al autor y no el autor para decir el texto. — El poema plantea en resumen un proceso de sustitución de la vida real por otra cosa, dictada por la sensibilidad, la cultura y el arte: una metonimia» (citado por Joaquín González Muela, «Dos poemas de Guillermo Carnero», pág. 87). Carnero mismo ha estudiado este procedimiento culturalista, habitual en su generación, en «Culturalismo y poesía "novísima". Un poema de Pedro Gimferrer», en B. Ciplijauskaité (ed.), *Novísimos, postnovísimos, clásicos: la poesía de los 80 en España* (Madrid, Orígenes, 1990), págs. 11-23. Sobre culturalismo e intertextualidad, *vid.* Christie *(Poetry and doubt...)*, págs. 223-258.

151 *culebrina*: cañón ligero usado desde el siglo XVI; *ariete*: artefacto militar que se usaba para derribar muros o fortificaciones en el asalto a las plazas fortificadas.

TRAS EL CERCO DE ÍMOLA[152]

Así como el contorno del ámbar o del jade livianamente impone
la futura armonía de las formas,
ha sido cada mármol, cada sillar tallado
para un reino vastísimo. La lámina de plata
entalla su aguzado perfil en la caoba
espejeando —ánades[153], juncos, sauces, guirnaldas—
al calor de las brasas. El ónice[154] en el limpio
óvalo que lo aloja se confunde. Rebasa
de estos muros y escarpas[155] un ansia incontenible
de súplica y dominio, como una fina daga
tenuemente contiene la sangre de la herida.
Tristes tiempos son estos. Bastiones nuestro reino
limitan. Falconetes, gonfalones, bombardas[156], aletear de cuervos
proclaman impotente nuestro afán. En el valle
inhalan los colores el aura trasparente
de la nieve fundida. Tristes tiempos son estos para quien algo ansía
no sometido al filo de su espada.

NOTAS

152 *Ímola*: ciudad italiana en la provincia de Bolonia.
153 *ánade*: pato salvaje de vistosos colores.
154 *ónice* : ágata fina de rayas paralelas.
155 *escarpa*: talud en fosos y fortificaciones.
156 *Falconetes, bombardas*: dos tipos de cañón antiguo, el primero similar a la culebrina *(vid.* nota 151), el segundo de gran calibre; *gonfalón*: banderín, pendón de guerra.

SAGRADO CORAZÓN Y SANTOS, POR IACOPO GUARANA (1802)[157]

Una alabarda[158], un cardo, una tiorba[159], una nube de
humo y flores, silencio, lejanía convocan,
presencia de la luz. ¿Para qué fastos?
Al ánimo del viejo pintor, ¿traen los años
serenidad o dicha, o un hábito ya antiguo
de andar en sortilegio por largos corredores
de una ausencia que duele?
                                        Blanco y rosa.
                                                        La carne
es débil, y consuela un espacio si abriga
patria inventada, nombres amigos, goce, tiempo
al amparo de muros, mientras los ojos saben
de ficción y de paz, dones del sueño.
Amable relumbrón de teatrales glorias
cubre el muro, que ya mano maestra
ciñera de arquitrabes[160] y volutas, en honda
perspectiva, ilusión: a nadie engañan.
Ni Arcadias, Cytereas[161], donde el hombre triunfa
aéreo, con los oros de la felicidad,
ni cínico despliegue de algún goce pasado
sobre el mórbido[162] cuerpo de lúcidos fantasmas
animan su pincel.
                              Con sosegado pulso
torpe la mano sin pasión preside
la eclosión de las formas: amarillo, carmín,
ocre, azul nieve, lila; una dulce *maniera*.

NOTAS

157 Se publica por primera vez en la segunda edición de *Dibujo de la muerte*. Iacopo Guarana es un pintor y grabador italiano, nacido en Venecia en 1716 y muerto a comienzos del XIX. Fue discípulo de Tiépolo. Entre sus obras más conocidas cabe mencionar su *Sacrificio de Ifigenia*, que pintó por encargo de la

corte rusa. Se caracteriza Guarana por su prolongación anacrónica, hasta el siglo XIX, del estilo pictórico cortesano del XVIII.

[158] *alabarda*: pica o lanza con hoja en forma de hacha.

[159] *tiorba*: especie de laúd *(vid.* nota 71).

[160] *arquitrabe*: parte inferior del entablamento, que descansa sobre el capitel.

[161] *Arcadia (vid.* nota 56), *Cytereas (vid.* nota 83).

[162] *mórbido*: blando, delicado, suave.

BACANALES EN RÍMINI
PARA OLVIDAR A ISOTTA[163]

En unas breves horas puede el vino, en la dulce demencia del festín,
y las arpas, laúdes, las delicadas sedas,
aplacar el amor, como la cólera. ¿Qué queda como presa a la vejez,
qué peor enemigo que este arte
de conservar la vida? El brillo de los mármoles labrados
no ocultará tu muerte. No seremos
dentro de poco ya, ni estos dorados
cortinajes, las vívidas hogueras,
el carmesí arrugado tras la danza
ni el líquido destello de las gemas
en los rubios cabellos, tras el baño.
Proclaman en el llano azul los fresnos
el baño de las ninfas. Un tropel
de centauros te cerca. Todos estos brillantes candeleros y telas
han de prevalecer sobre nosotros, quizá será la muerte
la única certeza que nos ha sido dado alzar sobre la tierra[164],
escuchad cómo rasga una hoja lentísima los tapices del palio,
cómo se desvanecen esos versos unidos a la música, cómo la proa del Buccentoro[165],
sumergiendo en el agua los flecos amarillos,
se acerca, con los rojos gallardetes al viento,
mientras flotan sin rumbo cadáveres y rosas.

NOTAS

[163] Poema publicado por primera vez en *Ínsula* 240 (noviembre 1966). En el título se alude a *la Diva* Isotta degli Atti, amante y, más tarde, tercera esposa de Sigismondo Pandolfo Malatesta *il Barbaro* (1417-1468), señor de la ciudad-estado italiana de Rímini; tras la muerte de Sigismondo, Isotta se opon-

drá a los designios papales con el fin de que el gobierno de la ciudad recaiga sobre su hijo Salustio Malatesta.

[164] José Olivio Jiménez apuntó agudamente que la disposición de los poemas en el conjunto de *Dibujo de la muerte* actúa como un notable *crescendo* de esa presencia imperiosa y fatal de la muerte, desde el tema reiterativo de la muerte en la piedra de «Ávila» («un cuerpo demasiado hermoso para haber vivido, / muerto en la piedra») hasta el poema «Bacanales en Rímini», con que terminaba la primera edición; en este texto se inscribe la lección suprema, que formularían estos versos: «quizá será la muerte / la única certeza que nos ha sido dado alzar sobre la tierra» (José Olivo Jiménez, «Estética del lujo y de la muerte», págs. 155-156).

[165] *Buccentoro*: especie de falúa que usaba el *Dux* de Venecia en la ceremonia del matrimonio de la ciudad con el Adriático, que se celebraba el día de la Ascensión y que consistía en arrojar un anillo al mar con la leyenda «Desposamus te, mare, in signum veri perpetuique dominii» [Te desposamos, mar, en señal de dominio perpetuo y verdadero].

EL EMBARCO PARA CYTEREA[166]

Sicut dii eritis[167]

GÉNESIS III, 4

Hoy que la triste nave está al partir,
con su espectacular monotonía,
quiero quedarme en la ribera, ver
confluir los colores en un mar de ceniza,
y mientras tenuemente tañe el viento
las jarcias y las crines de los grifos dorados[168]
oír lejanos en la oscuridad
los remos, los fanales, y estar solo.
Muchas veces la vi partir de lejos,
sus bronces y brocados y sus juegos de música:
el brillante clamor
de un ritual de gracias escondidas
y una sabiduría tan vieja como el mundo.
La vi tomar el largo[169]
ligera bajo un dulce cargamento de sueños,
sueños que no envilecen y que el poder rescata
del laberinto de la fantasía,
y las pintadas muecas de las máscaras
un lujo alegre y sabio,
no atributos del miedo y el olvido.
También alguna vez hice el viaje
intentando creer y ser dichoso
y repitiendo al golpe de los remos:
aquí termina el reino de la muerte.
Y no guardo rencor
sino un deseo inhábil que no colman
las acrobacias de la voluntad,
y cierta ingratitud no muy profunda.

[166] Se publica este poema por primera vez en la segunda edición de *Dibujo de la muerte*. Su título remite al cuadro de Watteau *(vid. supra,* notas 71, 77 y 83) del mismo título, ejecutado en 1717, y que se conserva en el Louvre. Hablando del «imaginario cultural» en los novísimos —considerado el «imaginario cultural» como el dominio de la inspiración poética en que resuenan la tradición, el arte y la cultura del pasado, y que tiene como escenario el universo de la fantasía—, Antonio García Berrio ha mencionado dos poemas anteriores de tema parecido: «Un voyage à Cythère» (Charles Baudelaire, *Les fleurs du mal*) y «Desembarco en Citerea» (Jaime Gil de Biedma, *Moralidades*). Este poema se diferencia notablemente de ambos, sin embargo, por el distanciamiento y el tono de elegante desdén que adopta el hablante en el mismo, un distanciamiento que ya fue anotado en otros poemas de *Dibujo*. Según García Berrio, para Carnero importa más la «dialéctica del hombre presentido, del *yo* adivinándose en antepasado de la edad dorada de los mitos, con la representación fantástica del ensueño, puro mar de sensaciones, de colores ensamblados en prueba de realidad no más que estética», concluyendo que «el imaginario cultural de Carnero sirve, ante todo, al escenario de su elegante *spleen*» (A. García Berrio, *Teoría de la literatura,* pág. 363).

[167] *Sicut dii eritis* [Seréis como dioses]. El texto corresponde a la respuesta de la serpiente que trata de tentar a Eva, en el libro del Génesis. «La serpiente replicó: —¡Nada de pena de muerte! Lo que pasa es que sabe Dios que, en cuanto comáis de él, se os abrirán los ojos y *seréis como dioses,* versados en el bien y en el mal» (*Génesis* III, 4-5; cursiva mía).

[168] *grifo*: animal fabuloso, mezcla de león y águila.

[169] *tomar el largo*: navegar hacia el mar abierto.

Poemas del ciclo de «Dibujo de la muerte»[170] (1966-67)

[170] Bajo este epígrafe, la recopilación de 1977 incluía los cuatro poemas que siguen, según el autor «escritos en 1966-67 dentro del clima» de *Dibujo*, pero que no pasaron a formar parte de este libro con el fin de respetar su unidad (Carnero, *Ensayo de una teoría*, pág. 72).

EL ARTE ADIVINATORIA[171]
(Homenaje a Vicente Aleixandre)

Todo está aquí.

VICENTE ALEIXANDRE[172]

En las epoptías de los dioses, las visiones son mucho más claras que la realidad misma.

JÁMBLICO, *De mysteriis,* II, 4[173].

No han desertado los antiguos dioses
para quien llega a colocar ofrendas
y se retira, y sabe
cómo la estatua es fiel y nada aloja
sino mármol erguido y en eterno reposo.
El dios vive en nosotros, donde nada
requiere de poder no concedido
a quien ama: ejercicio de la mente,
laureles del amor. Y la certeza.

Que no basta. La realidad son seres
dotados de volumen (no esta vez
serenidad en piedra, sino carne).
Arabesco de enigmas. ¿Qué espectáculo
en su interior? ¿Y qué naturaleza?
Amar es conocer. Y quién conoce[174].
Cada cuerpo asesina con sus límites,
inciertos al conjuro, al llanto. ¿Todo
está aquí?

[171] *arte adivinatoria*: don de la profecía y anticipación del futuro. Apareció este poema por primera vez en el *Homenaje a Vicente Aleixandre*, ed. José Luis Cano (Madrid, Ínsula, 1968), pág. 164.

[172] Verso 40 del poema «Estar del cuerpo» del libro *En un vasto dominio*, de Vicente Aleixandre (*Obras completas*, Madrid, Aguilar, 1968), pág. 835.

[173] Jámblico de Calcis (275-330), filósofo sirio, seguidor de Porfirio; con él el neoplatonismo se abre a la influencia oriental, y entran en su filosofía todo tipo de supersticiones. Su libro *De mysteriis* es considerado una de las obras capitales para documentar la religión antigua tardía. En él se habla de los cultos antiguos, mezclándolos con misterios y supersticiones, como ilustran las *epoptías*, esto es, las manifestaciones de la divinidad en la iniciación en grado mayor a los misterios místicos de la ciudad de Eleusis, culto secreto desarrollado en la antigüedad por los griegos. En la poética escrita para la antología de Enrique Martín Pardo, *Nueva poesía española* (1970), Carnero menciona a este autor clásico al exponer su convicción de que el poema ha de sustentarse sobre principios explícitos, debe rechazar la descripción narrativa que estructura los poemas de la poesía social, y ha de buscar en la historia y en la tradición cultural un correlato objetivo para la expresión de la experiencias individuales. Dice el autor: «Todo recurso del poeta a claves —pues el juego de exponer, indicar o sugerir es placer del poeta y del lector— objetivamente secretas debe ser desterrado. Ya enseñó Jámblico cuán diferente es la inspiración divina del delirio del beodo. El poema no puede sustentarse en una transformación del lenguaje tan sólo, por muy mágica que ésta llegue a ser considerada. El poema deberá ser un sistema coherente que contuviera —en orden a la operación de leer y no refiriéndose a problemas de exégesis literaria— la exposición de todas las claves necesarias. Si no se estima suficiente el uso del lenguaje descriptivo-narrativo habitual, debe acudirse a un correlato que existe con independencia del poeta y del poema. La historia de la cultura es venero inagotable»; *vid.* E. Martín Pardo, *Nueva poesía española (1970). Antología consolidada (1990)* (Madrid, Hiperión, 1990), págs. 62-63.

[174] *Amar es conocer. Y quién conoce*: Guillermo Carnero es autor de un estudio sobre la distinción semántica entre «saber» y «conocer» en la última poesía de Vicente Aleixandre, y un párrafo de dicho estudio esclarece este verso que contiene una cita de Aleixandre. En su estudio dice Carnero: «El verbo "conocer" tiene en el contexto aleixandrino un valor imperfectivo, reforzado por el mismo valor de otro verbo que le está, en ese mismo contexto, estrechamente vinculado: el verbo mirar. "Conocer" y "mirar" encarnan el proceso no terminado, la aspiración no satisfecha, el camino no concluido, del mismo modo que luego "saber" y "ver" indicarán terminación y conclusión. Mirar es la actitud interrogante e inquisitiva de quien desea aprehender un significado que todavía desconoce [...] Por eso conocer, que equivale a estar vivo, equivale también a no tener certeza sobre lo que se intenta conocer: en el poema "Los amantes jóvenes" [...] dice él: "la entreví: la conozco / y este

jardín me cela tras los muros su forma / no su fulgor". El amor, que nace de un deslumbramiento, de un "fulgor", impulsa a aprehender el significado de la persona amada, y en esa aprehensión está la terminación del estímulo que lleva hacia lo amado: "*Conocer es amar.* Saber, morir"»; G. Carnero, *Las armas abisinias,* pág. 233; cursiva mía.

PIE PARA UN RETRATO DE VALERY LARBAUD[175]

Felices la Duquesa Isabel Feodórovna,
el Gran Duque Demetrio y Mitka Rubinstein
y el Metropolitano Vladimiro[176].
Baudelaire gritaba *Vive les barricades!*
con ojos de fotófobo y poeta maldito[177]
—rosada escarapela de seda natural—
y nunca se encontraron los restos de Ducasse[178].
«*Ninguna de las clases privilegiadas tiene fe*
ni en su misión personal ni en sus derechos» (Bakunin)[179].
La Göttliche Isadora[180] —sus jóvenes
danzantes de Donatello[181],
blanco, azul y guirnaldas de frutas
y sus cuarenta niños pintados por Gainsborough[182]—
arengaba a los estudiantes en Sieges Allee: «*Mirad,*
esto no es arte. No. ¡Son visiones del Kaiser!»[183]
(Kopanos acabó en hermosa ruina).
«*Tomábamos tierra a las 4 en Montreux,*
el barco iba repleto de champagne...»[184]
y luego,
Salud para el nuevo mundo[185], Isadora pensó
que bailaría Lenin en su Escuela, desnudo
bajo flotantes tules
Oh La Danza
Felices
el Príncipe Yussúpov y Gregorio Efimóvich
y los que lo arrojaron por el puente.

NOTAS

[175] En la nota que precede a *Ensayo de una teoría de la visión,* Carnero relaciona este poema con «El movimiento continuo» (*Dibujo de la muerte*), indicando que ambos forman «parte de una familia de la que se seleccionó [«El movimiento»] para incluirlo en *Dibujo de la muerte* desde la primera edición,

porque sólo él podía ser colocado allí sin romper el tono del libro» (*Ensayo,* pág. 72). Formalmente, el poema es un collage que parte de la lectura de las obras de Bakunin y comenta episodios correspondientes a la vida de Isadora Duncan o Baudelaire. Los personajes de fines de siglo pasado y comienzos de éste tienen en este poema una función similar a las alegorías de los cuadros contemplados en *Dibujo de la muerte.* El poema comienza con un «Felices» —que funciona irónicamente como el «Dichosa edad y siglos dichosos» del discurso quijotesco sobre la Edad de Oro— y evoca los felices tiempos de la *Belle Époque* para terminar con la Danza (de Isadora Duncan, pero también Danza de la Muerte) con que se cierran aquellos felices tiempos, representados aquí por la muerte de Rasputín. El poema tiene parecido con «Cascabeles» (*Arde el mar*) de Gimferrer al representar, como éste, una imagen de frivolidad en un mundo en descomposición. El título del poema funciona de modo similar al verso inicial del poema «Boscoreale»; esto es, su neutralidad sirve para «trazar las correspondencias entre historia, por un lado, y juicios personales y "actualizados" del autor, por otro», siendo Carnero «uno de los primeros en obtener rendimiento expresivo de este arranque de fría referencialidad, que convoca el pasado histórico como lo haría una crónica» (Prieto, *Musa,* pág. 63, nota). También Bousoño ha apuntado un funcionamiento similar respecto al uso de las citas en lengua extranjera (*vid. supra,* nota 143). Valor análogo tendría aquí la mención de Valery Larbaud en el título: Bakunin, Baudelaire, Rasputín, Duncan funcionan como los personajes de las novelas de Valery Larbaud (1881-1957), novelista y crítico galo que tradujo a Gómez de la Serna y a Pérez de Ayala al francés, y que es conocido por sus novelas de ambiente artístico o decadente como *Fermina Márquez* y *Obras completas de A. O. Barnabooth,* narración de las aventuras europeas de un artista estadounidense.

[176] La Duquesa Isabel Feodórovna era una aristócrata rusa, miembro de la familia imperial y partícipe del entorno de la zarina Alejandra Feodórovna; Gregorio Efimóvich (alias «Rasputín») logró considerable influencia en la corte del zar, donde ejerció de adivino y curandero. Fue asesinado en la madrugada del 29 de diciembre de 1916 en un complot planeado por la aristocracia rusa y protagonizado por el Príncipe Félix Yussúpov, quien contó con la colaboración del diputado de extrema derecha Vladimiro Puríshkevich, el príncipe Sukhotín y el Gran Duque Demetrio Pavlóvich. Invitado al palacio de Yussúpov para una fiesta, Rasputín fue envenenado con cianuro potásico; pero, como inexplicablemente este veneno no surtiera efecto alguno, Yussúpov y Puríshkevich lo asesinaron a tiros, y arrojaron más tarde su cadáver al Volga. Félix Yussúpov cuenta este episodio en sus memorias, cuyo título en español es *El esplendor perdido* (Barcelona, Caralt, 1954).

[177] En el daguerrotipo más conocido de Baudelaire, éste aparece con los ojos semicerrados debido a su mala vida nocturna, y a un movimiento involuntario, reacción al fogonazo del flash de fósforo del fotógrafo que le obligó a cerrar los párpados; de ahí, su descripción como «fotófobo», palabra que designa en medicina la contracción o espasmo de los párpados como reacción a la luz. Baudelaire es, además, el primero de los «poetas malditos», término que será asimismo aplicado más tarde a sus seguidores. A este respecto, en un libro sobre los simbolistas publicado en 1942, Albert Schmidt escribía: «Hoy, cuando el ecuánime tiempo ha reservado a Mallarmé, a Rimbaud, a

Villiers y a Verlaine una justa porción de gloria, apenas si podemos imaginar en qué dolorosa soledad tuvieron que vivir retirados hasta 1880. Salvo Rimbaud, ninguno de ellos quería que se lo tomase por extraño o rebelde. Pero pesaba una terrible maldición sobre sus textos y sus escritos: pensaban, se expresaban según un sistema de signos y de evidencias intolerables para el vulgo» (Albert-Marie Schmidt, *La literatura simbolista*, Buenos Aires, Eudeba, 1966, págs. 14-15). Durante años *Las flores del mal*, que Baudelaire publica por primera vez en 1857 —y seis de cuyos poemas fueron inmediatamente prohibidos—, fue para el público francés sinónimo de depravación, inmoralidad y obscenidad. El grito de «¡Viva las barricadas!» es la consigna identificadora de la Revolución de 1848 en Francia, revolución que terminó con el establecimiento del Segundo Imperio en ese mismo año, el cual daría paso tres años más tarde a la dictadura de Luis Napoleón o Napoleón III, *el Menor*. En 1848, resentido porque su madre acababa de obtener permiso judicial para administrar el capital heredado de su padre, un capital que el poeta había ido dilapidando con vertiginosa diligencia, un Baudelaire que bordeaba la miseria se unió fervorosamente a las masas revolucionarias; sobre Baudelaire, *vid.* notas 41, 166, 222, 228, 334 y 401.

[178] Isidore Ducasse, que utilizó el seudónimo de Conde de Lautréamont, nacido en Montevideo en 1846 y muerto en París en 1870, durante el sitio de la ciudad por las tropas prusianas. Poco o nada se sabe de su vida. Dejó un título excepcional en las letras europeas de su tiempo, los seis libros de los *Cantos de Maldoror*. Considerado unánimemente como un espíritu precursor de las vanguardias, Lautréamont ha sido objeto de importantes estudios a cargo de Bachelard, Bataille y Blanchot. Salvador Dalí ilustró una edición de los *Cantos* en los años treinta.

[179] Mijail Bakunin (1814-1876), agitador y revolucionario anarquista ruso, en un principio amigo y colaborador de Marx y Engels; fue expulsado de la Primera Internacional en 1872 debido a los métodos radicales y violentos que propugnaba. El texto aquí citado procede de su *Confesión al zar Nicolás I* (Barcelona, Labor, 1976), pág. 49.

[180] La divina Isadora es, obviamente, Isadora Duncan, la bailarina norteamericana que innovó la danza de este siglo, llegando a superar el ballet clásico; el epíteto refiere las reacciones de los alemanes desde su primera actuación en la Ópera de Berlín: «From that first night I was known to the German public by such names as "die göttliche, heilige Isadora"» y «They called me the Göttliche —*sic*— Isadora» (I. Duncan, *My Life*, Londres, V. Gollanz, 1928, págs. 125 y 191 [Desde esa primera noche, fui conocida por el público alemán como «la divina, sublime Isadora»; «Me llamaban la divina Isadora»]). Bailaba semidesnuda, cubierta tan sólo por amplios tules, a imitación de las esculturas clásicas. Tuvo una reputación considerable, llegando a influir en el ballet de Diaghilev. Con el dinero conseguido de sus recitales adquirió la colina ateniense de Kopanos, en la que quiso construir un templo dedicado a la danza. El proyecto resultó económicamente inviable, y fracasó estrepitosamente, quedando en «hermosa ruina» («Kopanos ... remained a *beautiful ruin* in the hill», *My Life*, pág. 189). En 1904 fundó una escuela de danza en Berlín, que decoró con réplicas del arte renacentista. La sala de baile estaba decorada con jóvenes danzantes («the dancing children») de Donatello (*My Life*, pág. 185). En 1921 se trasladó a Moscú, aprovechando una in-

vitación del gobierno soviético. En la capital soviética creó una Escuela de Danza para niños huérfanos, llegando a presentar un ballet en el Estadio Rojo en 1924, que recibió una elogiosa reseña en un artículo publicado por Anatoli Lunacharski en *Isvestzia*. La autobiografía de Isadora termina relatando los preparativos de su viaje a la URSS. No obstante, por Irma Duncan, su alumna y compañera, sabemos del entusiasmo de la danzarina norteamericana por la revolución soviética, y su vivo deseo de encontrarse con Lenin a quien, sin embargo, nunca llegó a conocer personalmente; Irma Duncan, *Duncan Dancer* (Middeltown CT, Wesleyan Univ. Press, 1965), págs. 236-240.

181 *Donatello*: apodo con el que es conocido Donato di Nicolò di Betto, célebre escultor florentino (1386-1466) y uno de los principales artistas del Renacimiento italiano.

182 *Thomas Gainsborough* (1727-1788), uno de los mejores retratistas y paisajistas ingleses del siglo XVIII.

183 Estos versos citan un episodio de la autobiografía de Isadora Duncan: «One night, as I was returning from a representation, the students took the horses out of my carriage and drew through the famous Sieges Allee. In the middle of the Allee they called for a speech. I stood up in the victoria —in those days there were no automobiles— and I addressed the students thus: "There is no greater art —I said— than the art of the sculptor. But why do you, lovers of art, permit this horrible outrage in the middle of your city? Look at these statues! You are art students, but if you were really students of art you would take stones tonight and demolish them! Art? *They, art? No! They are the visions of the Kaiser*"» (Duncan, *My Life*, pág. 191 [Una noche, cuando regresaba de una representación, los estudiantes desengancharon los caballos de mi carruaje y me llevaron a través del famoso Sieges Allee. En medio del Allee me pidieron un discurso. De pie en el coche —en esos días no había automóviles— me dirigí a los estudiantes de esta manera: «No hay mayor arte que la escultura. Pero, ¿cómo es que vosotros, amantes del arte, permitís este atropello en el centro de vuestra ciudad? ¡Mirad esas estatuas! Sois estudiantes de arte. Pues si fuerais estudiantes de arte auténticos, os armaríais de piedras y esta noche las destruiríais. *¿Arte? ¿Eso, arte? No. ¡Son visiones del Káiser!*])

184 Cita de Isadora: «The boat was effervescent with champagne. We generally landed at four o'clock in the morning at Montreux» (*My Life*, págs. 336-337).

185 Paráfrasis de la frase con que termina la autobiografía de Isadora, que se prepara en Berlín para viajar a la recién nacida Unión Soviética: «Adieu, Old World! I would hail a New World» (*My Life*, pág. 376).

CARNAVAL EN EL SUR

Aguza el alto muro la declinante luz.
No es clemente la tierra para los hombres. Duele
el filo del espejo en lejanía. ¿Qué
no sosiega este ámbito donde el tiempo transcurre
como manan heridas en un viejo tapiz?
Viene la noche, fábula de lívidas doncellas,
fuego y plata, danzando yertas, círculo mágico,
condenado horizonte del esqueleto en llamas.
Duendes, elfos[186], el lobo erguido, el hechicero,
abrazo de las sombras
cuyos gozos son sangre. Para quien tema muerte
exterior a su pecho, aquí muros y armas
sosegarán su horror. Pero quien nutra
augurios y amenazas en su corazón, puede
inventar en lo oscuro su destino: guadañas,
lirios, plumas, arcángeles, fiesta de los sentidos:
no por nuestra, feliz, menos mortal.
Con las crines en llamas se despeña un corcel
y al fondo de la estancia el azul esplendente
fulge en el vidrio, y quema.
Geométrico trasluz de las esferas se alza
al extinguirse el eco de cada melodía.
Nada osa conturbar las invisibles órbitas
si no es el clavicémbalo[187],
que extiende perspectiva por el salón oscuro
de armónica violencia en peso y son medida.
Carrus navalis[188], justas, patíbulo, naumaquias[189],
¿todo el triunfo es ese, ser contemplado, cuerpo
ya ausente de la vida, mirto, laurel, exangües
torpes máscaras tintas en los seniles fastos,
las lágrimas, el vino?
Carni vale, festejo
de trenzar en el solo jardín de la memoria
los pasos de una triste zarabanda[190].

[186] *elfo*: en la mitología escandinava, se trata de un ser fabuloso o geniecillo de corta estatura que encarna el espíritu del aire.

[187] *clavicémbalo*: instrumento musical de cuerda y teclado, parecido al clavicordio.

[188] *Carrus navalis:* carro naval. Se considera, junto con el más tarde mencionado *carne vale* [i. e., ¡carne, adiós!] y con *carnem levare* [i. e., liberar la carne; *dominica ad carne levandas* llamó el papa Gregorio Magno al domingo anterior a la Cuaresma], como una de las posibles etimologías de la palabra «carnaval».

[189] *naumaquia*: juego y simulacro de batalla naval, ejecutado en un estanque rodeado de gradas para diversión del público que lo presencia.

[190] *zarabanda*: danza alegre y lasciva de los siglos XVI y XVII.

J'AI PRESQUE PEUR, EN VERITÉ[191]

Verlaine

Recuerdo aquellas horas
de suntuosidad preestablecida
en restaurantes caros (donde la carta tiene
el encanto oriental de una mala romanza),
discretos reservados mecidos por la música
a la luz de las velas, y un piano de cola
con todo el artilugio de la cocktelería
para el fácil halago
de esa emotividad lujosa y vana
que tan sabio es fingir.
Allí gocé
tanta quietud, las especiosidades
de la gastronomía
y la exquisita paz del decorado,
que al llegar a los postres —su dulce languidez,
muy similar al sentimiento artístico—,
teniendo muy presente
la bancarrota de mi primer amor,
no pude menos que intentar perderte,
por cierta inconsolable negligencia.

NOTAS

[191] Poema publicado por vez primera en *Peña Labra* 20 (1976). El título repite el de un poema del libro *La bonne chanson* (1870), de Paul Verlaine; en el caso del poeta francés, se trata de una declaración de amor ingenua y candorosa.

El sueño de Escipión[192] (1971)[193]

[192] *El sueño de Escipión* Madrid, Visor, 1971; 2.ª edición recogida en *Ensayo de una teoría de la visión. Poesía 1966-1977*, Madrid, Hiperión, 1979. Este libro fue inmediatamente considerado como «una de las reflexiones más inteligentes y profundas [...] sobre el acto de creación poética. Reflexión cuya validez reside en haberse integrado en el discurso multiplicando sus planos semánticos» (Icardo, «Guillermo Carnero»). *El sueño de Escipión* es el título con que se conoce la conclusión del libro *De Republica*, de Cicerón. A diferencia de lo ocurrido con *De Republica*, del que se tenían tan sólo referencias hasta que, en 1820, Angelo Mai encontró una copia del mismo en la Biblioteca Vaticana, *El Sueño* era conocido debido a la edición con comentario realizada por el anticuario Macrobio en el siglo IV de nuestra era. *El Sueño* ciceroniano narra la profecía de gloria que se le hace a Escipión Africano el Menor, futuro conquistador de Cartago y Numancia. Esta estructura narrativa, de base fantástica, sirve a Cicerón para introducir el tema principal: la inmortalidad es el galardón otorgado a los seres nobles y honorables que se han sacrificado en el servicio a la patria. Paralelamente, trata de la consecución del éxito y la virtud como resultado de dos causas alternativas: la Fortuna, o bien el Esfuerzo unido a la Constancia, tema al que Mozart dedicó la ópera *Il sogno di Scipione*, y que es la versión que interesa aquí al poeta, que entiende la inspiración poética como resultado de la fortuna y de la experiencia, viéndose el esfuerzo y la constancia reflejados en la técnica, en la conciencia del poeta y en la sabiduría artística. En este libro de Carnero la intelectualización del tema poético es patente desde el principio, al darnos el autor cuenta de sus materiales de trabajo, lo que aporta a la obra un distanciamiento que impide la exagerada expresión sentimental, que el poeta rechaza como forma no adecuada

para la expresión estética (*vid.* I. J. López, «Ironía, distancia», pág. 10). En este sentido, Bousoño señaló la ausencia de sentimentalismo en este libro (Bousoño, «La poesía de Guillermo Carnero», págs. 53-66; *vid.*, además, Debicki, *Historia de la poesía,* págs. 210-213). El origen del libro es, sin embargo, una experiencia amorosa. Según revela el autor, se escribió en Inglaterra, concretamente en Cambridge, donde había ido a huir de un fracaso amoroso. Sobre la experiencia que motiva este poema y la distinta reacción que ésta genera en un poeta de su promoción, Carnero ha manifestado lo siguiente: «Claro que si hubiera sido de otra generación hubiera podido resolverlo todo transcribiendo una serie de quejidos. Creo que tanto la imposibilidad generacional de escribir un libro de amor tradicionalmente entendido, como mi propio sentido de la ética, me llevaron a escribir *El sueño de Escipión* tal como salió, de lo que yo fui el primero en sorprenderme. El tema central del libro es el reconocimiento de la mezquindad constitutiva del escritor, que utiliza la cochambre de su propia experiencia para convertirla en poemas estéticamente bellos. Y ése es el tema de uno de los poemas de ese libro, que se titula *Erótica del marabú,* donde utilizo el marabú pájaro, que se alimenta de cadáveres y lleva en su cuerpo la pluma más preciada en alta costura, como símbolo de lo que hace el escritor al convertir su experiencia en lenguaje estéticamente bello» (Jover, «Nueve preguntas a Guillermo Carnero», pág. 151).

193 La primera edición incluía un motivo general —además de los citados a continuación de Biran, Boileau y Larbaud— de Roland Barthes, que decía: «¿Estará nuestra literatura condenada para siempre a esa agotadora oscilación entre el realismo político y el arte por el arte? ¿Es que no puede ocupar un lugar de equilibrio en este mundo?»; Barthes, «La respuesta de Kafka», *Ensayos críticos* (Barcelona, Seix Barral, 1967), pág. 167. En los años en que se publica este libro, Carnero frecuentó la lectura de la revista *Tel Quel*, y los textos del estructuralismo francés.

Il n'y a guère que les gens malsains qui se sentent exister.

MAINE DE BIRAN[194]

Aimez donc la Raison [...]
C'est peu d'être Poëte, il faut être amoureux.

BOILEAU[195]

Comme dans les dioramas des foires.

VALERY LARBAUD[196]

---

194 *Il n'y a guère que les gens malsains qui se sentent exister* [Únicamente se sienten vivas las personas malsanas]: texto procedente de un cuaderno de reflexiones en el que Maine de Biran comentó las *Confesiones* de Rousseau. François-Pierre-Gontier de Biran —el apodo «Maine» procede de unas tierras que pertenecían a su padre— (1766-1824), filósofo francés. De joven participó, como soldado, en la defensa de Versalles contra las turbas revolucionarias. Tras el triunfo de la Revolución Francesa y muerto Luis XVI, ocupó algunos cargos administrativos y escribió una serie de obras filosóficas entre las que destacan *La descomposición del pensamiento* (1805), *Percepción inmediata* (1807) y *Relaciones entre la física y la moral* (1814). Escribió, además, un importante *Diario íntimo*. El máximo interés de su obra está en la exploración de la psicología sensible, propia del momento romántico en que vivió.

195 Estos versos proceden del *Art Poétique* de Boileau: el primero es el verso 37 del canto I («*Aimez donc la raison*: que toujours vos écrits / empruntent d'elle seule et leur lustre et leur prix» [*Amad, pues, la razón*: que todos vuestros escritos / se inspiren en ella sola, y sea ésta su lustre y su valor]); el segundo, el verso 44 del canto II («Mais, pour bien exprimer ces caprices heureux, */ c'est peu d'être poète, il faut d'être amoureux*» [Pero, para expresar bien esos bellos caprichos / *de poco vale ser poeta, es preciso estar enamorado*]); Boileau, *Oeuvres* (París, Flammarion, 1969) vol. II, págs. 88 y 94.

196 Se cita el último verso de «Nuit dans le port», de *Poemas de A. O. Barnabooth*, que concluye así: «En attendant, je passerai cette nuit avec mon passé, / près de mon passé vu par un trou / comme dans les dioramas des foires» [Mientras tanto, pasaré esta noche con mi pasado, / junto a mi pasado visto por un agujero / como en los dioramas de las ferias]. *Diorama*: urna cerrada y con iluminación interior, utilizada en los parques de atracciones; mirando a través de un visor provisto de lentes podían contemplarse paisajes, marinas o escenas exóticas. Aún existían, en los años sesenta, en el parque barcelonés del Tibidabo, donde los vio el autor.

JARDÍN INGLÉS[197]

Disposición convencional
y materia vigente, acreditada
prosodia: ilustraciones
que es sabio intercalar tanto en la vida misma
como el discurso del poema. Darles
un ingrediente de ternura.
                                        Y la tristeza
(la sensación de culpa)
de hablar un arte viejo, con vocación escasa
para el triunfo; darles,
como en los dïoramas de las ferias,
un toque de inquietud: licor precioso
de la duda, pasión para los fuertes,
no este jardín estéril
y esta yerta estación, como su cielo fijo.

En la esterilidad
concilia la erosión a sus figuras
con la vicisitud de la memoria.
Las estatuas sugieren
un alma a este jardín, no su pasado mismo
sino la vaga realidad que me complace ahora
inventar en su honor, y la emoción poética,
más que de sabia precisión, da fe
de una cierta ignorancia convenida
a modo de verdad.
                                Y tierra muerta
más que desnuda aquí. Ni los senderos

menos que tierra.
Y el rodar los años
los oros de su pátina
como una injuria inútil sobre lo ya caído.
Los árboles sin savia y los cuerpos sin luz
dan en las alamedas ya borradas
al viento su rigor, y la inmortalidad
es patrimonio firme de lo muerto.
Así tu cuerpo fue[198]. Y recordarlo ahora
es un mundo sin eco, una ciudad vacía
donde sólo su carne
tuviera realidad, como esta tierra ausente,
y aun siendo en lejanía, como un mar escondido,
una gran amenaza.
Y su recuerdo vive.
En los rostros quebrados
en su mejor perfil, como el cincel
que levemente ulcera
la morbidez inerme de las pupilas vacuas
variando su herida como una cuerda única,
el espejo del limo,
la voz del hielo, la incisión del aire,
reclaman los desnudos,
alzado contra el mar y el cielo mate
el frío alfanje de su geometría,
un castigo perenne sobre su carne rígida
para mejor sentir: burlar la muerte,
aplazarla; buscar
el mal, y padecerlo. Eso fue amor entonces.
En el aire sin luz
dibujan las estatuas el pulso tembloroso
de labios que no besan y brazos que no oprimen
a brazos que no sienten, y miradas
sin pupila: querencia
más que el tiempo tenaz, no levantado
su dibujo de formas atezadas[199]
de deseo, al amparo y contra el soplo
de la caducidad, dibujo de la muerte,
y en su rigor, más que en la vida misma,

hay un signo de gloria.

En la esterilidad rutila aquello
que no ha sido: la humillación, el odio
que no han sido.
                                Terrazas
donde escuchar el viento, descifrar
la ausencia del color y de la forma,
la de un cuerpo sin fin, porque sin fin el odio
busca saciarse, y alza
la cabeza una vez
y otra vez, y es tan fuerte
cuanto reciente el tiempo
de su aniquilación; rutila el miedo
a sentirse vivir, y el humillante curso
de las horas.
                        Y llena
la oscuridad, cuando los cuerpos huelen
intensamente, la risotada plácida
de las cosas amigas.
En la esterilidad rutila el odio,
la indefensión, el miedo, que no han sido,
como la vida misma, una falta de gusto,
y su mejor historia.

En primer plano el cortinaje
de verdura, y siguiendo la elisión[200]
de los pocos colores, una huida ilusoria,
gradación de los tonos, apariencia
de perspectiva y de profundidad
como en la doble serie de planos sucesivos
los decorados de teatro.
Y a un lado de la tela una fachada simple,
de simétrico esquema; delicada armonía
de la fábrica[201] y la naturaleza,
y en la penumbra de un boscaje
unos cuerpos desnudos.
                                        Así el recuerdo ejerce
su innoble potestad: no rememora, elude,

y confiere el carisma de su tristeza vaga
a los días perdidos, que cobran en la ausencia
una serena lejanía.
En una atmósfera de paz
unos cuerpos desnudos; para darles relieve
un ligero vestido que no vele sus formas
ni ofenda su color: una mancha granate.
Y despliega el recuerdo su gran artillería
con los cinco colores de su figuración
relumbrando a compás: bello Libro de Horas[202]
hojeado al desgaire[203], siempre la misma página,
guijarros de zafiro, aguamarinas[204]
en un campo de oro, miradores
sobre un fondo de azur, vergel sin muros,
torres sin guarnecer, Ciudad Celeste.
Porque en cada milímetro
de piel una memoria
maquilla su ficción y en ella vive,
repinta su cadáver, atesora la inercia
de los fantasmas cotidianos,
convierte los recuerdos
en estampas piadosas, adecuadas
para dar nacimiento
a la ficción poética (¿Y no a la inversa acaso?)
Y los ojos, las manos,
cada palmo de piel atruena el aire
reclamando tu cuerpo; nada saben
de humillación, y sí de ausencia ahora.
Y su clamor parece
la más firme razón. La razón de la piel
y de los labios, cierta
contra la voluntad:
Tierra de Nadie.

Primeros días de Marzo en la paleta
de *Palma El Viejo*[205]... Ámbar
los campos de labor, o verde pálido
inundado de luz. Blanca la carne,
ingrávidas las formas,

irreal el color como una alegoría
(o quizás un retrato,
antes que el cuerpo olvide).
Y en la ficción del aire
y en su nítido trazo hay un signo de gloria.

NOTAS

197 Como indica Prieto, abundan entre los autores del 68 los espacios culturales cerrados que ya frecuentaron los autores barrocos y modernistas: «el *hortus conclusus* como concepción geométrica y claustral frente a la selva o la amplitud grandiosa de la naturaleza» (*Musa,* pág. 286). Lanz Rivera apuntó inicialmente como motivo de este poema la descripción ofrecida por Feijoo en el «Discurso XII» de su *Teatro Crítico Universal* (*La llama en el laberinto,* página 122, nota 24). Carnero, sin embargo, apunta otro posible origen en uno de sus ensayos filológicos, donde ofrece la imagen del jardín «como elemento sintomático del talante, la evolución y la diversidad de las culturas». E inmediatamente añade: «No en vano todo jardín es una imagen abreviada del mundo, y en su diseño está implícito un concepto del mundo y de la situación del hombre en el mundo. Una sociedad puede ser definida por sus jardines tanto como por su filosofía o su literatura [...] La nueva idea de la jardinería que aporta la segunda mitad del siglo XVIII está muy bien reflejada [...] [en la poesía de Jacques Delille, quien registra] el cambio de gusto que la segunda mitad del XVIII ha introducido en jardinería: la superación del modelo versallesco. En lugar de superficies planas, terreno irregular; bosquecillos de árboles intonsos en vez de setos recortados; arroyos y lagos, caminillos tortuosos y oscuros entre la vegetación, y no estanques y avenidas rectilíneas. Y junto a todo ello, puentecillos rústicos, cenotafios, ruinas artificiales, kioskos góticos o chinescos. En resumen, el jardín inglés en lugar del jardín francés» (G. Carnero, *La cara oscura del Siglo de las Luces,* págs. 98-100). Concebido como emblema de la sensibilidad o del talante poético, este texto habría de relacionarse con el poema «Los motivos del jardín», de *Divisibilidad indefinida,* inspirado en el de El Escorial. Sobre «Jardín inglés» Debicki indica: «Carnero invierte la relación normal entre tema y procedimiento, colocando éste por encima de aquél. La inversión se subraya mediante los contrastes entre el título realista del poema y la lenta meditación del hablante-poeta acerca del proceso de escribir, y entre la falta de detalles acerca del jardín y la profusión de imágenes que ilustran la obra del poeta. Todo esto nos hace sentir que el jardín no es más que un recurso para tratar otro tema. Pronto descubrimos que este jardín en efecto evoca en el hablante imágenes de un amor del pasado» (*Historia de la poesía,* pág. 211).

198 «El amor y el jardín comparten, sobre todo, un sentido de irrealidad, y la manera en que se han desvanecido para el hablante-poeta. Éste describe a ambos por medio de imágenes sin vida, pero que se relacionan con los procesos del arte. Tales descripciones lo llevan al mismo tema que ya hemos vis-

to en "Ávila": la conciencia de que el esfuerzo por transformar la vida humana en arte no puede eliminar los efectos destructivos del tiempo. Más adelante en el poema, la realidad recordada y contemplada se presenta como si fuera un cuadro. (Empezamos a preguntarnos si el referente pudiera ser no un jardín sino el *cuadro* del jardín.) De esta manera, el referente y el tema se subordinan al proceso de convertirlos en poesía» (Debicki, *Historia de la poesía,* págs. 211-212). En efecto, un buen conocedor del XVIII como Carnero ha tenido sin duda presentes los cuadros pintados por Hubert Robert (1733-1808), especialista en jardines «románticos» dieciochescos.

199 *atezadas*: tostadas, bronceadas, curtidas.

200 *elisión*: desvanecimiento.

201 *fábrica*: aquí en el sentido de edificio, decorado o construcción.

202 *Libro de Horas*: se trata del libro litúrgico que contiene las horas canónicas y los rezos rituales para las distintas horas del día. Se conservan algunos con espléndidas ilustraciones, a los cuales corresponde la sugerencia de este poema. También, aunque no haya aquí referencia a ello, *Libro de horas* es el título de una *plaquette* publicada por Carnero en 1967 en Málaga, en la Librería Anticuaria El Guadalhorce. La *plaquette* constaba de cuatro poemas, dos de los cuales —«Amanecer en Burgos» y «Atardecer en la pinacoteca»— pasaron más tarde a formar parte de *Dibujo de la muerte*.

203 *al desgaire*: con descuido, sin atención.

204 *aguamarina*: piedra preciosa trasparente, de color azul brillante, variedad del berilo.

205 *Palma el Viejo*: nombre con el que es conocido el pintor Jacobo de Antonio Negretti (1480-1528). El cuadro a que aquí se alude parece ser *Dama con flauta,* que puede ser retrato de una dama o una alegoría, y se fecha en torno a 1520; perteneció a la colección privada del Duque de Northumberland, y hoy se conserva en el Museo de Bellas Artes de Cambridge (Gran Bretaña).

PIERO DELLA FRANCESCA[206]

Con qué acuidad[207] su gestuario[208]
pone en fuga la luz, la verticalidad,
la insulación de las figuras vuelve dudoso el símbolo,
hace abstracción del aire, censura de la flora,
sucumben los jinetes
al vértigo del tacto con su brillo.
No hay llaga, sangre, hiel: no son premisa.
Dormición[209] de la sarga, crucifixión del lino;
última instancia del dolor celeste
angustia de la esfera, de los troncos de cono.
La geometría de los cuerpos
y la vaga insistencia de su enunciado único:
no hay hiel, la multitud
no es síntoma del mal, no es un signo del daño.

NOTAS

[206] Piero della Francesca (1416-1492), pintor italiano que es conocido también por los sobrenombres de *Il Benedetto* o *Piero Borghese*, por haber nacido en Borgo di San Pietro. Colaboró con Domingo Veneciano en los frescos de Santa María la Nueva. Retrató a Sigismondo Malatesta (cfr. *supra*, nota 163) y a Federico de Urbino y su esposa. En los últimos años de su vida, víctima de la ceguera e incapaz de pintar, escribió un tratado de pintura con el título *Tractatus de quinque corporibus*. Es pintor de gran hieratismo y aparente frialdad intelectual. Al aludir a este artista, el poema apunta a la expresión de las emociones con análogas características, actitud en apariencia contradictoria. Este poema mantiene estrecha relación con «Paestum», de *Variaciones y figuras*, y con «Eupalinos», de *El azar objetivo*. Sobre el lenguaje «frío», *vid.* Christie, págs. 103-104.

[207] *acuidad*: cualidad de agudo.

[208] *gestuario*: conjunto o sistema de gestos.

[209] *Dormición*: se llama Dormición o Tránsito de la Virgen a su muerte, un tema iconográfico propio del arte religioso medieval, especialmente en el ámbito de la Iglesia Oriental.

ELOGIO DE LINNEO[210]

El poder de una ciencia
no es conocer el mundo: dar orden al espíritu.
Formular con tersura
el arte magna de su léxico
en orden de combate: el repertorio mágico
de la nomenclatura y las categorías,
su tribunal preciso, inapelable prosa
bella como una máquina de guerra[211].
Y recorrer con método
los desvaríos de su lógica; si de pájaros hablo,
prestar más atención a las aves zancudas.

NOTAS

[210] Carlos de Linneo (1707-1778). Naturalista sueco cuyos libros sobre Botánica —*Sistema de la naturaleza* (1735), *Fundamentos de Botánica* (1736), *Géneros de las plantas* (1737), *Crítica Botánica* (1737) y *Clases de plantas*— revolucionaron el estudio y entendimiento de la ciencia, y establecieron el método tipológico como base de las clasificaciones científicas; su discípulo Löfling creó el Jardín Botánico del Paseo del Prado, en Madrid, por encargo del rey Fernando VII. Estamos en este caso ante un poema enigmático, fundamentado en los discursos científicos del siglo XVIII, que Prieto ha explicado en los siguientes términos: «No es el pretencioso empeño gnoseológico de "conocer el mundo", sino el más modesto y realizable de ordenarlo metodológicamente, lo que constituye "el poder de una ciencia". Disponer partes, determinar las relaciones entre ellas, percibir la estructura en que todo se pone en conexión con todo. El orden de este sistema taxonomista no excluye "los desvaríos de su lógica", que han de ser tenidos en cuenta: las "aves zancudas" son, ante todo, aves [como indicará el autor en el poema que sigue, «Erótica del marabú»]. Esa su especificidad podríamos decir que excéntrica (el ser zancudas) impide que se dé en ellas el conjunto de rasgos con que se forma el clisé (leves, aéreas, pequeñas). La alteración de lo esperable es, por otro lado, una forma retórica de desautomatización. Ésta tanto puede producirse por la atención prestada a los meandros y desvíos del sistema lógico, como por una alteración o desajuste en el tono de alguna parte del poema, o por ambas cosas a la vez» (*Musa*, pág. 61)

[211] Se trata de un verso de Jaime Gil de Biedma, procedente de su libro *Moralidades*: «Sólo por un instante / se destacan los dos a pleno sol / con los

trajes que he visto en las fotografías: / él examina un coche muchísimo más caro / —un Duesemberg *sport* con doble parabrisas, / *bello como una máquina de guerra*» (Gil de Biedma, *Las personas del verbo*, Barcelona, Seix Barral, 1985, pág. 79). Prieto señala esta cita de un verso de Gil de Biedma como ejemplo del juego intertextual que Carnero practica con los autores de la generación anterior, un juego intertextual que continúa el practicado previamente por éstos: «El juego de la intertextualidad que se da precisamente entre Barral y Gil de Biedma, se produce también entre ellos y Carnero. Pondré un ejemplo. El verso [...] "bella como una máquina de guerra", en referencia a la "inapelable prosa", copia el de Gil de Biedma [...] referido a un coche [...] de su poema "Barcelona ja no és bona, o mi paseo solitario en primavera" (*Moralidades*, 1966), que a su vez remite a [los versos] "el automóvil / anguloso y solemne como un acorazado", del poema de Barral "Sol de invierno"» (*Musa*, pág. 61, nota).

ERÓTICA DEL MARABÚ[212]

Mirad el marabú, el pájaro sagrado.
Escruta el devenir, busca marsupio[213]
en la tragedia,
degusta la carroña, picotea cucuyos[214],
cuando regresa al nido con el buche bien lleno
pliega las alas, VED el valioso plumón,
escruta el devenir, es el sagrado,
avizora[215] los ojos de las muertas,
los deglute, no es un animal tierno
y sin embargo véla[216] a la luz de su buche,
zancas de marabú, pico amarillo,
torpes inclinaciones olfatorias,
su digerir es una ontología,
plumas negruzcas, su plumonpoemas,
el valioso plumón para el aposteriori
y exhibiciones—de—las—damas.

NOTAS

[212] *marabú*: ave zancuda africana, que se alimenta de carroña y es considerada sagrada, y cuyas plumas se han usado como adorno en la vestimenta femenina. Sobre este poema Carnero ha indicado: «El tema central del libro es el reconocimiento de la mezquindad constitutiva del escritor, que utiliza la cochambre de su propia experiencia para convertirla en poemas estéticamente bellos. Y ése es el tema de [...] *Erótica del marabú*, donde utilizo al marabú pájaro, que se alimenta de cadáveres y lleva en su cuerpo la pluma más preciada en alta costura, como símbolo de lo que hace el escritor al convertir su experiencia en lenguaje estéticamente bello» (Jover, «Nueve preguntas a Guillermo Carnero», pág. 151; *vid.* además, Kruger-Robbins, *Frames of Referents,* págs. 54-56).

[213] *marsupio*: bolsa que tienen en la parte delantera del cuerpo algunos mamíferos llamados marsupiales, donde llevan a sus crías hasta que éstas completan su desarrollo.

[214] *cucuyos*: gusanos de luz.

[215] *avizorar*: escudriñar, mirar con intensidad.

[216] *véla*: imperativo de ver.

INEPTITUD DE ORFEO Y ALABANZA DE ALCESTE[217]

Nunca cupo virtud al traficante
que traslada sus males al espejo,
admira la pureza de esos seres segundos
y su diversidad taxonomiza[218].
Clame la beatitud de la matrona
que amó en silencio, no temió morir
y por Apolo resurrecta
volvió en carne mortal al viejo tálamo:
su inocencia rindió como un hábil negocio.
No así el poeta que sus versos ama,
aunque consiga en lo retrospectivo
posesión de su amada por el canto;
al no mirar atrás, cuanto en arte edifica
goza sólo dibujo de la muerta.

NOTAS

[217] Como habrá de ocurrir más tarde con «Cenicienta», y como había ocurrido anteriormente con «Muerte en Venecia», este poema mezcla historias distintas, pero de tema análogo. En este caso se trata de dos narraciones similares (i. e., la muerte de la esposa y su ulterior rescate), procedentes ambas de la mitología griega. Ambas narraciones o historias se mezclan en este caso con el fin de establecer una reflexión sobre la poesía. No pudiendo vivir sin su esposa Eurídice, Orfeo descendió a los infiernos con el fin de rescatarla. Plutón, complacido por la habilidad musical de Orfeo, accedió a devolvérsela con la condición de que éste caminara siempre delante de Eurídice y no volviera sus ojos para mirarla hasta que hubieran salido de las sombras. Incapaz de resistir el deseo de ver a su esposa, Orfeo volvió la cabeza y la imagen de Eurídice se desvaneció en las sombras. Tradicionalmente, el mito de Orfeo y Eurídice ha servido para representar la relación del poeta con su inspiración y, en concreto, la inhabilidad del poeta para aprehender el contenido de su inspiración en una forma adecuada. Sobre este tema, Marta Ferrari escribe: «la elección de Orfeo, encarnación mitológica de la figura del poeta, responde a la voluntad de postular una concepción del poeta [...] según la cual éste emerge como un fabulador de segundo grado [...] cuyo oficio consiste en parali-

zar y clasificar a través del discurso poético la dinámica variedad de lo real» (Ferrari, «Un espejo fragmentado», pág. 143). Alceste, o Alcestes, es la esposa de Admeto, que aceptó morir en lugar de éste. Los dioses, conmovidos ante la piedad de aquélla, la restituyeron a la vida. Para los griegos, Alcestes personifica el sacrificio conyugal. Al rechazar la pasión del «inepto» Orfeo y «alabar» en cambio la fidelidad doméstica de Alceste, el poeta vuelve una vez más sobre el tema de la frialdad intelectual en el trato de las emociones, como vimos en el poema «Piero della Francesca» *(vid.* nota 206); también el poema siguiente, «Cannonball Adderley...», ha de volver sobre este tema.

[218] *taxonomizar*: clasificar, catalogar.

CANNONBALL ADDERLEY[219] CONQUISTA EL POLO SUR

Ciudad sin eco,
sólo dos labios mudos ulceran tu blancura
en los altos cristales donde no late el viento
ni rasga el rayo el aire
ni presagian aristas la tormenta,
ni sabe el horizonte en qué cono de nácar
pliega sus alas muertas la negrura.
Ciudad sin nombre, vaca[220]
el polvo estéril sobre el espejo impar de tu planicie,
diamante a la deriva que no pesa ni ultraja
la perspectiva incólume,
premonición tenaz de tu silencio.

Y
la llama no se agita,
es sólo un hilo de color que hiende
la planicie de hielo.
Lejos de aquí la sangre, los sonidos,
lejos la risa hueca del cráneo coronado, la máscara de amor
del maniquí de mimbre,
la lengua del ventrílocuo sangrienta navegando las aguas del
espejo,
lejos de aquí la araña con su hilo,
el runrún acerado de los bellos juguetes.
Ciudad sin eco,
sólo dos labios fríos laceran sin temblar
su carne sin color sobre las altas nieves,
destilan en silencio la sangre trasparente
que inmacula[221] lentísima
la vacuidad del tiempo detenido.
Ciudad sin eco,
nada sustenta o rige
la exacta profusión de tus esferas

ni hay arena que cruja
en la pureza muda de tu espacio.
Sólo dos labios mudos
rutilan en la altura como estrellas extintas,
erigen
en el duro fulgor del plenilunio
la inerte floración de sus pestañas.

NOTAS

[219] Julian Adderley, alias Cannonball, saxofonista y director de orquesta estadounidense, nacido en Tampa (estado de Florida) en 1928, y muerto en Gary (estado de Indiana) en 1975. Alcanzó gran popularidad con su banda, y al disolverse ésta pasó a formar parte del grupo de Miles Davis. El poema mezcla el jazz (indicio de «calor») y el Polo Sur (i. e., «frío») para lograr esa emoción fría de que ya se ocupó el autor en el poema «Piero della Francesca» (*vid.* nota 206). Por otra parte, otros elementos de este poema —ciudad sin eco, ciudad sin nombre, ciudad vacía, maniquí de mimbre— emparentarían con la sensación de angustia, soledad y daño inminente que fueran sugeridos en las alusiones al mundo pictórico de Chirico en el poema «Plaza de Italia» (*vid.* nota 124).

[220] *vacar*: estar vacante.

[221] *inmacula*: neologismo, aquí usado en el sentido de no manchar, no macular.

CHAGRIN D'AMOUR, PRINCIPE D'OEUVRE D'ART[222]

Le plus triste des alchimistes.

BAUDELAIRE[223]

Así tu cuerpo fue[224] como resume
nuestra pupila el mundo: la imagen delicada
de la belleza basta
para hacernos sentir, y la pintura
de la propia desdicha.
Y la felicidad no tiene historia.
Pero en la ciudad vive: cada calle
es un recuerdo que salvar,
la acuarela del cielo en los días de lluvia
y otras banalidades de filiación diversa
que son felicidad.
Hay colores o músicas
que llevan hacia noches en que el calor de un cuerpo
era toda razón; motivo ahora
de construcción poética[225], entonces estaciones
de una cierta ignorancia convenida
para mejor fingir que sólo cuerpos
tuvieran realidad: en resumidas cuentas
para mejor vivir,
pero no sin ficción.
Es cada calle
recorrer la ciudad como tenderse entonces
al lado de tu cuerpo. En las noches, inmensa,
reluce en lejanía. De nuevo oigo su voz
poco a poco apagándose hacia el amanecer.
Volver a visitarla en un hotel furtivo
y barato, y saberla
dispuesta a despertar a una palabra.

Banalidad sin duda
y humildad de vivir: una falta de gusto[226].

Estéril todavía más que la dicha misma acaso
este poema. Imaginarla
con la mirada lúcida del constructor de frases,
perseguir la anuencia de memoria, dicción
y pensamiento
y tener la impudicia de escribirla: bastardos
los gozos del poeta[227], como su diosa misma.
Y todos son preciosos para volver a ella.
La palabra es un don[228]
para quien nada siente, le asegura
la existencia de un orden,
el derecho de asilo. Porque él ni mira el mundo
ni lo advierte, y sus ojos
no son más que un espejo al que conmueve
una corporeidad de formas puras:
sus goces son la muerte, la renuncia
anticipada asiste a su pupila
con un halo de ausencia, y su deseo
tiene toda la pompa de las causas perdidas:
extremo de elegancia
y de temor. *Et solus iste sapit*[*][229].
Porque el amor nos salva: no haber vivido en vano.
No haber envejecido cuando la noche acaba
ida como sus músicas, darnos como el poema
la razón de estar vivos.
Y gracias al poema
te llamamos amor. Si no, qué llamaríamos
a tu dudoso hechizo,
siempre el poema definiendo
el monótono encuentro con las sábanas sucias,
propiciando sutiles
especies de flaqueza,
ennobleciendo la común astucia

---

[*] De Marsilio Ficino sobre el estar de Tiresias en los Infiernos. *Teología Platónica de la Inmortalidad de las Almas,* Libro XIV, capítulo VII. (N. del A.)

que nos devuelve el mundo, y hasta nos proporciona
razón para crear. Devuelta la palabra
a la palabra, es el momento
en que gotea el agua sobre la piel mordida
y se entibia el encanto: un tranquilo deseo
vertido al ejercicio
de la función poética, y la razón más firme
para empezar de nuevo,
anhelar el hallazgo de la palabra escrita
desde un cuerpo.
¡Y preténdenle
*quitar la elocución!** [230]
Gracias a un cuerpo
apetecer el mundo, y gracias al dolor
(preferimos nombrarlo con más delicadeza)
recobrar el dominio
de la palabra, el alma
de las cosas[231].
Mirar
con gratitud inconfesable
el desenlace de la historia
porque su esencia es noble; y más, es decorosa
esa contemplación entre doliente
y resignada, de antemano
prevista, que resume
tanta sabiduría; y como el arte, santa.
Amor, poema, una ciudad por ti
es un mundo, una justa
coloración del alba;
es familiar el brillo de su asfalto
y sus calles amigas.
La palabra es un don, y sus goces bastardos
me dan razón de ti, son tu mejor herencia.
Pero no sin ficción.

* Luis Carrillo y Sotomayor, *Libro de la Erudición Poética.* (N. del A.)

[222] En *Veinte años de poesía española, 1939-1959* (Barcelona, Seix Barral, 1960), Castellet había sugerido que los orígenes de la poesía contemporánea se remontan a los inicios del movimiento simbolista del XIX, pero este movimiento, habiendo adoptado una actitud conformista ante los hechos sociales, había sido desplazado en el siglo XX por el realismo en poesía: «si la poesía de tradición simbolista y la de actitud realista se oponen radicalmente entre sí, es porque son, históricamente, dos movimientos literarios representativos de dos épocas distintas, una de las cuales, con vigor ascendente, liquida y sustituye a la otra, en decadencia» (pág. 35). El desdén y, en ocasiones, el abierto desprecio por el Simbolismo llegó a ser un sentimiento general entre los autores realistas de postguerra, como ilustra un conocido pasaje del capítulo II de *La colmena* (1951) de Cela, en el que se lee: «Rubén, Mallarmé, sobre todo Mallarmé [...] ¡Qué porquería!» (ed. de Raquel Asún, Madrid, Castalia, 1990, pág. 185). Para los novísimos, que rechazan el realismo y su tendencia más representativa en poesía, la poesía social, la reivindicación de los grandes maestros simbolistas, como Baudelaire y Mallarmé en el caso de Carnero, o Rubén Darío en el caso de Gimferrer, se convierte en un rasgo identificador, como ya indicara, en los albores del movimiento, otro novísimo, Vicente Molina Foix, al reseñar *Dibujo de la muerte* («Guillermo Carnero, *Dibujo de la muerte*», pág. 234). Las referencias a Baudelaire en Carnero son indicativas de este cambio de actitud respecto a la herencia simbolista. En su poesía existe un interés manifiesto por todos los simbolistas franceses, y se encuentran referencias, alusiones a, o citas de Paul Verlaine («J'ai presque peur, en vérité»), Jules Laforgue («El sueño de Escipión»), Charles Baudelaire («Puisque réalisme il y a» de *Variaciones*; «Le grand jeu» de *Ensayo*), Stéphane Mallarmé («El sueño de Escipión»; «Le grand jeu» de *Ensayo*) y Paul Valéry («Eupalinos» de *El azar objetivo*). Sobre Baudelaire, *vid.* notas 41, 166, 177, 228, 334 y 401.

[223] Verso procedente del soneto «Alquimia del dolor» de *Las flores del mal* baudelairianas, cuyo segundo cuarteto dice: «Hermès inconnu qui m'assistes / et qui toujours m'intimidas, / tu me rends l'égal de Midas, / *le plus triste des alchimistes*» [Desconocido Hermes que me asistes / y que siempre me intimidaste, / tú me haces igual a Midas, / *el más triste de los alquimistas*].

[224] Verso 33 del poema «Jardín inglés».

[225] «La construcción de *El sueño de Escipión* [...] parece girar en torno a un interrogante: ¿cómo transformar la experiencia en lenguaje? En varios poemas del libro el ejercicio de la memoria aparece como mecanismo activador de la creación poética; sin embargo, ese pasado recuperado en la palabra, lejos de captar la esencia de lo real y lejos también de revivir esa experiencia, se transforma en materia inerte disecada por el lenguaje. —*Hay colores o músicas / que llevan hacia noches en que el calor de un cuerpo / era toda razón: motivo ahora / de construcción poética*—. La poesía es entendida como un producto artificialmente constituido; el poeta será el "constructor de frases". Esta noción del poeta y del poema se vincula directamente con la idea del poeta como

"alquimista" y de la poesía como alquimia. Si la poesía es entendida como el arte de transmutar lo vivo en otra cosa, de convertir lo real en materia poética, el poema será el producto resultante de múltiples operaciones combinatorias. Se trataría a la vez, de una concepción metonímica del arte poética, entendida la "metonimia" en el sentido tradicional de "sustitución"» (Ferrari, «Un espejo fragmentado», pág. 143); sobre la poesía como alquimia, *vid. supra,* nota 223; sobre la metonimia, *vid.* nota 150; sobre el lenguaje como sustitución, y su incapacidad para aprehender el objeto que refiere, *vid.* César Simón, quien, comentando la poesía de Carnero, indicaba que «los goces de la palabra son bastardos y el poema es estéril pues lo único que asegura es la existencia de un orden, pero no el acceso a la realidad» («Fracaso y triunfo del lenguaje en Guillermo Carnero», pág. 252); *vid.*, además, Bousoño, «La poesía de Guillermo Carnero», págs. 56-59, y, sobre el mismo tema, I. J. López, «Metapoesía en Guillermo Carnero», págs. 37-55. También Christie, págs. 167-170.

226 *una falta de gusto.* Creo que se trata de una cita del conde Auguste Villiers de l'Isle-Adams quien, despreciando las peripecias reales como fuente del arte, en algún momento manifestó que la vida es algo tan vulgar y rutinario que habría que dejársela exclusivamente a los criados. En este poema, de tema amoroso, se apela a las servidumbres que impone el amor, servidumbre que Gil de Biedma considera también en su poema «Contra Jaime Gil de Biedma» en los versos: «Oh innoble servidumbre de amar seres humanos, / y la más innoble, / que es amarse a sí mismo»; J. Gil de Biedma, *Las personas de verbo* (Barcelona, Seix Barral, 1985), pág. 146.

227 Título de un cuadro de 1913 de Giorgio de Chirico *(vid.* nota 124).

228 Tema que reaparece en el poema «Discurso de la servidumbre voluntaria» de *Ensayo de una teoría de la visión,* donde se esclarece el origen de estos versos, procedentes de Baudelaire y Mallarmé: «Me concedes el barro / en que reside el don de la palabra / Tu me donnes ta boue / jeune fille qui apporte le miroir» *(vid.* nota 401). Puede muy bien ocurrir que la «servidumbre» enunciada por Gil de Biedma, mencionada anteriormente, haya sido remitida por Carnero a su origen en los maestros de la poesía simbolista francesa.

229 Se ha mencionado repetidamente, al hablar del culturalismo *(vid.* nota 150) como rasgo característico de la poesía novísima, que éste se manifiesta en la alusión a textos oscuros o a artistas olvidados, y en la exhibición de textos con citas incluidas. Si, como ha indicado el poeta hasta aquí, el poema se ha de elaborar o concebir y considerar con el rigor de una ciencia, la cita cuasi-ensayística es uno de los requisitos posibles de la misma. Al mencionar el autor y el texto en que se origina el discurso, dicha cita busca fundar el poema en una autoridad análoga a la que el discurso filológico recaba en sus fuentes. Como se dice en el poema «Giovanni Battista Piranesi» (*Variaciones*), un lector desprevenido o un crítico malicioso creerían que el genio puede llegar a perecer «bajo el peso de la bibliografía», y el poeta puede acabar practicando una «arqueología». Marsilio Ficino es un filósofo florentino del Renacimiento (1433-1499); protegido de los Médicis, tradujo los *Diálogos* de Platón y creó la Academia Platónica de Florencia en la quinta de Careggi.

Tiresias: legendario adivino ciego de la mitología griega.

230 El escritor barroco español Luis Carrillo y Sotomayor (¿1585?-1610) dirige su *Libro de la Erudición Poética* contra quienes pretenden hacer una poesía sin elaboración ni ornato, escribiendo: «Deste género de escribir, pues, ha

habido hombres tan enemigos del derecho camino, o tan persuadidos (que es lo menos cierto) ser el verdadero el suyo, que a esta poesía pretendan robarle (como digo) todo el arreo de su persona, sin el cual (¡vergonzosa cosa, y poco casta!) parecerían las Musas tan deshonestas en sí, a los ojos de todos tan desnudas, pues no podrían huir. ¡Oh nota de poca vergüenza o de mucha barbarie! *Preténdenle*, pues, *quitar la elocución*, que es desnudallas; mas no me espanto, pues desnudez de personas acostumbradas a vestir bien sirve de capa (a lo menos lo pretenden) a su ignorancia» (Madrid, Castalia, 1990), pág. 328.

[231] El concepto de «alma de las cosas» y sus derivados corresponden a la estética y psicología del Simbolismo, originándose en el soneto «Correspondances» de *Les fleurs du mal* de Baudelaire, de donde pasarán al Modernismo español e hispanoamericano. Los usó Rubén Darío en «Catulo Mendez. Parnasianos y decadentes» (1888), «D'Annunzio» (1894), y en los versos 51-58 de «Coloquio de los centauros» de *Prosas profanas* (1896); Manuel Díaz Rodríguez en «Paréntesis modernista» (1907); Amado Nervo en «El Modernismo» (1907); Valle-Inclán en el poema «Ave serafín» de *Aromas de leyenda* (1907); Azorín en el artículo «Un poeta», en el que se lee: «Yo no sé si las cosas tienen alma, como pretenden los grandes artistas, Verlaine, Maeterlinck, Rodenbach; lo que sí sé es que hay instantes en la vida de todos los días, hay momentos en la prosa diaria en que es tal el estado de nuestro espíritu, que hablan o cantan, gimen o lloran las cosas que nos rodean» (*El Progreso*, 5-III-1898, recogido en Azorín, *Artículos olvidados (1894-1904)*, ed. José M.ª Valverde, Madrid, Narcea, 1972, págs. 152-156). Llegó a ser, en fin, tópico de la crítica literaria contemporánea del Modernismo, a la hora de caracterizar dicho movimiento, como demuestra el texto «¿Qué es el Modernismo?» de José Deleito y Piñuela, donde se lee: «Pronto de esa revolucionaria falange se destacaron los simbolistas, principales campeones del modernismo literario, quienes dan a la vida un sentido oculto, inaccesible a los observadores vulgares, y, abstrayéndose de lo aparente y superficial, aspiran a descubrir el *alma de las cosas*, haciendo vibrar al unísono con ella su alma propia, unidas ambas por misteriosa correlación» (*Gente vieja*, 1902).

INVESTIGACIÓN DE UNA DOBLE METONIMIA[232]

Quien concibió la gloria de estos muros
amaba más la vida.
La elevación del cerro
revela y rige la función del lago:
invertir las imágenes y su apariencia plácida.
El negro nigromante[233] al umbral de la gruta,
el eremita, la sombra de Quirón[234]
acordando su andar como se ignoran.
Del otro lado la concreta estampa
sin la indulgencia de la alegoría
pero más esplendor; los encajes del hierro,
el jardincillo de los Conciertos Sacros,
la tenue batahola[235] de la máquina hidráulica,
que suenan para ti.
La música distante
las risas y el sudor y la reyerta
nunca serán tu historia
y suenan para ti.
Tu sangre crece
no en la persecución, por su relato,
y así desdices sombras que sin tú conocerlas
habitan ante ti, no su despojo
que despierta tu carne.
Y hasta inventas
para asirlas extremos
de precisa dicción, es tu literatura
no menos conocida, perseguidor de sombras,
retórico brillante
en tu recinto oscuro.
Y tuvo libertad.

[232] Respondiendo a preguntas de Joaquín González Muela, Carnero ha dado información detallada sobre este poema. Dice el autor: «El poema que se llama "Investigación de una doble metonimia" sí que remite a una concreta obra de arte: la llamada impropiamente *Las almas del Purgatorio*, de Giovanni Bellini, cuadro cuyo verdadero asunto es la pluralidad de caminos para acceder al conocimiento: la inocencia, la piedad, el martirio por la fe, la ciencia y la filosofía, y las artes mágicas. Ahí están, pues, el nigromante, el eremita y el sabio y preceptor centauro Quirón. —Uso "metonimia" en el sentido más clásico de sustitución, y de las posibles acepciones me interesa ésta para ejemplificar el sentido del poema, desde el cual las metonimias son dos: una la sustitución de la vida real por la *consideración* de la misma; otra, la de la experiencia de esa consideración por la experiencia literaria, que se vuelve así una metalectura de la vida real; en el conocimiento está implícita la interposición de barreras entre el escritor y la realidad, y por eso empieza el poema con la exposición de la gama de formas de conocer que establecía la filosofía del Renacimiento. De ahí que no haga falta referirse al cuadro de Bellini, ya que con el eremita, Quirón y el nigromante se alude a ello» (cit. en J. González Muela, «Dos poemas de Guillermo Carnero», pág. 87; *vid.* Kruger-Robbins, *Frames of Referents,* págs. 56-60).

[233] *nigromante* : el que trata de adivinar el futuro invocando a los muertos.

[234] Quirón fue el más noble de los centauros. Fue maestro de Aquiles y Esculapio, y por su sabiduría le fue concedido el don de la inmortalidad. En la boda de los Lápitas, cuando los centauros excitados por el vino quisieron raptar a la novia, Quirón —que no participaba en el asalto— resultó herido por una flecha envenenada. Siendo inmortal, se vio condenado a sufrir sin remisión. Zeus, apiadado de su sufrimiento, lo lanzó con su arco a las estrellas, donde forma la constelación de Sagitario. En el arte del Renacimiento y del Barroco se lo representa para alegorizar el esfuerzo y la disciplina exigidos para llevar a cabo toda labor intelectual.

[235] *batahola*: estrépito producido por el golpear de metales.

RODÉANOS DE RÁPIDOS DESNUDOS[236]

I

La sucesividad
pone en ruina el ámbito en el que el sexo enciende
la lasitud[237] de su clepsidra[238]
y exalta su perfil, no lo erosiona
ni lo detiene, sí lo multiplica[239]
para la deserción de la memoria.
Y así el retorno del dibujo
es fuga del color, su recurrir
para ausencia y ficción, como su eco;
un haz de inecuaciones[240] es el perfil de Apolo,
escritura o deseo: escoger un lenguaje
con que nunca nombrar: su función íntima

II

que truecan los desnudos. Admira su sudor,
acoge la enseñanza de su mueca
y sus mejillas lívidas, el rojo
de su túnica, su babear, sus crótalos[241];
admira su conjuro antes que huyan
dejándonos en límpidas bandejas
los dones del hechizo,
a ocultarse en el marco
de las litografías, añadir su silencio
al resplandor del hilo:
aimons-y la naissance des désirs liquides[242].

NOTAS

[236] El título alude al cuadro *Le roi et la reine entourés de nus vites* [El rey y la reina rodeados de rápidos desnudos], del pintor vanguardista francés Marcel Duchamp (1887-1968).

[237] *lasitud*: dejadez, falta de energía, cansancio.

[238] *clepsidra*: reloj de agua.

[239] Alusión a la representación del movimiento, por Duchamp y por los pintores futuristas, mediante la superposición de perfiles en la dirección de avance, según la técnica cronofotográfica de Étienne-Jules Marey (1830-1904); *vid.* G. Carnero, *Las armas abisinias*, págs. 84-111.

[240] *inecuaciones*: aquella ecuaciones que, a diferencia de las clásicas, establecen la no igualdad entre sus dos miembros.

[241] *crótalo*: especie de castañuela que usaban los sacerdotes de la diosa Cibeles.

[242] El verso alude al cuadro *Nacimiento de los deseos líquidos*, del pintor surrealista español Salvador Dalí.

ODA A TEODORO, BARÓN NEUHOF (1694-1757), REY DE CÓRCEGA[243]

Después de siete meses de reinado
y la cárcel en Londres salió —para morir—
por suscripción benéfica y Roberto Walpole[244]
el año mismo del *Enquiry*,
sin conocer la fórmula del síndrome de amor
y en él la vaciedad de su vocación bélica:
Al tener a la vista lo que produce amor
se siguen en el cuerpo los efectos siguientes.
La cabeza se inclina un poco a un lado,
los párpados entornan más de lo habitual,
muévese la pupila hacia el objeto,
se respira despacio, con suspiros graves;
la consecuencia todo de un estado interior
de languidez y de ternura,
en proporción al grado de belleza
y sensibilidad del que la viere[*245].

---

* Traduzco libremente de Edmund Burke: *Philosohical Enquiry...*, sexta edición, Londres, 1770, parte IV, sección XIX, pág. 204. (N. del A.)

NOTAS

243 Teodoro Neuhof (o Neuhoff), aventurero alemán que se exilió en Francia y, más tarde, en Suecia, España (donde fue protegido del primer ministro Riperdá) y Florencia. En esta ciudad colaboró con los exilados corsos, proyectando la creación del reino de Córcega. Fue elegido rey por los insurgentes corsos el 15 de abril de 1736. Pero, atacado por los genoveses, se vio obligado a huir de la isla el 13 de noviembre de 1738. Buscó refugio en Londres, ciudad en la que fue encarcelado por deudas y en la que murió el 11 de diciembre de 1756. La fecha de 1757 que se cita en el título del poema no corresponde a la muerte de Neuhof, aunque así se diga con el fin de hacer coincidir ésta con la publicación de la primera edición del *Philosophical Enquiry* de Burke.

244 Político inglés (1676-1745), varias veces ministro, y padre del célebre Horace Walpole, iniciador de la novela gótica con *The castle of Otranto*.

[245] *A Philosophical Enquiry into the Origin of our Ideas of the Sublime and the Beautiful* [Una investigación filosófica sobre el origen de nuestras ideas de lo sublime y lo bello (escrito en 1756; publicado en 1757)]. Siguiendo las ideas del sensualismo inglés, Edmund Burke defiende en este libro la emancipación del sentimiento y del instinto contra la razón, postulando ideas de orden y belleza en la irregularidad natural. En la historia de la estética, se señala este libro como obra clave de la evolución del clasicismo de comienzos del XVIII al gusto romántico de los últimos años del siglo, pues en él Burke defiende la tesis de que las emociones dolorosas y terroríficas son superiores a las placenteras, y más intensas que ellas (*vid.* nota 1).

HISTERIA
DE LOS ESTEREODOXOS ESPAÑOLES[246]

No está fijada la tipología[247]
de su zapa[248], ni el modo de llegar
a extraer paradigmas de su empeño,
pero es un acicate su ternura
y su minar, tundir[249], el sabotaje
con que resueltamente lloran,
diseñan esqueletos en almíbar
por no incurrir en la usual cantárida[250],
escogitan[251] difuntos en estado
de putrefacción cíclica
(por amor al contexto de la carne
huyeron de la trampa de lo sólido).
Cuestionen las muchachas licuables
el torneado ardid de su cadera:
están poniendo en duda la esencia del volumen.

NOTAS

[246] Se trata, obviamente, de una parodia del título *Historia de los heterodoxos españoles,* obra clave del dogmatismo reaccionario del XIX español, escrita por Marcelino Menéndez Pelayo. En el título del poema se crea el neologismo «estereodoxo», esto es, el que tiene opinión o doctrina sobre el volumen; *vid.* el último verso del poema.

[247] *tipología*: rasgos característicos.

[248] *zapa*: acción de cavar y socavar.

[249] *tundir*: batir, golpear.

[250] *cantárida*: coleóptero de color verde brillante; aplicado en emplasto es un violento vesicante y se le supone también un efecto afrodisíaco.

[251] *escogitar*: concebir intelectualmente.

LAS RUINAS DE DISNEYLANDIA

Muchachita taimada (tan sin malicia) entonces,
propensa sólo a nuestros juegos lúgubres[252]
por entusiasmo de recién conversa,
¿quién te reprocharía tu sumisión, no honrosa
a fin de cuentas, al *glamour*[253]
del boyante cadáver exquisito[254]
a quien todos sin duda hemos amado
alguna vez?
O aquella
manía de extricar[255] —la calavera lúbrica
de Man Ray[256] mascullando entre tus senos
WAS IST DADA? WAS IST DADA? WAS IST DADA?[257]—
la quintúplice[258] forma de la vírgula[259].
Así pasamos muchas noches
caminando sin rumbo
por la arista sin fin de las palabras.

NOTAS

[252] Alusión al cuadro *El juego lúgubre* de Salvador Dalí.

[253] *glamour*: (galicismo) seducción, encanto.

[254] *cadáver exquisito*: juego y procedimiento de escritura o dibujo colectivos practicado por dadaístas y surrealistas. Consistía en doblar una hoja en tantas franjas como participantes; cada uno escribía una frase o realizaba un dibujo, y tras plegar la hoja para ocultar la franja escrita o dibujada, la pasaba al siguiente, que repetía la operación. El resultado, al desplegarse finalmente dicha hoja, tenía un significado imprevisible y sorprendente, debido al azar, pero susceptible de ser irracionalmente descifrado.

[255] *extricar*: neologismo formado sobre la base de «inextricable» (intrincado, oscuro).

[256] Man Ray (1890-1976), pintor y fotógrafo norteamericano. Amigo de Marcel Duchamp (*vid.* notas 239 y 242) y de Francis Picabia, su obra evolucionó del Dadaísmo al Surrealismo.

[257] *Was Ist Dada?* [¿Qué es Dadá?], consigna que aparece en los carteles propagandísticos y en los manifiestos de los dadaístas.

[258] *quintúplice*: quíntuple o de cinco clases.

[259] *vírgula*: (galicismo, fr. virgule) coma (signo de puntuación).

CENICIENTA[260]

Esta dama ironiza
en las implicaciones de su beso.
Huella el patio de armas con el Príncipe Azul,
y al ingeniar fruición
lo escuchamos croar en su inquieto regazo.
Y si ella es portadora del hechizo,
¿dónde hallar escarpín para su zarpa?

NOTAS

260 Se trata de la fusión de tres cuentos de los hermanos Grimm: el de la Bella Durmiente, el de la Cenicienta y el del Príncipe Rana. Como ya fuera indicado con anterioridad *(vid.* notas 44 y 217), el poema combina narraciones diferentes, pero de origen o tema análogo. El resultado en este caso es un poema de sátira antifemenina en el que el hombre sufre las consecuencias de su relación con la mujer debido a su dependencia sexual o, como indiqué más arriba, debido a su «servidumbre» *(vid.* notas 226 y 228). La Cenicienta representa a la fregona y, por extensión, a la mujer despreciada y marginada, que asciende socialmente al conseguir el amor de un hombre. Como se sabe, es reconocida por el príncipe al encajar su pie en el escarpín que abandonó en el baile en que ambos se conocieron, y del que aquélla tuvo que huir al dar las doce. La Bella Durmiente, que se ha pinchado con un huso y ha sangrado —lo que según Bettelheim representa la menstruación primera o la pérdida de la virginidad—, es devuelta a la vida por el beso del Príncipe Azul, esto es, también por el amor de un hombre; *vid.* Bruno Bettelheim, *The uses of enchantment. The meaning and importance of fairy tales* (Nueva York, A. Knopf, 1976), págs. 233-235. En el poema la combinación Bella Durmiente + Cenicienta convierte al Príncipe Azul en rana (de ahí que «croe» en el verso 5), al hacer el amor con él (i. e., al «ingeniar fruición»), invirtiendo el argumento del cuento. Frente a la Dama idealizada de la poesía renacentista o romántica, Carnero ofrece la imagen de una dama-fiera que aniquila al hombre, y cuyo pie se ha convertido en zarpa para la que no parece posible encontrar un escarpín que la transforme en ser ideal.

ODA A ALGERNON CHARLES SWIMBURNE[261]

Ocupa este poeta tan lúcido y francés
un lugar relevante
en el flagelantismo victoriano[262].
Se cita a sus expensas una conspiración
de profesores y eclesiásticos,
consecución de una gimnasta
preciada por lo terco de su músculo
y la erotología de sus usos verbales;
el poeta, sumido en la alquimia del verbo[263],
no se avino a gustar. Luego Mazzini[264]
logró aturdir por breve tiempo
el plácido miraje[265] de sus aves andinas.
Aplaudamos la norma; si bien irrealizada
en el discurso del poema
la necesaria síntesis, tuvo al menos acierto
al rechazar vicios contrarios
y repetir conspicuo en sus últimos días:
«No me atañe el amor de esa membruda
ni seré bardo de la nueva Italia.»

NOTAS

[261] Algernon Charles Swimburne (1837-1909), poeta inglés cercano al movimiento prerrafaelista de Dante Gabriel Rossetti. La publicación de su libro *Poesía y baladas* (1866, reeditado en 1878 y 1889) escandalizó al mundo victoriano inglés por su feroz republicanismo y por la defensa que el poeta hace de una sexualidad no conformista.

[262] *flagelantismo*: práctica sexual también conocida como «le vice anglais» [el vicio inglés], que se suele identificar con el período victoriano inglés, y que consiste en azotar las nalgas para facilitar la erección y propiciar el orgasmo. Sobre Swinburne y el «vicio inglés» como indicios del decadentismo de fin de siglo, es indispensable consultar el capítulo IV y el apéndice del libro de Mario Praz, *La carne, la morte e il diavolo nella letteratura romantica* (Milán, Società La Cultura Nuova, [1930]).

victoriano: correspondiente al período de Victoria I (1809-1901) de Inglaterra, proclamada reina en 1837 y emperatriz en 1877; también se alude a la rígida moral pública en este período.

[263] Título de uno de los pasajes, en verso y prosa, de *Une saison en enfer* de Arthur Rimbaud (1854-1891).

[264] Giuseppe Mazzini (1805-1872), patriota y revolucionario italiano que luchó contra la ocupación de Italia por los austriacos. Vivió exilado en Francia, Suiza e Inglaterra, e intentó ganar a Swinburne para su causa. Escribió *Fe y porvenir* (1835) y *Los deberes del hombre* (1837). Su epistolario es, como recuerda Unamuno en *Cómo se hace una novela*, manifestación de un espíritu romántico agitado y en constante lucha consigo mismo.

[265] *miraje*: (galicismo; fr. mirage) espejismo.

EL SUEÑO DE ESCIPIÓN[266]

I

Preguntado Laforgue[267] por el ser del poema:
«Ni moi ni mon art, Monsieur»[268].
Lo que supone,
igual que sus sarcasmos sobre el claro de luna,
hace superflua la charla de Polonio,
exacto sobre el Príncipe *(Though this be madness*
there is method in it)[269].
No erraba el cadencista[270]
aun incurriendo en etopeyas[271] fáciles
de Pierrot[272], y el recurso
es más preciso que Bison Ravi*[273]
apuntando al azar: *«À mort le pléonasme»***[274].
La poesía cuenta, lo mismo que el amor,
un breve repertorio, y el arma del intérprete
es el oficio de aventajar la glosa.
Así, pues, contemplando
algo convencional y en apariencia *plano*,
horizontal, yacente y en nada apelatorio
como una singular vinculación erótica,
resultan por el arte las múltiples lecturas
y no una, previsible, con sus habituales
requerimientos: la común terneza,
la satiriasis[275], abstracción del tiempo,
antecedentes y consecuentes, como el anfiteatro,
sino una vasta gama por lo vario del signo,
siendo vivir un modo de escritura
secuencia del problema literario
de inescribir lo escrito.
À mort le pléonasme.

---

* Anagrama usual de Boris Vian. (N. del A.)
** *En avant la zizique et par ici les gros sous,* cap. 3. (N. del A.)

II

El poema procede de la realidad
por vía de violencia; realidad viene a ser
visualizar un caos desde la perspectiva
que el poeta preside en el punto de fuga[276].
Grandeza del poema, la del héroe trágico;
un modo de atentar contra el método empírico
desde su misma entraña, como aquel poseído
ofendía la ley desde el sometimiento.
Poema es una hipótesis sobre el amor escrito
por el mismo poema, y si la vida
es fuente del poema, como sabemos todos,
entre ambos modos de escritura
no hay corrección posible: como puede observarse
no nos movemos en un círculo
para gloria del arte,
y sin embargo evítese
tal conclusión en práctica:
la palabra en perjuicio de la tragedia íntima
lo mismo que su opuesto;
qu'adviendrait-il alors
de cette absence de mystère?[*][277].

III

Indignaban a Pico[278]
los pulcros paradigmas de Careggi[279]:
que *la inteligencia, la vista y el oído*
son los únicos medios de gozar la belleza
y existe por lo tanto una triple beldad,
o que *la belleza de un cuerpo es su simetría,*
de donde amor no exige más cosa que templanza

[*] Mallarmé, *L'Art pour tous.* (N. del A.)

*y buen gusto**[280].

De ahí
su bien lograda máxima: *No hay belleza en un dios.*
Y procediendo por analogía,
que es el modo de ser de este parágrafo,
resulta (véase el resto del poema):
Et vous et votre art, Monsieur[281]. No hay belleza en un dios.

---

* Traduzco libremente parte del discurso de Giovanni Cavalcanti en el *Comentario al Banquete de Platón*, de Marsilio Ficino. (N. del A.)

Notas

[266] Publicado por primera vez en *Trece de Nieve*, 1.ª época, 1 (1971).

[267] Jules Laforgue (1860-1887): escritor simbolista francés *(vid.* nota 222).

[268] [Ni yo ni mi arte, señor]. Reescritura del verso 1 —«Ni vous, ni votre art, Monsieur»— del poema «Complainte des blackboulés» [Lamentación de los derrotados] de *Les Complaintes. L'imitation de Notre-Dame la Lune* (París, Lib. A. Colin, 1959), pág. 87. Al reescribir el verso de Laforgue, el poeta indica que el poema no resulta tan sólo de la inspiración o la experiencia, ni de la técnica; esto es, ni yo solo, ni mi arte solo. Hay también en el poema una referencia a la locura, grado máximo de la inspiración, aunque se trata de una locura con método o conciencia, según se indica en la cita de *Hamlet* que sigue.

[269] «POLONIUS. *(Aside)* Though this be madness, yet there is method in 't», W. Shakespeare, *Hamlet*, Acto II, escena II; [POLONIO. (*Aparte*) Aunque todo es puro delirio, no deja de haber cierta ilación en ello]; trad. esp. Luis Astrana Marín (Madrid, Aguilar, 1966), pág. 1.352.

[270] *cadencista*: el que se deleita en la cadencia y el ritmo; aquí se refiere a Laforgue.

[271] *etopeya*: descripción del carácter, motivaciones y costumbres de una persona.

[272] *Pierrot*: personaje de la Commedia Italiana, que pasa al teatro francés y, más tarde, a la pantomima. Laforgue tituló «Pierrot» una *suite* de veinticuatro poemas, más tarde incluidos en *L'imitation de Notre-Dame la Lune*; *vid.* referencia en nota 268, págs. 123-149.

[273] Boris Vian (1920-1959), novelista y poeta francés que escribió novelas pretendidamente traducidas del inglés, usando varios seudónimos, como el aquí transcrito por Carnero, o el de Vernon Sullivan. De ideología cercana al existencialismo, perteneció también al post-surrealismo y cultivó la irracionalidad humorística a la manera de nuestro Carlos Edmundo de Ory. Escribió poemas, algunos de los cuales fueron cantados por los cantautores más famosos del momento. Particular fama alcanzó «El desertor», que sería prohibido en la radio francesa durante el conflicto francés en Argelia.

[274] [Abajo el pleonasmo]. Texto procedente de *En avant la zizique et par ici les gros sous* (París, La Jeune Parque, 1967), pág. 70, libro de Boris Vian sobre la música francesa contemporánea, escrito en clave humorística. El título podría traducirse al español como «Viva la musiquilla, y cojamos el dinero». El capítulo 3, de donde procede la cita, se refiere a los intérpretes o cantantes, a su necesidad de expresión y comunicación, a la ficción escénica y a la banalidad sentimental de la canción popular.

[275] *satiriasis*: exceso patológico de deseo sexual.

[276] *punto de fuga:* punto imaginario situado fuera del cuadro, y en el cual convergen las líneas de composición utilizadas por el pintor.

[277] *qu'adviendrait-il alors de cette absence de mystère?:* [¿qué resultaría entonces de tal falta de misterio?]. *L'Art pour tous* es un ensayo de 1862 escrito por Mallarmé contra la literatura de comunicación fácil y mayoritaria, y en favor de la aristocracia de la inteligencia, la sensibilidad y el gusto en los poetas. Stéphane Mallarmé (1842-1898) es uno de los más importantes e influyentes poetas de la segunda mitad del siglo XIX *(vid.* nota 222). Primero parnasiano y luego simbolista, fue el apóstol de la «poesía pura» del siglo XX, y el precursor de la vanguardia con *Un coup de dés jamais n'abolira le hasard* (1897).

[278] El conde Juan Pico della Mirandola (1463-94) es uno de los más importantes eruditos italianos del Renacimiento y, junto con Marsilio Ficino *(vid.* nota 229), es además uno de los nombres más representativos del neoplatonismo florentino.

[279] *Careggi*: En el distrito de Careggi, cerca de Florencia, se encuentra la Villa Medicea que Lorenzo el Magnífico *(vid.* nota 148) dedicó a sede de la Academia Platónica.

[280] Sobre Ficino, *vid.* notas 229 y 278. Los citados fragmentos del *Comentario* proceden del Discurso I sobre el Amor; ed. Raymond Marcel (París, Belles Lettres, 1956), pág. 142.

[281] Reformulación de la cita de Laforgue utilizada en el verso 2 *(vid.* nota 268).

Variaciones y figuras sobre un tema de La Bruyère[282] (1974)

[282] *Variaciones y figuras sobre un tema de La Bruyère*, Madrid, Visor, 1974; 2.ª edición, *Ensayo de una teoría de la visión. Poesía 1966-1977*, Madrid, Hiperión, 1979. Este libro «no pretende desmontar el libro anterior, sino objetivar sus resultados. De ahí que la meditación se centre sobre las representaciones mismas que desencadenan el recuerdo y que, en definitiva, originan el texto poético» (Icardo, «Guillermo Carnero»); «*Variaciones y figuras* es un libro central en la producción de Carnero. Es, asimismo, un libro estructuralmente diferente de los demás, estando dividido en cuatro partes bien diferenciadas: una introducción, una parte dedicada a las "variaciones"; otra, a las "figuras"; y un epílogo. Esta estructura inmediatamente sorprende por su disposición ensayística» (I. J. López, «Metonimia y negación», pág. 258).

TEMA[283]

Tout est dit, et l'on vient trop tard.

Des Ouvrages de l'Esprit, 1[284]

---

283 El tema de este libro plantea uno de los grandes motivos de lo que se ha denominado la postmodernidad: la sensación de que el poeta se encuentra en un momento de crisis al vivir en una época de agotamiento cultural. Frente a las vanguardias (por ejemplo, frente a lo que creyeron los futuristas, que confiaban en el amanecer o la aurora de una nueva cultura, y podían romper con la historia literaria y el pasado tradicionales), la postmodernidad es vivida como el fin de una época en la que la tradición —que no puede ser eliminada— pesa de tal modo sobre el presente que el poeta carece de entusiasmo para introducir novedades; lo más a que puede aspirar éste es a reformular metódicamente las ideas del pasado o a iniciar un diálogo constructivo con la tradición, como ejemplifica el poema de Carnero «Décimo Magno Ausonio, poeta de la decadencia latina», donde el autor trata del malestar cultural del momento que le ha tocado vivir, haciendo patente la falta de esperanza y la ausencia de proyecto cultural (sobre esto, *vid.* las declaraciones de Carnero a José Luis Jover, «Nueve preguntas a Guillermo Carnero», páginas 150-151). Matei Calinescu ha descrito este diálogo postmoderno con la tradición, indicando que toma la forma de «alusiones y comentarios alusivos, citas, referencias inventadas o lúdicamente distorsionadas, recolecciones, trasposiciones, anacronismos deliberados, mezcla de dos o más modos históricos, etc. Según esto, la estética del postmodernismo ha sido descrita como esencialmente 'anotadora' *[quotationist or citationist]* en oposición directa a las vanguardias»; M. Calinescu, *Five Faces of Modernity* (Raleigh, Duke University Press, 1987), pág. 285. Sobre los aspectos postmodernos de la poesía de Carnero, *vid.* J. Kruger-Robbins, *Frames of Referents, The Postmodern Poetry of Guillermo Carnero* (Lewisburg PA, Bucknell University Press, 1997), págs. 76-94.

284 Jean de La Bruyère (1645-1696), escritor francés. Su obra más famosa, *Los caracteres* (abreviatura de *Teofrasto traducido del griego con las costumbres o los caracteres de su siglo*), de 1680, introduce el estilo frío y eficaz que habrá de caracterizar la mejor prosa aforística francesa del siglo siguiente. «Des ouvrages de l'esprit» es la sección segunda de la obra mencionada; el «tema» [Todo está ya dicho, y hemos llegado tarde] corresponde al comienzo del primero de sus aforismos.

Beaucoup me plaindre de l'imperfection du langage.

BERKELEY, *Commonplace Book*, 611[285]

El signo externo se vuelve costumbre, cubriendo con un velo el sonido interior del símbolo.

KANDINSKY, *El Punto*, VI[286]

---

285 George Berkeley (1685-1753), obispo y filósofo irlandés de orientación idealista. Su doctrina ha sido frecuentemente resumida en su frase *esse est percipi vel percipere* [existir consiste en percibir o ser percibido]. Formuló las hipótesis naturales como hechos lingüísticos, entendiendo que los fenómenos de la Naturaleza son el lenguaje con que Dios habla al hombre. De su obra más famosa, el *Ensayo de una nueva teoría de la visión* (1709), tomó Carnero el título de su recopilación de 1979 (*vid.* nota 385).

286 Wassily Kandinsky (1866-1944), pintor expresionista nacido en Rusia y nacionalizado alemán, primero, y más tarde francés. La cita procede de su tratado *El punto y la línea sobre el plano* (1926). Por su contenido, este motivo recuerda las orientaciones de los formalistas rusos —Sklovsky, Jakobson, Tinianov—, quienes plantean asimismo que el tropo o la imagen nos ayudan a descubrir de nuevo el objeto (Sklovsky, *Sobre la prosa literaria*, Barcelona, Planeta, 1971), pero, más tarde, el signo se vuelve costumbre y la expresión se automatiza. El creador o artista se ve obligado a desautomatizarla (Iuri Tinianov, *El problema de la lengua poética*. Buenos Aires, Siglo XXI, 1972; Roman Jakobson, *Ensayos de poética*, Madrid, FCE, 1977).

Introducción

DISCURSO DEL MÉTODO[287]

Thus have I made my own opinions clear,
yet neither praise expect, not censure fear;
and this unpolish'd, rugged verse I chose
as fittest for discourse, and nearest prose.

DRYDEN, *Religio Laici,* 451-454[288]

En este poema se evitará dentro de lo posible, teniendo en cuenta
las acreditadas nociones de «irracionalidad» y «espontaneidad»
consideradas propias de esta profesión,
usar o mencionar términos inmediatamente reconocibles
como pertenecientes al repertorio de la Lingüística; si se los usa será:
a) sujetándose a hacerlo de manera asistemática, lo que se justifica
en razón de que quien pueda leerlos en su verdadero sentido
tendrá igualmente presente su contexto;
b) admitiendo que, en su valor operativo para los efectos de este poema,
es fácil que tengan, en la Estética tradicional o en el habla común,
equivalentes adecuados—;
de este modo
se evitará la acusación de cientificismo y otras parecidas
y no resultará el texto mermado en su potencialidad poética

—aunque toda terminología especializada adquiere, por su sentido arcano
y supuestamente preciso, un gran valor poético.
La carga poética resulta de la imprevisibilidad,
o dicho de otro modo, de la articulación dudosa
entre el plano de la expresión y el plano del contenido,
entre dos límites: la univocidad del significado,
que funde ambos planos en uno; y la completa incertidumbre
que produce un mensaje caótico.
Llamaremos al primer vicio poesía de combate[289]
o de algún otro modo igualmente heroico;
y al segundo no le daremos nombre: pensaremos en Artaud[290]
y tonterías como *L'absurde me marchait sur les pieds,* etcétera[291].
Cuando hayamos aprendido a evitar ambos vicios
recapacitaremos: cómo la mente humana
gusta de contemplar alternativamente lo concreto y lo abstracto
como antídoto a la hipóstasis[292] de conceptos generales,
y así concebiremos dos tipos de poema: uno «sintético»,
fundado en la generalidad y el lenguaje que le es propio,
y que este libro llama «variación»;
otro «analítico», que explicita el detalle y arroja luz
sobre la variación; lo llamamos «figura»[293].
Esta doble articulación de la expresión poética
es la llamada *Escala de Osiris* por el Neoplatonismo florentino[294].

NOTAS

[287] Poema publicado por vez primera en *Ínsula* 313 (1972). El título procede del famoso discurso del mismo título, de René Descartes, en el que se sientan las bases del racionalismo. «Comienza [el libro] con un "discurso del método", poema que ha sido muy discutido —hasta el punto de formularse si era o no verdadera poesía—. La esencia de los desacuerdos está en que unos alegan que este texto sobra en el libro y otros no. De hecho viene a ser una aclaración, o un vehículo por el cual se facilitan las claves para la lectura del volumen» (Bellveser, «Guillermo Carnero contra el miserable tráfico de las palabras»).

[288] [Así, pues, expongo claramente mis opiniones / aunque no espero alabanza, ni temo censura, / y este verso rudo y sin pulir elijo / como mejor para

el discurso, al ser lo más cercano a la prosa]. John Dryden (1631-1700), poeta, dramaturgo y crítico inglés. La cita procede de su *Religio laici or A Layman's Faith* (1682), texto de polémica políticorreligiosa en el que se debate el concepto de autoridad en materias religiosas. Sobre la referencia a Dryden en este poema, *vid.* Christie, págs. 226-228.

[289] *poesía de combate*: término con el que se conoce la poesía escrita en tiempo de guerra y cuya función es ayudar a, o sustentar moralmente, la causa bélica. En la literatura española recibe este nombre la poesía escrita por los poetas comprometidos con la causa republicana (Miguel Hernández, Antonio Machado, Rafael Alberti, Pedro Garfias, Emilio Prados, etc.) o los que, en el bando contrario, se comprometieron con la causa franquista durante la guerra de 1936-1939 *(vid.* G. Carnero, «Precedentes de la poesía social», *Las armas abisinias,* págs. 274-298). Por extensión, el término se ha aplicado a la poesía comprometida y a la poesía de intención política que se escribe en la postguerra española (p. ej., Gabriel Celaya, «La poesía es un arma cargada de futuro»), y que suele encuadrarse en la corriente más general de poesía social y de orientación realista que predomina en la literatura española de postguerra *(vid.* Carnero, «La poética de la poesía social», *Las armas abisinias,* páginas 299-336). Sobre la oposición tanto a la poesía de combate como al surrealismo, Lanz indica que «recogiendo las ideas sobre teoría poética expresadas en sus tesis por el Círculo Lingüístico de Praga, señala Carnero los dos extremos («vicios») en que puede caer la poesía [...] la poesía de combate y la poesía del absurdo [...] Frente a [ellas] se alzará la concepción poética de Carnero, quien definirá el poema como un mensaje polisémico finito. Frente a la temática colectivista, Carnero propondrá como única función social del poema la expresión de la propia individualidad del autor» (Lanz, *La llama en el laberinto*, págs. 106-107). El poeta mismo se pronuncia contra la poesía social en varias ocasiones. Así ocurre en una entrevista de 1974 en la que dice: «La poesía que tiene una funcionalidad determinada tiene como dogma el que el lenguaje esté al servicio de la transmisión de ideas. El lenguaje poético, en lo que tiene de elaboración lingüística, debe funcionar independientemente a todo» («Guillermo Carnero: recital poético», *Las Provincias* [1-VI-1974]); y en otra de 1977, en la que indica: «El realismo mal entendido es una agresión a la inteligencia y la sensibilidad del individuo, y le crea deformaciones mentales (aceptación pasiva y automática del mensaje) que pueden ser utilizadas para embucharle cualquier ideología. Por el contrario, un arte que requiera la participación activa, crítica, analítica, del espectador, forma individuos capaces de juzgar y reconocer por sí mismos, individuos aptos para la construcción de su propia libertad» (Leyva, «Guillermo Carnero»). La denuncia por parte de Carnero de las distintas formas de entendimiento unilateral de la poesía como ejemplos de autoritarismo se corresponde con las actitudes adoptadas por los pensadores postestructuralistas: el crítico deconstructivista norteamericano Geoffrey Hartman, por ejemplo, considera la imagen que no admite réplica como la base de diferentes formas de autoritarismo pues el objetivo de cualquier sistema autoritario es la creación y el uso de un lenguaje cuyo significado parece ser tan obvio (o válido) que resulta incuestionable; como alternativa, Hartman propone un lenguaje con múltiple referencialidad y con tensiones no resueltas pues, cuanto más rico o más cargado resulta aquél debido a su uso de citas o alusiones, mayor es su capacidad de sub-

vertir el significado (Hartman, *Criticism in the Wilderness. The Study of Literature Today*, New Haven, CT, Yale University Press, 1980, cit. por J. Kruger-Robbins, *Frames of Referents*, pág. 22). Para un estudio del funcionamiento subversivo del lenguaje poético en tanto que rechazo del lenguaje del poder, sigue siendo indispensable el prólogo de Bousoño, «La poesía de Guillermo Carnero», págs. 60-62.

[290] Antonin Artaud (1896-1948), escritor francés inicialmente cercano al surrealismo. En 1927, cuando André Breton y sus seguidores se afiliaron al Partido Comunista Francés, Artaud se separó del grupo surrealista. Trabajó como actor en varias películas (p. ej., *La pasión de Juana de Arco* de Dreyer) y escribió *Heliogábalo o el anarquista coronado*, y una formulación crítica sobre el teatro de la crueldad (*El teatro y su doble*, 1938)

[291] *L'absurde me marchait sur les pieds* [El absurdo me pisoteaba]: Fragmento del segundo verso de uno de los poemas del libro *Le Pèse-Nerfs* (1925).

[292] *hipóstasis*: personificación.

[293] Los procedimientos «analítico» y «sintético» son formulados por Kant en su *Crítica de la razón pura*. Del mismo modo que en *Dibujo de la muerte* los personajes del Renacimiento o los estetas del XIX aparecen como correlatos objetivos del poeta, a partir de *El sueño de Escipión* el discurso tiene una función distanciadora, que sirve como máscara para eliminar el sentimentalismo, las distintas formas de biografismo y la expresión en primera persona, aumentando sobremanera las posibilidades del lenguaje poético. Christie (págs. 228-232) relaciona los dos procedimientos citados con Descartes.

[294] Con las traducciones de Platón al latín, publicadas por Marsilio Ficino en 1484, el Neoplatonismo adquiere gran desarrollo en el Renacimiento italiano. El neoplatonismo florentino fue fundado por Ficino, quien creó la academia neoplatónica (*vid.* notas 229, 278 y 280) a imitación directa de la Academia de Platón. El principal de los dioses del panteón egipcio, Osiris, dios de los muertos y de la otra vida, fue asesinado por su hermano Seth, que lo despedazó y dispersó sus restos. Isis, Horus y Thot reconstruyeron su cuerpo y lo resucitaron. Este relato mítico explica el significado de la doble vía epistemológica llamada «Escala de Osiris». *Vid.* Christie, págs. 232-234.

GIOVANNI BATTISTA PIRANESI[295]

Aquí el espectador se ve forzado
a una actitud esencialmente equívoca
pues la calzada que allá abajo cruza
el valle, nebulosa, lejanísima,
arranca de sus pies.
                                    Y así es menor que exista
un obelisco alzado sobre cuatro columnas
que corona un tritón con cabeza de lince,
o un arco de triunfo rematado
por un bosque de cedros y de sauces llorones.
Y dijeron de él: parva imaginación
esclava del pasado —su genio, si lo tuvo,
pereció bajo el peso de la bibliografía.

Y lo llamaron «arqueólogo».

NOTAS

295 *Piranesi* (1720-1778), grabador y arquitecto italiano. Son famosos sus grabados de prisiones por la escenografía colosal, intrincada y compleja que atestigua un gusto anticipadamente romántico. Aunque su trabajo como arquitecto es de poca importancia, destaca por su popularización del arte antiguo en grabados de gran tamaño, destacando *Vistas y antigüedades de Roma* (1756), *Vistas de Paestum* (1758), y su tratado *Maravillas de la arquitectura romana* (1761).

PAESTUM[296]

Los dioses nos observan desde la geometría
que es su imagen.
                    Sus templos no temen a la luz
sino que en ella erigen el fulgor
de su blancura: columnatas
patentes contra el cielo y su resplandor límpido.
Existen en la luz.
                    Así los pueblos bárbaros
intuyen el tumulto de sus dioses grutescos,
que son ecos forjados en una sima oscura:
un chocar de guijarros en un túnel vacío.

Aquí los dioses son,
como la concepción de estas columnas,
un único placer: la inteligencia[297],
con su progenie de fantasmas lúcidos.

NOTAS

[296] *Paestum:* la antigua *Poseidonia* griega, colonia situada en la zona más oriental del golfo de Salerno, en la costa del Tirreno, a unos 100 kms. al sur de Nápoles. De entre sus restos arqueológicos destacan los templos de estilo dórico, el más desnudo, simple y geométrico de los que usó el arte griego.

[297] La estimación de la inteligencia como el placer mayor que el poema proporciona ya había sido sugerida en el titulado «Piero della Francesca» de *El sueño de Escipión*, y volverá a aparecer en «Eupalinos», de *El azar objetivo*. *Vid.* Christie, págs. 103-104 y 170-171.

Variaciones[298]

VARIACIÓN I[299]
DOMUS AUREA[300]

I

La sordidez es nuestro pan[301],
se inserta entre los cuerpos como un huésped incómodo
y opera en sus volúmenes
la falsación[302] del aire
o desdeña esos hurtos: es entonces
un archipiélago de dudas,
inquiere nuestro rostro, usurpa nuestro nombre
en cometer acciones honorables.
Parodia nuestros gestos a los pies de la cama,
dibuja el garabato de la carne desnuda
en que creemos estar vivos.
                                        Es el gran escenógrafo
que cada amanecer pone en orden el mundo:
las fachadas, los arcos de triunfo,
los síntomas del miedo
que aplazan cada tarde las sombras con su abrazo
y que engulle la noche que no dura.
La sordidez es nuestro pan,
nos provee de odio y en él somos lenguaje
que sin embargo deteriora,
levantamos un muro de palabras
que al odio se reduce

y el odio deteriora; parodiándolo
nos envuelve en palabras como velos.
Envolverse en palabras como velos
para mitificar las figuras del odio
como las estaciones de la risa,
porque el discurso del fracaso,
la lucidez, la fantasmagoría,
son un arte de amar, tienen su método
como lo tiene el uso de la carne
cuando creemos estar vivos,
cuando desdice al odio,
con sus fabulaciones, la noche que no dura.
Como tiene su método
el léxico pomposo de las causas perdidas,
brillante como vanos los recursos,
los motivos, los temas
del lenguaje poético —sentimientos comunes
que recorren lo ancho de la tierra
y otros lenguajes deterioran: anuncios luminosos,
la propaganda de las estaciones
de invierno, los burdeles, las lavanderías—,
y admitimos aquí
como materia propia del discurso poético.
La sordidez es nuestro pan,
origen del discurso que llamamos poema,
origen del discurso de la carne
en que creemos estar vivos,
envueltos en palabras como velos.
Odio, carne, poema: palabras como velos.

II

El discurso poético
fuera haces de signos surgidos en el aire,
emanación
de la presencia pura de volúmenes juntos
o colores o masas.
                    Lo mismo que la nave

es ritmo por la doble pulsación de los remos
donde todo es presencia como el yute[303] o el cáñamo
o el lino y la madera con sus triples argollas,
y esa presencia es música.
Como a un lado del muro
las significaciones que afligen al poema
palpitan con su mugre, y más adentro
no destila el violín más que una forma
inmóvil en color y al escucharse ausente.
Lo mismo que la roca
es una arista dócil a la mano,
tan irreconocible que carece
de partes, a lo sumo es un color
extenso, que ante el mar no significa
y sonoro en las olas que no tienen historia,
no así el poema: viejos estandartes
llamados a contar siempre la misma hazaña
intentando la música que los cuerpos omiten
y enturbian las palabras con su fango:
no hay palabras ni cuerpos nacidos en el aire.

III

Qué hermosura los seres nacidos en el aire,
no en el aire poblado de las grutas marinas
donde rasguean[304] trépanos[305] de algas
y amenaza el susurro de las bestias del fondo,

ni el aire batido del estrecho
inerme al remolino de las rocas gemelas[306]
que recoge la imagen la sombra de las alas
pendientes en el cielo y son materia,

o el aire de las cumbres
que inexpugnan[307] los ecos sin orilla
y ve la sucesión de sombra y luz;
luz y sombra son cambio: son materia.

No el aire que colores intercalan
a las evanescencias de su arco,
investidura dócil de sentido
que el païsaje asume, y es saeta

como el aire evadido a las minas de sal
desconoce el derrumbe de las hojas
pero lame en los pozos escalas de color,
color inmóvil, gélido: materia.

No el aire de los ríos subterráneos,
que no turba color ni luz entibia
pero ultraja posibles en su peso
un contrapunto de invisibles gotas,

o el aire encanecido de las criptas
donde el azogue espejos deteriora
que reflejan esferas y encajes de cristal;
feliz inanición[308] que el polvo omite.

Aire no que no anula la distancia,
el sonido, el color y las pirámides
de Luna en que se finge la quietud
y es materia.
Nacidos en el aire.

NOTAS

[298] «Las variaciones buscan lo esencial y son, sin duda, la parte más difícil y misteriosa del libro. La primera, *Domus aurea*, por ejemplo, nos da la esencia de la poesía lírica como en líneas grandiosas, en una gran pintura sentida tal vez con los ojos cerrados. Y así sucesivamente en la evocación de no sé qué misterioso palacio portugués, o de lejanos nombres históricos o literarios. En contraste con los poemas de la sección de figuras, con los que quedan en la introducción y el epílogo, son las variaciones algo más cerrado al mundo exterior. Su lenguaje es siempre contenido, no tiene melodía que se pegue al oído del lector; inteligente y discursivo, va el poeta analizando y evocando, y diciendo lo que, a pesar de la frase inicial, no se ha dicho aún» (Antonio Tovar, «Trobar clus»).

[299] Poema publicado por vez primera en *Trece de Nieve*, 1.ª época, 4 (1972).

[300] *Domus Aurea* [Casa de Oro]. En la nueva Roma, levantada tras el

incendio que devastó la ciudad en el año 64 d.C., Nerón se reservó una parcela entre los montes Palatino y Esquilino para edificar un maravilloso palacio conocido con ese nombre.

[301] «El término "sordidez" como origen de ambos discursos —carne y poema—, nos remite a la idea central de la poesía de G. Carnero: la vida se sostiene sobre la muerte, la inmortalidad es patrimonio firme de lo muerto. En "Erótica del marabú", uno de los poemas de *El sueño*, se ejemplificaba el hecho de que la hermosa pluma del ave fuera producto de la digestión de cadáveres [...] la noción de ser surge ante la conciencia de la destrucción de las cosas. El poema, cuyo carácter analógico respecto a la vida ha sido ya suficientemente explicitado, comporta una doble decepción: la de su origen (sordidez) y la de su final, al comprender que la asunción de todo el proceso no ha logrado disipar la opacidad y que vivimos "envueltos en palabras como velos"» (Icardo, «Guillermo Carnero»; Kruger-Robbins, *Frames of Referents*, págs. 82-84; Christie, págs. 134-135, 173-177).

[302] *falsación*: verificación de una hipótesis; *vid.* Karl R. Popper, *La lógica de la investigación científica* (Madrid, Tecnos, 1962), págs. 82-84.

[303] *yute*: planta de la que se saca un hilo muy resistente, usado para confeccionar tejidos.

[304] *rasguear*: tocar un instrumento de cuerda rozando varias de ellas simultáneamente.

[305] *trépano*: instrumento quirúrgico que se usa para cortar los huesos del cráneo en las operaciones de cirugía cerebral.

[306] Se trata de las mitológicas Escila y Caribdis, dos monstruos que vivían en sendas cavernas a ambos lados del Estrecho de Mesina, al sur de Italia; en otras versiones, se trataría de un acantilado y de un remolino, en el mismo lugar.

[307] *inexpugnan*: neologismo sobre «inexpugnable».

[308] *inanición*: debilidad extrema.

VARIACIÓN II
QUELUZ[309]

Le château de Queluz devenant, dans la suite des évènements historiques (1789) qu'un vent européen va bientôt précipiter, une sorte de symbole d'un monde finissant, nous ne manquerons pas d'admirer la logique des rapports et des attachements.

José Augusto França, *La Lisbonne de Pombal*
(París, SEVPEN, 1965), pág. 226.

I

Impermanencia con que el aire asume
la distancia, preludia
una tensión hacia los cuatro puntos
cardinales que elide[310] los volúmenes
y los hace dudar por fin en estallido
que limita contornos y define
lo visible; luz sin forma aún, luego es esfera
de color: y si define en luz, no tiene nombre.
Como las varias formas que ahora en el aire surgen, y son
sépalos[311] duros
las unas, o un estrépito de alas
silenciosas que aturden y son sólo
en la quietud un color único.
O el Sol como su maza erguido, que centellea y tunde[312]
las piedras en que desploma su gruesa mole de garras
y las estrías de su diente.
El Sol no tiene nombre.
En la distancia no hay ocaso
ni bestias boreales en donde el mar termina,
como correr la fronda[313] no es el cuerno de caza
sino quietud.
Porque el mar no termina
ni es mar ni tiene fin, ni existen «dónde»

Palacio de Queluz (Lisboa). Salón del Trono.

ni «mar» ni «fin».
El mar es un color
al que la piel se entrega.
Innumerables, no distintos
de sus cuerpos: escalas de color
como la teoría de las formas vivientes
irrepetidas siempre, porque no significan
más que color y bulto y su proceso
es en eternidad: no tienen nombre,
y esa ausencia es el fasto
al que la piel se entrega.
Y los sonidos
son correlatos de esa ausencia
como lo es el color y el roce de la mano
al que la piel se entrega, irrepetido siempre como el color que en noche
resume su sonido.
Inacabados
por no tener principio y ser siempre una aurora
en que la piel conoce su principio
instante a instante, sin palabras
más que sonido y luz en que la mano
estrecha y no detiene, es permanencia
sin principio ni fin, y amanecen al aire
ola, noche, color: no tienen nombre.

II

He aprendido a vivir en estos corredores
y conozco su historia,
el terror a la luz.
Lo que el arte aquí exime
es la notoriedad con que las cosas
pesan en la pupila y la hieren, percuten[314]
una huella tan honda como su estar: se desvanecen
con nosotros, el hueco de una forma vacía
en el agua que huye y no deja cadáver,
y su vocabulario son recuerdos porosos

y cálidos, que saben como cuerpos dormidos
dejarse acariciar, y no dejan cadáver.
Pero la luz presagia límites
y es anticipo de certezas
en que la piel y el ojo abdican de su miedo
y nombran su horizonte; previsible armonía
reintegrada a la sombra por el fulgor intenso
con que los nombres lucen sus condecoraciones,
su metal y su brillo: su máquina probable.
Y sin embargo, miedo si levanta esta tumba
alzó estos muros de la nada, terror a la intemperie
entonces, miedo ahora del roce de la seda.
El miedo a la intemperie alza los muros
que curtirán los años, entibia las palabras
brotadas de un espasmo como sangre caliente,
desdibuja la raya de los cuerpos
que reintegra a la sombra como la línea débil de la espalda,
y sin embargo, fuera,
más allá del jardín y sus losanges,
escindieron los nombres con su espanto
la insurrección del día.
Hundimos nuestras manos
y es vieja la textura de su apoyo,
es vieja la erosión en que detiene el tacto
la migración inútil de sus alas,
es pobre el cuenco de la mano asida
a la gracia remota del volumen,
y el gravitar inerte de los cantos rodados
ya no reconocibles en su sustancia misma
y cuando erguidos sí, como fragmentos
de sílice y diamante de un litófono[315],
derribada armonía que tiene nombre ahora.

NOTAS

[309] El Palacio de Queluz se encuentra en los alrededores de Lisboa. Fue construido entre 1758 y 1795. De estilo barroco, tiene hermosos jardines con espectaculares juegos de agua. «La segunda Variación, "Queluz", es un ensayo de conceptualización; un intento de definición de lo "real" prescindiendo

del lenguaje que lo nombra. La propuesta del sujeto es, entonces, expresar la cosa a partir de la enunciación de sus cualidades —volumen, distancia, color» (Ferrari, «Un espejo fragmentado», pág. 146). *Vid.* Christie, págs. 177-180.

310 *elide*: de elisión *(vid.* nota 200).

311 *sépalo*: hoja del cáliz de la flor que cubre los pétalos.

312 *tundir*: golpear reiterada y ferozmente.

313 *correr la fronda*: cazar a caballo penetrando en la vegetación o en el bosque *(vid.* nota 103).

314 *percutir*: herir, golpear. La tesis del poema es que el deslumbramiento ante la realidad y la vida inducen a recrearlas y conocerlas nombrándolas; acto fallido pues el lenguaje es incapaz de contener la vitalidad del conocimiento sensorial. De ahí la nostalgia ante el discurso musical —emocional y no conceptual— en los versos 12 y 13 de la primera parte de «Domus Aurea».

315 *litófono*: instrumento musical primitivo, formado por láminas de piedra que se golpean con un mazo.

VARIACIÓN III
SOTHEBY'S[316]

I

Descifrar es un estable pájaro, un emblema de muerte
que la naturaleza no cobija, no esas formas de horror
ingenuas en su fe (gibas deformes, dientes)
en las que el mal no es una esencia sino falta de norma,
mezcolanza tranquila de animales pacíficos.
Es un estable pájaro que abarca en su plumaje
una región del río: sobre él se fija, y copia
el triángulo de sus alas en la corriente; allí
dibuja una región que ya no fluye.
Y la naturaleza alrededor escapa, con su légamo
huye el agua del río fugaz como su cauce.
Como se amansa el río y la sombra del árbol
no es descifrar: alrededor el aire, el árbol
y las lentas colinas como el gris de los fresnos
tachonados en la espesura por los miles de ojos
que dan razón de la distancia.
Como prosigue el río hasta el puente que copia
sus arquerías ciegas y una cinta de nubes
donde penden dos antebrazos: triángulo invertido
porque los dedos se unen y es jeroglífico del agua
detenida en la piedra con su anagrama mágico.
Descifrar es recluir salas vacías entre los muros por que existen
y amontonar en ellas tesoros, dïademas
y mascarillas funerarias de metales exóticos,
porcelanas en que otros comieron y llevan su divisa,
antiguos relojes parados que señalan el curso
de las constelaciones en sus órbitas muertas;
pertenencias de otros, sudarios que los envolvieron, llavines
para los que no hay cerradura —de todo eso, a lo sumo,
podemos dejar, sí, constancia, inútil como el arcano

que es dibujarla, imagen sin color
de una mansión de lujo— y acaso alguna vez
castigo: quinta bombardeada
en donde el oro ahogue con su vaho
y perezcan sus habitantes bajo las grandes arañas,
en una nube de miles de esquirlas de maderas preciosas[317].

II

Toda naturaleza es un arte escondida,
o al menos el arte la concierne; así este paisaje
camina hacia la perfección como las gamas
en que transcurre su color: el oro del crepúsculo
en otoño, la cinta del mar dirimiendo[318] sus perlas
en blanco mate y un arpegio[319] de grises—,
aspiran a la perfección en que rescatar el enigma
de que las evanescencias[320] del aire constituyan distancia
y desafíen con su laberinto las admoniciones[321] del ojo.
Como aspira la fuente al guarismo[322] del delta
y todos los seres insisten, al derrumbarse al suelo,
en no perecer íntegros: la línea y el color,
lo que padece injuria y genera deseo
huyen con el espejismo de su agua
y abandonan desprovista de alas una nomenclatura fúnebre,
sarcasmo de su carne que tiene nombre ahora.
Todas las cosas mudas esperando su muerte
como héroes asesinados por su lustrosa medalla,
benignamente acuclillados sobre su resurrección,
paseando orgullosos su supervivencia de cobre.
Rescatar lo que se encamina a la muerte, asesinarlo
con una limpia palabra, es un arte escondida
al que aspirasen las cosas si no fuera que exhiben,
como los atardeceres de verano, una perfección que es pasar
indefectibles, gloriosos, con la imprecisión en que el aire
disuelve con su espejismo tenso la inmersión final de los tonos
que los siete nombres del color envilecen e ignoran,
desenmascarando la inmortalidad con su rotundo osario.

[316] *Sotheby's* o Sotheby and Co.: el mayor marchante y subastador de obras de arte del mundo, con sucursales en casi todos los países. Fue fundada en Inglaterra en 1733; desde 1983 es propiedad de un consorcio estadounidense. *Vid.* Christie, págs. 127-130.

[317] Evocación libre de los versos 113-116 del poema *Annus mirabilis* de Dryden.

[318] *dirimir*: decidir.

[319] *arpegio*: sucesión de los sonidos de un acorde.

[320] *evanescencia*: desvanecimiento de lo que se esfuma.

[321] *admonición*: amonestación, recomendación.

[322] *guarismo*: cifra, signo.

VARIACIÓN IV
DAD LIMOSNA A BELISARIO[323]

I

Durante muchos años la casa se asentó en tierra firme
estrechándola bajo su peso y creció con ella,
y la tierra cuarteada en estío por el desplome de sus músicas
miraba entre torrentes de luz derramarse las fuentes;
así al mirarla desde lejos surgía en la memoria
el despliegue de las horas pasadas, la sucesión
de las habitaciones y los objetos con su historia.
Apresar el calor de un instante es haber vivido
durante mucho tiempo en una inmensa casa,
abandonarla un día hacia un país extraño
y trasladar los muebles por el jardín desierto
mientras quedan atrás los muros con su historia,
el sonido del mar y las gamas del aire.
Y sólo lo vacío sobrevive: los objetos menudos,
lo que se puede trasladar y transmitir a otros;
el pasado permanece atrás, inseparable
del lugar en que tuvo vida, desplomado en el tiempo
con su magnificencia de cadáver antiguo
que al tocarlo se desmorona en una nube de polvo,
acumulación de joyas sin sentido
que luego redisponen otros, parodiando
con mascarillas, pectorales y ajorcas los contornos de un cuerpo.
Apresar el calor de un instante es
producir un día de olvido el deleznable milagro
de recomponer el recuerdo con sus límites,
oficiar para otros el triunfo de la ausencia.
Para otros, porque quien asiste a su muerte diaria,
al envejecimiento de la piel y su memoria,
es ajeno a la liturgia de conseguir frente al papel
con sus trastos de buhonero una ilusión de vida

coloreada y presente como un Museo de Cera,
esa evidencia de realidad que sólo en el lenguaje existe
y se traslada en el tiempo rellenándolo
con su carnalidad de serrín y de seda,
creando para lo pasado colores y sentido,
una entidad, incluso, de que no gozó nunca
más que ahora, convertido en un brillante simulacro
el fastuoso fraude en que el tiempo se anula;
si es que el tiempo existió: si es que no es ahora
real, más que entonces acaso, lo que el tiempo destruye,
si es que no produce el lenguaje sus propios fantasmas,
que proyectados hacia atrás inventan una realidad posible
de que ellos serían reflejo, puesto que de la nada
nada se engendre, y hasta el torpe cadáver que las palabras
hilan
ha de ser hijo de una realidad anterior en el tiempo.
La casa permanece lejos, los ojos no la saben
y la memoria y la piel interrogadas
responden a su idea con un vasto silencio;
y un día volvemos a ella, contemplamos el pórtico:
de nada es capaz la piel entonces; los muros son distintos.
Y por qué pueda ser el poema lugar de una epifanía
que la piel y los ojos ignoran, salvación de la muerte
que proclaman la piel y los ojos con su silencio oscuro,
dejando a las palabras su miserable tráfico.

II

Hemos puesto en cuestión numerosas gramáticas,
leído hasta la saciedad la experiencia de otros
y en fotografías borrosas perseguido su imagen
inquiriendo un volumen para sus gestos planos,
codiciosos de aquello de que era razonable
esperar sabiduría, para obtener al fin
un pobre patrimonio de terrenos baldíos,
una corta colección de medallas y cintas
símbolo de triunfos que ya nadie recuerda,
juguetes con encaje sucio cuyos ojos hundidos

remiten a una infancia convencional y anónima;
y nos devuelve a ellos la vanidad del coleccionista
que dice poseer con los objetos su alma; nos miran
con fijeza de búhos disecados desde la redondez de su urna:
una apariencia que es muerte y serrín y grandes ojos de vidrio.

Las palabras nos envuelven en su manto de plomo,
nos inmovilizan las manos con su cetro
mientras la perspectiva de las gruesas columnas
percute nuestros ojos en un punto preciso.
Como perseguirlas fue un viaje por mar hacia las tierras vírgenes,
cielos de color distinto y animales de fábula,
y un día devuelven las olas el cadáver de un ahogado,
recubierto de algas oscuras, con las órbitas huecas;
arrojado a la luz, mira la fiesta de los sentidos
y otras naves que parten, como un huésped
procedente de un país donde todo es silencio.

NOTAS

[323] Belisario: general bizantino al que el emperador Justiniano confió la dirección de su ejército con el rango de mariscal. Venció a los persas (530), conquistó el S. de España y el N. de África a los vándalos (533); ocupó Nápoles, Sicilia y Roma, creando el reino de Rávena (535-38); salvó Constantinopla del ataque de los hunos (559). Cayó en desgracia al verse envuelto en una conspiración contra el emperador. A partir de este hecho histórico auténtico, la tradición ha creado la leyenda —totalmente apócrifa— de que acabó sus días ciego y mendigando en las calles de Constantinopla. Lo cierto es que Belisario fue pronto rehabilitado y murió en posesión de todos sus cargos y honores. Sin embargo, a lo largo del Barroco y del XVIII, la «leyenda» de un Belisario víctima de la enfermedad y el infortunio inspiró a los artistas que quisieron representar la fugacidad de los triunfos materiales y la ingratitud del poder del Estado. A esta leyenda, representada en el cuadro de Jacques-Louis David titulado *Date obolum Belisario* (Museo de Bellas Artes de Lille), se alude en el presente poema, en el que el encumbramiento y caída de Belisario simbolizan la grandeza y la miseria del lenguaje. *Vid.* Christie, págs. 92-97, 124: la autora propone una lectura política que me parece improcedente.

Figuras

DÉCIMO MAGNO AUSONIO, POETA DE LA DECADENCIA LATINA[324]

O conozco los nombres de las aves,
sé cuál es su región y su presagio,
su sesgo al rasear, cuál es su trino[325].
Refundición de textos concebida
según requerimiento de la justa retórica,
epopeyas de encargo sobre materia mínima,
disputas y cuestiones sobre si corresponde
atribuir una intención a las horas de Homero
metafórica, acorde con las leyes del clima,
o son justificables en su valor performativo[326]
del entorno en el ámbito de la ficción poética
(el rango, las virtudes de las piedras preciosas).
Saqueo de los templos, las estatuas de Pan[327],
los bosques consagrados a Afrodita[328]
pacedero de cabras—
al amparo de muros
florecerán los temas de este siglo,
en que el poeta *impreque a sus tablillas,*
describa la tersura de la cera,
cante la precisión de su estilete,
su figura, las leyes de la logodedalia[329].

[324] Ausonio (310-395), nacido en Burdeos, maestro del emperador Graciano. Culto y refinado, es uno de los últimos poetas latinos. Aquí aparece como correlato objetivo del poeta, que se percibe a sí mismo en un momento en que la cultura ha entrado en crisis, siendo incapaz de renovarse, del mismo modo que Ausonio es poeta del ocaso de la cultura latina *(vid.* nota 283). Sobre este poema, y sobre el valor de Ausonio como emblema del momento actual de nuestra cultura, dice Carnero: «Yo diría que [encontrarse en un callejón sin salida, en una estación de fin de trayecto] es la situación de la cultura occidental en estos momentos, muy parecida —salvando las diferencias tecnológicas— a la decadencia del Imperio Romano. Creo incluso que la decadencia de una cultura puede detectarse cuando sus escritores dejan de compartir un lenguaje con su colectividad. En esas situaciones el escritor se vuelve un aguafiestas. [...] Eso lo hizo el poeta Ausonio, y a señalarlo he dedicado un poema de *Variaciones*, en el que nadie se ha fijado hasta ahora, porque los historiadores, que lo hubieran entendido, no leen poesía» (Jover, «Nueve preguntas», págs. 150-151). *Vid.* Christie, págs. 238-239.

[325] Se trata de citas falsas, inventadas por Carnero mismo. Vendrían a poner de manifiesto ese sistema de diálogo con la tradición —aquí tratándose de un diálogo falso— que caracteriza a la postmodernidad *(vid. supra,* nota 283).

[326] *performativo*: completivo.

[327] *Pan*: dios mitológico con torso y cabeza de hombre, y abdomen y extremidades de macho cabrío, descrito en los himnos homéricos como el hijo querido de Hermes, el dios caprípedo, bicorne, enamorado de las alegres danzas, que recorre las praderas en compañía de las ninfas. Se lo representa con una siringa o flauta, o con una lira.

[328] Referencia al saqueo de los templos paganos y a la represión del paganismo que los cristianos llevaron a cabo al final de la época clásica, en tiempos de Décimo Magno Ausonio. El culto de Afrodita y los bosques sagrados a ella dedicados son descritos en el capítulo I de *La rama dorada* de J. G. Frazer (México, FCE, 1995), págs. 23-28.

[329] *logodedalia:* discurso intrincado y laberíntico. Estos versos se basan en *Technopaegnion*, obra de Ausonio que consiste en un ejercicio retórico sobre el arte de escribir —en «Grammaticomastix», poema 14 del mismo, se lee: «En logodedalia[s]; ride modo, qui nimium frivola condemnas» [Y sobre la dificultad del discurso que, como en broma, a la ligera criticas]; Décimo Magno Ausonio, *Opere* (Turín, Unione Tipografiche, 1971), pág 648. En estos poemas de Ausonio encontramos ya una actitud metapoética, síntoma de la conciencia que tiene el autor latino de la decadencia cultural de su tiempo.

PALABRAS DE TERSITES[330]

Esa carcasa ocre es Helena[331], la gracia de la nuca
aureolada de cabellos traslúcidos.
Los que la amaron son inmortales ahí, en la tierra inverniza[332],
o bien envejecieron con una pierna rota
dislocada para mendigar unos vasos de vino—
y yo, el giboso, el patizambo, me acuerdo algunas veces
de la altivez biliosa de los jefes aqueos[333]
considerando la pertinencia del combate,
inspiración segura de algún poema heroico
cantor de esta campaña y su cuerpo de diosa:
polvo para quien no la amó, sus versos humo.

Es la decrepitud lo que enciende esta guerra.

NOTAS

330 Tersites es, según indica Aristóteles en su *Poética*, el personaje más despreciable e impertinente de la *Ilíada*. Deforme, rencoroso, cobarde e insolente, representa al ser antiheroico, incapaz de entender o de apreciar a los héroes que, como Aquiles, viven en un mundo de valores diferente del suyo. En la *Ilíada* su papel es fundamentalmente cómico, como demuestra el que Aquiles lo mate de un puñetazo. Su revalorización en este poema, en el que aparece como superviviente de un mundo en el que han perecido todos los héroes (Helena, los jefes aqueos, etc.), vendría a ratificar el carácter postmoderno mencionado con anterioridad, pues queda el deforme Tersistes como relator, no de la gloria ausente, sino de la vaciedad de lo heroico. Describiendo una actitud similar a la expresada en este poema, el novelista estadounidense John Barth ha hablado de la literatura de nuestro período histórico como de una «literatura del agotamiento» que habría que distinguir de las formas literarias vigorosas, como el Renacimiento *(vid.* J. Barth, *The Literature of Exhaustion and the Literature of Replenishment,* Northridge, CA, Lord John's Press, 1982; Kruger-Robbins, *Frames of Referents,* pág. 90, relaciona este poema con la «muralla de palabras» de «Domus Aurea»).

331 *Helena*: esposa de Menelao, rey de Esparta, que se enamoró de Paris con quien huyó a Troya. Para rescatarla, Menelao marchó con un ejército griego sobre Troya, iniciándose así la guerra que se relata en la *Ilíada*.

332 *inverniza*: helada por el invierno.

[333] *aqueos*: junto con jonios, dorios y eolios, los aqueos son una de las tribus que forman el pueblo griego y que, en la guerra de Troya, se unieron a Menelao contra el pueblo troyano.

PUISQUE RÉALISME IL Y A[334]

Vuelve la vista atrás y busca esa evidencia
con que un objeto atrae a la palabra propia
y el uno al otro se revelan; en el mutuo contacto
experiencia y palabra cobran vida,
no existen de por sí, sino una en otra;
presentido, el poema que aún no es
vuela a clavarse firme en un punto preciso
del tiempo; y el que entonces fuimos ofrece
en las manos de entonces, alzadas, esa palabra justa.
No así: gravitan las palabras, y su rotunda hipótesis
ensambla su arquitectura; más allá es el desierto
donde la palabra alucina hasta crear su doble.
Creemos haber vivido porque el poema existe;
lo que parece origen es una nada, un eco.

NOTAS

[334] [«Puesto que existe el Realismo»] Título de un ensayo en que Baudelaire ironiza sobre el Realismo literario y pictórico de su tiempo. *Vid.* notas 41, 166, 177, 222, 228, 401.

SANTA MARÍA DELLA SALUTE[335]

Asegurad las cosas de la muerte por agua.
Lo reflejado traiciona con su imagen,
las palabras reniegan de la carne y la piel
de las que son reflejo, con sus signos inertes.
Así insiste la cúpula en la usual idea
que suscitan las cuatro palabras de su nombre:
sus límites asienten, todo en ellos acoge
la imagen convenida, atributos de muerte
en esa mansedumbre de la línea
si no fuera a la vez, al copiarse en el agua,
una violencia inesperada al ojo:
que reclamen las formas, por temblar invertidas,
una actual presencia que no cumplen los signos
de su nombre, ni nubla su perfil levantado
en el aire, prevista muerte: aquí vida es el agua[336].

NOTAS

[335] Iglesia veneciana, construida en el siglo XVII por Baltasar Longhena, y caracterizada por su cúpula realzada por grandes volutas. Se levanta en la desembocadura del Gran Canal en el de San Marcos. Este poema se funda en el concepto de «extrañamiento» de la lengua poética, concepto formulado por el formalista ruso Víctor Sklovsky, que entiende que la literariedad poética debe desplazar la atención del lector hacia el lenguaje mismo, sustituyendo el tradicional reconocimiento del objeto que el lenguaje nombra por una visión singular, convirtiendo de este modo el acceso a cada texto en una experiencia única *(vid.*, Víctor Sklovsky, «El arte como artificio», en Tzvetan Todorov [ed.], *Teoría de la literatura de los formalistas rusos*, Buenos Aires, Nueva Visión, 1970, págs. 55-70; y, del mismo, *Sobre la prosa literaria*, Barcelona, Planeta, 1971, págs. 13-26); esta idea ya había sido sugerida por Carnero, al comienzo del libro, en la cita de Kandinsky *(vid.* nota 286), aunque allí fuera formulado el problema de manera negativa, esto es, mencionando la reiteración que llega a esconder y aniquilar la novedad. El concepto de Sklovsky se acerca, aunque no lleguen a coincidir del todo, al de «desautomatización» formulado por Jakobson, que niega el carácter de la lengua como vehículo que lleve al referente o, dicho de otro modo, no acepta que el significante sirva como sustituto del significado sin más; Carnero habrá de referirse a la teo-

ría jakobsoniana cuando, en la recopilación de 1979, parodie el verso «mas recibí la flecha que me asignó Cupido» del poema «Retrato» de Antonio Machado *(Poesías completas*, Madrid, Espasa-Calpe, 1965, pág. 111), e indique que «recibí la flecha que me asignó Jakobson: con orgullo lo digo» (Carnero, *Ensayo*, pág. 71); *vid.* notas 4, 5 y 6.

[336] Inversión del significado de una carta del tarot que se conoce como «Muerte en el agua».

MIRA EL BREVE MINUTO DE LA ROSA[337]

Mira el breve minuto de la rosa[338].
Antes de haberla visto sabías ya su nombre,
y ya los batintines[339] de tu léxico
aturdían tus ojos —luego, al salir al aire, fuiste inmune
a lo que no animara en tu memoria
la falsa herida en que las cuatro letras
omiten esa mancha de color: la rosa tiembla, es tacto.
Si llegaste a advertir lo que no tiene nombre
regresas luego a dárselo, en él ver: un tallo mondo, nada;
cuando otra se repite y nace pura
careces de más vida, tus ojos no padecen agresión de la luz,
sólo una vez son nuevos.

NOTAS

[337] El título del poema procede del verso 5 del soneto «A una muy hermosa, que lo mereció por [sus] virtudes» del bachiller Francisco López de Zárate, *Obras varias,* ed. José Simón Díaz (Madrid, CSIC, 1947), vol. II, pág. 68, poema que dice:

> Pues que se duda ya si fuiste hermosa
> (en la que más lo fue, mayor herida)
> y te cupo beldad que, repartida,
> no hubiera ni envidiada ni quejosa,
>
> *mira el breve minuto de la rosa,*
> tránsito compendioso de la vida;
> mira, veráste en ella repetida:
> seca, es salud, y vanidad, pomposa.
>
> Tú, bella inmensidad en cuanto bella,
> instante en cuanto humana, brevedades
> convierte, en siglos, aspirando a estrella.
>
> Haz cosecha de todas las edades,
> que si en la brevedad fuiste centella,
> será tu lucimiento eternidades.

Este poema de Carnero ejemplifica lo que en los años 70 se entendió como un metapoema, definible, haciendo uso de las palabras del mismo autor, como «el discurso poético cuyo asunto, o uno de cuyos asuntos, es el hecho mismo de escribir poesía y la relación entre autor, texto y público. En otras palabras, un metapoema es un poema que tiene dos niveles discursivos paralelos. En el primero, se trata de lo que habitualmente entendemos por poema. En el segundo, que discurre paralelamente al primero, y entremezclado con él, el poema reflexiona sobre su propia naturaleza, su origen, condicionamientos y demás circunstancias. No hace falta decir que un metapoema podría, al menos en principio, constar sólo del segundo nivel, o nivel reflexivo, en cuyo caso habría que sobreentender como primer nivel implícito toda la obra anterior del que escribe»; G. Carnero, «La corte de los poetas», *Revista de Occidente* 23 (1983), pág. 57. Sobre la orientación metapoética de Carnero, Debicki indica que ésta «y el intento por encontrar valor en el proceso poético frente a la falta de confianza en cualquier producto poético, señalan una marginación de la realidad y una búsqueda de refugio en el lenguaje, que lo colocan [...] dentro de las definiciones más comunes de la postmodernidad» (*Historia de la poesía,* pág. 212). Sobre el metapoema como forma poética usada por Carnero, Antonio Gracia indica que éste consiste en «la disección del poema, mientras se está escribiendo, como conducta lingüística en busca de una identidad poética escondida en el tráfago de los espejos que el tiempo y la subjetividad imponen. Poesía dolorida y dolorosa, elegía terrible y no epitafio, por más que la inteligencia del autor nos la hurte como un frío notario de su drama y huya de los aspavientos elegíacos» («Guillermo Carnero: más allá del poema»; *vid.*, además, I. J. López, «Metonimia y negación», págs. 255-77 y, del mismo, «El olvido del habla», págs. 17-18). También Christie, pág. 126.

338 «La rosa, tema tradicional de la poesía, no es el interés real de este poema, sino que sirve como vehículo para tratar el proceso de creación poética y para entender el lenguaje en su relación con el proceso de conocimiento. El verso inicial crea ciertas expectativas que son más tarde frustradas y modificadas. [...] La importancia del lenguaje en nuestras percepciones es lo que aquí se somete a escrutinio. Las connotaciones negativas de ciertas imágenes apuntan a las deficiencias de dicho lenguaje. Las imágenes [evocadas por las palabras] *batintines* y *aturdían* sugieren que las palabras pueden producir un efecto ingenuo de resonancia en nuestra percepción, predisponiéndonos a ver de cierto modo puesto que, como el poema indica, tan sólo somos capaces de percibir aquello para lo que el lenguaje nos ha preparado. [...] La distorsión implícita en el lenguaje se sugiere de forma particularmente vívida en la frase *la falsa herida* [...] Y, sin embargo, la única manera en que podemos aprehender el mundo es por medio del lenguaje, y el poeta reconoce la necesidad de nombrar lo que no tiene nombre («Si llegaste a advertir lo que no tiene nombre / regresas luego a dárselo, en él ver...»). De modo que, como indican estos versos, entre estos dos peligros, el Escila y Caribdis de ver tan sólo lo que no ha sido nombrado todavía y de no ver nada, yace la posibilidad de una visión renovada, la posibilidad de nombrar [y, en última instancia], la posibilidad de la poesía» (Stycos, «Spanish Poetry», pág. 343; trad. mía). «El título nos haría pensar en el tópico barroco del «tempus fugit» y en la imagen de la rosa como emblema de larga tradición literaria; sin embargo,

lo que se nos ofrece es un texto que ha de ser decodificado en clave metapoética y leído en la línea inaugurada por Borges en «El Golem», al plantear una pregunta acerca de cómo coincide la preexistencia del lenguaje en la captación de la experiencia» (Ferrari, «Un espejo», pág. 146).

[339] *batintín*: pandero de metal que se golpea con un mazo; aquí se usa como sinónimo de sonido cacofónico.

Epílogo

L'ENIGME DE L'HEURE[340]

Considera el posible objeto del poema: lo intratable
por otras formas de saber, un lenguaje llamado
a la función de emocionar, por mucho que Girondo[341]
propugnara para la poesía una ley seca[342].
Conmover con una palabra mencionada mil veces,
definida por repetición cuando es oscura,
que cautiva la sensibilidad por su monodia[343]
y se hace evidente a la razón: en los Libros Proféticos.
Su gravidez no hacia el significado sino hacia el signo mismo;
y como el signo, traidor por excelencia, ha de crear su propia carne
puesto que de la nuestra es un mal mensajero,
hazlo crecer por redundancia, y su presencia repetida
nos convenza de que sí existe algo tras él: menciona, crea.

El poema es un complejo artesanado, un gran reloj de cuco;
conocemos su engranaje y cómo da la hora
que es, con todo, un enigma: también nos duele confesar
una secreta admiración por Donizetti[344].

NOTAS

[340] Se trata de «El enigma de la hora», título de un cuadro del pintor metafísico italiano Giorgio de Chirico *(vid.* nota 124).

[341] Oliverio Girondo (1891-1967), poeta ultraísta argentino que mantiene durante toda su producción los recursos del vanguardismo de los años veinte.

[342] *ley seca*: se denomina así a la ley que prohíbe la comercialización o el consumo de alcohol, como ocurrió en EE. UU. en la primera mitad de este siglo. Al aplicarla a la poesía, Carnero se refiere a «una poesía que intente prescindir de las motivaciones emocionales» *(vid.* Jover, «Nueve preguntas», pág. 152).

[343] *monodia*: canto para una sola voz, reiterativo y monótono.

[344] Gaetano Donizetti (1797-1848), compositor italiano, creó importantes óperas, entre las que destacan *Ana Bolena* (1830) y *Lucía di Lammermoor* (1835). Frente a la precisión, distancia y «ley seca» propuesta en el poema, el poeta confiesa tener una «secreta admiración» por la explosión emotiva, representada aquí por Donizetti y la ópera italiana.

El azar objetivo[345]
(1975)

[345] *El azar objetivo*, Madrid, Trece de Nieve, 1975; 2.ª edición, *Ensayo de una teoría de la visión. Poesía 1966-1977*, Madrid, Hiperión, 1979. Los críticos destacaron inmediatamente el carácter reflexivo del libro; *vid.* las reseñas de José Rojo en *Síntesis,* s.a., Pedro J. de la Peña (*Las Provincias,* 22-VI-1975), Antonio Colinas (*Camp de l'Arpa,* VIII-IX 1975); destacando el uso de un lenguaje filosófico, Alejandro Duque Amusco apunta el precedente de Bousoño, coincidiendo éste y Carnero en el rigor postizo, en la forma ensayística y en la falsificación conceptual: «Pero mientras el primero realiza el trueque retórico con seriedad, [...] el segundo lo hace con sutil ironía, y siempre desde la conciencia de la experimentación lingüística» (Amusco, «La ficción del lenguaje» *El Ciervo,* X 1975). Finalmente, César Simón advirtió sobre el valor tan sólo aparente del discurso filosófico, indicando que «la entidad y dinámica del poema, así como su valor cognoscitivo, creemos que no constituyen, sin embargo, más que el tema aparente [...] el auténtico poema —burla, sarcasmo, ironía, corrosión, lenguaje a pesar del lenguaje— van por dentro» («Fracaso y triunfo», pág. 253); y, poco más adelante, añade: «Este libro confirma la unidad de la obra de Carnero en cuanto que de nuevo se propone una operación de dos factores: la realidad y el lenguaje. Lo que ya se ha visto en *El sueño* y *Variaciones* [...] En el *Azar* el problema se va a plantear en los siguientes términos: considera la caducidad del método, del raciocinio y de la técnica del escritor para aprehender el objeto del poema, así como la inepcia de tales procedimientos que pretenden recrear el pasado en la mente del poeta» («Fracaso y triunfo», pág. 254). Sobre la procedencia del título *El azar*

objetivo, el autor nos da una pista en uno de sus ensayos sobre el surrealismo, recogido en *Las armas abisinias*: «Los tres puntales de la 'filosofía' superrealista son la Alucinación Voluntaria, el Humor Objetivo y el Azar Objetivo. La primera recoge la obsesión vanguardista por dar curso libre al flujo de las ideas sin sujeción a las limitaciones impuestas por la moral, la lógica, la tradición literaria y los valores estéticos mostrencos. [...] El Humor Objetivo es una válvula de seguridad para evitar que el discurso alucinatorio sea desnaturalizado por los controles de la conciencia en el cuerdo no dormido. Consiste en retirar todo asentimiento a los dictámenes de la parte social y culturalmente manipulada de nuestra mente. [...] Pues bien, quien sea capaz de alucinación, y de conservarla gracias al Humor Objetivo, verá caer el telón de falsa realidad que la educación y la cultura le imponen, perderá los hábitos convencionales de percepción del mundo y de sí mismo, y tendrá acceso a la epifanía de la realidad en los fenómenos del Azar Objetivo»; G. Carnero, *Las armas abisinias* (Barcelona, Anthropos, 1989), págs. 139-142; *vid.*, además, Kruger-Robbins, *Frames of Referents,* págs. 95-99, y Christie, págs. 237-238, donde se relaciona el pensamiento de *El azar objetivo* con el expuesto por el filósofo de la ciencia Paul Feyerabend en su libro *Against Method,* aparecido el mismo año de 1975.

Mis dudas constituyen un sistema.

WITTGENSTEIN, *Sobre la certidumbre*[346]

¿Queréis que os lo ofrezca de la manera en que los ancianos se dirigen a los niños, es decir empleando una fábula, o bien valiéndome de un discurso razonado?

PLATÓN, *Protágoras*[347]

... con el uso de palabras y expresiones anticuadas y con el empleo de termini technici raros, con la longitud confusa de la frase, con las construcciones cruzadas, con las interpolaciones y paréntesis...

NIETZSCHE, *Libro del Filósofo*[348]

---

346 Ludwig Josef Johann Wittgenstein (1889-1951), filósofo austríaco que estudió y, más tarde, colaboró con Bertrand Russell en la investigación lógica y matemática. Su *Tractatus logico-philosophicus (vid.* nota 436) se considera el fundamento del positivismo lógico. Wittgenstein realizó la investigación preliminar para el *Tractatus* en el campo de concentración de Monte Cassino, durante su internamiento como prisionero de guerra en los años 1914-1916, destruyendo más tarde los apuntes y borradores de este período, de los que accidentalmente se salvaron tres —incluido el aquí citado, *Sobre la certidumbre*—, que fueron publicados por vez primera en 1961.

347 Platón, *Protágoras* 320c, en *Diálogos* (Madrid, Gredos, 1981) vol. I, página 523. Corresponde el texto al momento en que el protagonista del diálogo platónico, Protágoras, se dispone a contar el mito de Prometeo a Sócrates. Aquí, sin embargo, no parece haber vinculación alguna entre el libro de Carnero y el contenido del texto de Platón. Éste se limita a formular una pregunta a la que contexta el fragmento de Nietzsche en el texto siguiente.

348 Friedrich Nietzsche (1844-1900), filósofo y poeta alemán, aquejado desde los 34 años de una enfermedad cerebral que lo llevó a la locura en 1889. En su momento de plenitud, correspondiente a los años 80 del siglo XIX en que publica *Así habló Zaratustra*, asume un vitalismo individualista, anarquista, elitista y anticristiano. El *Libro del Filósofo* es un compendio de fragmentos aforísticos, publicados tras su muerte, uno de cuyos temas es la reflexión sobre las trampas e insuficiencias del lenguaje. La traducción española apareció en 1974.

I
MUSEO DE HISTORIA NATURAL[349]

Encerrados en un espacio distante
perfeccionan allí la estabilidad de no ser
más que inmovilidad de animales simbólicos
la escorzada pantera, el mono encadenado
y la fidelidad que representa el perro[350]
echado ante los pies de la estatua yacente;
adquieren aridez en la luz incisiva
bajo las losas de cristal del domo[351],
traslúcido animal que no perece.
La boa suspendida
por cuatro alambres tensos sobre cartón pintado
no es más que el concepto de boa.
Agavillados
bajo un domo distante, la memoria
les redondea el gesto, los induce
a la circunferencia imaginaria
en la que inscriben dentro de su urna
la suspensión del gesto, salto rígido
igual que las mandíbulas abiertas
gritan terror de estopa, agonía en cartón, violencia plana.
Agazapados tras una puerta distante,
cuando la empuja el simulacro vuelve
a componer su coreografía;
y un día han de invadir los bulevares
de la ciudad desierta, amenazando
la arquitectura fácil del triunfo
y el gesto de la mano que acaricia
la mansedumbre impávida de animales pacíficos.

[349] «Hay en estos poemas una tensión de fuerzas opuestas que se anulan. Ahora bien, una anulación que no desarrolla energía, una especie de entropía consumada. [...] Todo se anula en cartón, en estopas, todo se degrada [...] bajo el poema aparente se desliza el poema real: la burla del conocimiento y de la dialéctica como producto cultural. [...] El interés poético se desplaza a zonas inexploradas donde se advierten nuevas incitaciones: mundo rarefacto que ha sustituido a los temas humanos. Dicho desplazamiento obedece a la necesidad de adecuar una sensibilidad nueva con una nueva esfera del ser, que se presenta con asepsia, sin patetismo, y que resulta, a su extraña manera, fascinante» (Simón, «Fracaso y triunfo», págs. 257-259). *Vid.* también Christie, págs. 97-101.

[350] Se trata de la imagen de la fidelidad que el autor había utilizado en el poema «Ávila», en el verso «la cabeza de un perro también muerto en la piedra» *(vid.* nota 15).

[351] *domo*: cúpula.

II
LA BUSCA DE LA CERTEZA[352]

De ese modo la acumulación de materia
viscosa y de peso específico mayor
que el de su entorno continente, produce
una decantación[353] inevitable en el seno
de dicho entorno, según la tendencia de las masas
a su lugar natural, tanto más abajo
cuanta su densidad relativa.
Con lo cual
va él adoptando una forma de seudopirámide,
que en el momento de mayor turgencia adquiere
una convexidad premonitoria de evacuación
por el punto de menor resistencia
cuanto más si pensamos
que por allí se produciría aunque el sujeto
invirtiera en ese momento la posición adoptada,
sin más que adquirir lo expelido apariencia de umbela[354]
en lugar de la coniforme[355].
No por esa
emanación —por así llamarla— modifica
él su concepto de providencia, mas la admite
como necesariamente prevista en un orden concluso.
Cuya[356] emanación se difunde sin más traba
que las que su tensión superficial le impone
en un principio; luego la acción del aire
opera en superficie una solidificación progresiva
no exenta de plasticidad, por lo que nuevas capas
se asimilan a las anteriores sin peligro
de corrimientos o grietas.
Así él,
recuperando su originaria apariencia cilíndrica,
se encuentra sobre un cono cuyo vértice
coincide con el anteriormente descrito
punto de menor resistencia:

y reflexiona.
Deduce que su único universo
lo constituye el plinto inesperado,
ergo[357] efectuando medio giro sobre el diámetro de su diafragma
(con lo que adopta la postura apuntada en el verso trece)
se aplica a la deglución como etapa prevista
en el orden concluso del que espera
felicidad, honor, sabiduría.

NOTAS

[352] «En "La busca de la certeza", tomando la geometría y la razón en broma, se descubre que el hombre, en curso de una dieciochesca "felicidad, honor, sabiduría", tiene, de un modo swiftiano, que tragar sus heces. Todo el poema opera a nivel alegórico; es decir, el discurso lógico sirve de metáfora para una tarea asquerosa. La subversión del lenguaje filosófico produce una sátira de humor negro» (Bourne, «Inutilidad de la poesía frente al azar», página 27). *Vid.* también Christie, págs. 234-237.

[353] *decantación*: separación de dos líquidos de distintas densidades, previamente mezclados, o de un líquido y un sólido disuelto en él.

[354] *umbela*: florescencia o emanación que toma la forma de una sombrilla.

[355] *coniforme*: en forma de cono.

[356] *Cuya*: uso voluntariamente incorrecto del demostrativo posesivo, con la misma intención paródica que el «ergo» que aparece a continuación *(vid.* nota 357).

[357] *ergo* [por consiguiente]: partícula latina que introduce la conclusión en los razonamientos silogísticos. Aquí se emplea con sentido paródico, como es habitual en español cuando se usa esta o cualquier otra partícula latina en un discurso de naturaleza hiperbólica, sea dicha hipérbole resultado de un propósito conscientemente pedante, ditirámbico, indebidamente laudatorio, etcétera.

III
MEDITACIÓN DE LA PECERA[358]

La perfecta y homogénea redondez es el primer obstáculo,
pues por ella se opera una limitación básica
a la posibilidad de plantear un programa efectivo:
que un supuesto punto de observación pueda adoptarse.
Porque un giro de trescientos sesenta grados, tomándola como centro,
no descubre en lugar suyo alguno un rasgo diferenciador cualquiera
—textura del cristal por ejemplo, su espesor,
coloración u otra circunstancia que haga refractar
la luz allí de manera distinta.
El segundo es, siguiendo el orden lógico,
la trasparencia igual y uniforme del medio
(circunscrito por una esfera perfecta),
pues ello impide discernir en su seno punto alguno
que, fijado de manera inequívoca, sirva de referencia
para trayectorias y mediciones sucesivas.
El tercero es, evidentemente, la convicción bien fundada
de ser totalmente aleatoria la movilidad de los peces
al no serle aplicables las Leyes de los Grandes Números[359],
por entrar el caso en conflicto con sus hipótesis básicas.
El contemplarla fijamente lo induce aún a mayor confusión,
pues le revela una agresividad
en la materia indócil, tan manejable y breve;
como aquel protomártir[360] armenio murió luego de la desollación, inútil
en quebrantar su ánimo, de una simple aspersión[361] de perfume
mientras una blanquísima esclava desnuda tañía con palillos de jade[362]
vasos, musicales por estar llenos de agua:
incoherencia.
Pues si concentra su atención en uno solo
pensando aislar así los tres problemas a efectos de análisis

(y signifique esto que son tres los ágiles peces)
para, una vez delimitada cada trayectoria [su curva
en un espacio de tres dimensiones (que la esfericidad
le impide proyectar dichas trayectorias sobre un plano
como posibilitaría con sus aristas un acuario corriente)]
con sus variantes codificadas, y a ser posible
dividida en un breve repertorio de movimientos básicos
en sucesión consigo mismos y con otros
mediante un número finito de leyes combinatorias precisas
con su margen de error asimismo acotable—
para recomponer entonces, digo, la realidad del fenómeno
que como un todo no es inmediatamente accesible,
advierte entonces que, puesto que la entera realidad que se le
alcanza
la constituye el ámbito de la pecera,
no cabe más referencia para la trayectoria de uno
que suponer fijo alguno de los otros.
El problema se muerde la cola
pero ninguno de los peces lo hace (lo cual o los inmovilizaría
o los haría girar sobre un eje, lo que es equivalente)
así que contempla perplejo su indefensión ante el cristal,
que por falta de centro no termina[363].

NOTAS

[358] Louis Bourne indicó que en este poema encontramos «una fábula donde tres peces apoyan, en su aparente "indefensión", la frustración (no obstante, por el ejemplo, graciosa y patética) del narrador en no descubrir un supuesto "programa efectivo"» («Inutilidad de la poesía frente al azar», pág. 27). Según esto, el poema repetiría el modelo discursivo de la fábula, ya visto en «El movimiento continuo» (de *Dibujo de la muerte*; *vid.* nota 36). *Vid.* Christie, págs. 131-132.

[359] *Leyes de los Grandes Números*: las de naturaleza estadística que se refieren al comportamiento de universos muy amplios, y a la posibilidad de realizar predicciones en ellos.

[360] *protomártir*: el primero de los mártires, epíteto con que suele describirse a San Esteban; aquí, sin embargo, se usa en el sentido de mártir de la primera época cristiana.

[361] *aspersión*: acción de rociar con un líquido.

[362] *jade*: mineral muy duro, de tono generalmente verdoso, considerado una piedra semipreciosa y empleado en objetos suntuarios.

363 «Ya desde el principio advertimos el uso y abuso de los enlaces lógicos para enfatizar lo absurdo del método discursivo. ¿Y qué decir de su retórica? En la "Meditación de la pecera", por ejemplo, después de una parrafada con varios niveles de subordinación —paréntesis y corchetes—, en la que casi acaba por perderse el hilo, se concluye que no hay modo de conocer aquello, porque ningún pez se está quieto mientras se estudia el movimiento de los otros. Y a esta conclusión se llega tras un período construido con inflada amplitud, lo que resulta grotesco, por el contraste entre la vaciedad del resultado obtenido y el énfasis dialéctico puesto en juego: incisos fatigosos, precisiones doctorales. Y aquí reside su valor. Toda estridencia caricaturesca —como cuando dice que "el problema se muerde la cola, pero ninguno de los peces lo hace"— es enmendada a tiempo. Hay el deseo de no propasarse, para mantenerse en un equilibrio equívoco y algo zumbón» (César Simón, «Fracaso y triunfo del lenguaje en Guillermo Carnero», *Papeles de Son Armadans* 249 [1976] pág. 255).

IV
ELOGIO DE LA DIALÉCTICA A LA MANERA DE MAGRITTE[364]

Allí los alinea sin intención aparente
(atento sólo a los límites de tan reducido espacio
como en espera de que manifiesten ellos mismos, rescatados
del caos,
algún criterio por que distribuirlos en grupos homogéneos)
quien ha dejado de confiar en que cada uno dicte
una sucesividad no en busca de sentido
cuanto demostración de que le es accesible
la evidencia del germen en que acaso se anudan.
Más allá de su presencia visible se ¿anudan?
por leyes que no son las ingenuas: contigüidad
en el tiempo, semejanza, generación—
de las que se intuye completamente ignaro[365]; y la obsesión
clasificatoria
podría ser allí tanto efecto como causa
por omitir el entusiasmo, pero al cabo es segura.
Pone a un lado las cintas ajadas, las estira
con cuidado, prensándolas sin éxito;
los fragmentos de porcelana, los alfileres
y los relojes parados, en función de su hora;
luego los que no tienen saetas, según la figura sedente[366],
y las perlas de alfiler, por su oriente[367];
las medallas completas, por el orden jerárquico;
y de ahí surge entonces la duda: ¿cómo una búsqueda
fundada en la improvisación de categorías distintivas
(a base de rasgos presentes) de lo que no es presente?,
y precisamente de lo que los hace no distintos
sino iguales, algo que no es tangible aunque sí lo contengan
de algún modo—
que una vez obtenido
los excluye en cuanto los priva de función
puesto que por ninguna manipulación previsible conducen
al término de que son único indicio.

Entonces considera la extensión de su manta
con los objetos que por su presencia visible se anulan,
pues no se allana en ella la diversidad, y queda en superficie
antes bien, replanteando de ese modo
no sólo la diversidad misma, de suyo caprichosa
cuanto producto de la voluntad del que alinea,
sino el intento mismo de diversificar y arrojar luz así.
Y bien, cuando los contempla fijamente le huyen,
y en el brillo lustroso con que aquel ir y venir los decora
además de afirmarse, aún provocan a risa
pero no a él, pues es risa de las superficies rotundas
dando fe del volumen que a pesar suyo exhiben;
por más que el procedimiento se le revele inane[368]
persiste, que aunque estéril es al cabo seguro.

Notas

364 En la nota que precede a *Ensayo de una teoría de la visión,* Carnero relaciona este poema con «Plaza de Italia» (*Dibujo*); *vid. supra,* nota 124. El título remite al cuadro del pintor surrealista belga René François-Ghislain Magritte (1898-1967), el cual representa la fachada de un edificio con una ventana abierta, viéndose en el interior la fachada de otro edificio similar. Fue pintado en 1937. Sobre este poema, César Simón escribe: «En el poema "Elogio de la dialéctica a la manera de Magritte" ocurre algo semejante a "Meditación de la pecera". Los nueve primeros versos se reducen a nada, una neutralización del contenido, como si varias fuerzas se hubieran anulado entre sí. Es como el carbón de piedra ya quemado, desprovisto de potencialidad, pura escoria. Se resuelve en un párrafo complicado por su estructura gramatical: el sujeto se halla traspuesto violentamente al final, entre el predicado y el sujeto encontramos una larga proposición adjetiva que lleva subordinada a su vez una modal. El resultado gramatical parece algo abstruso, muy en consonancia con su contenido. Y, sin embargo, se presenta con pretensiones de precisión, de cartesiana limpieza. Es el mismo artificio, en el fondo, de muchos pasajes del libro; para mayor homogeneidad aparecen también aquí enlaces como *cuanto*... Burla de la dialéctica» (César Simón, «Fracaso y triunfo del lenguaje en Guillermo Carnero», *Papeles de Son Armadans* 249 [1976] página 256). *Vid.* también Christie, págs. 132-134, 243-244.

365 *ignaro*: ignorante, rústico.

366 *sedente*: sentado. Según el poeta, se trata de una alusión a los relojes de sobremesa de los siglos XVIII y XIX, adornados con figuras alegóricas o mitológicas.

367 *oriente*: calidad, color blanco y brillo de una perla.

368 *inane*: inútil.

V
EUPALINOS[369]

Luego —decís— la contemplación de ese menguado tesoro
le niega la vida real.
Más bien él la convierte,
de propia elección, en un estercolero,
propiciado por tal epistemología[370] de la basura;
en efecto, la contempla como desde una altura excesiva,
con supresión de todo oído y tacto,
veía Fabrizio[371] pasar los bueyes de reata[372],
abejas de oro sobre las páginas de un salterio[373],
con ese color miel pulido por la distancia;
la contempla para irle robando como un entomólogo[374] de
opereta
imágenes ligeras y fantasmas aéreos,
fragmentos de porcelana, alfileres, medallas, los cuales
son, mucho después, en la soledad de su mente,
una vida de mayor alcance.
En la tumba de Hatshepsuth[375]
se encontró, entre el ajuar funerario,
una veintena de granos de trigo
con aptitud germinativa.
Eupalinos
alzó su templete redondo sobre cuatro columnas,
imagen matemática de una muchacha de Corinto[376]:
no cuestiona él la legitimidad del procedimiento
puesto que no se le alcanza ninguna alternativa posible,
pero obtiene con ello mayor nitidez
en las imágenes (y una mayor gratificación afectiva,
pues les da mayor nitidez)—
existencia
equivale a gratificación afectiva
acompañada de mayor nitidez—
ordena el caos
de la vida real, tan inferior a su memoria,
le confiere sentido y mayor nitidez[377].

[369] Título de uno de los diálogos poéticos de Paul Valéry, cuyo título completo es *Eupalinos ou l'Architecte*. Este poema está relacionado con «Paestum», de *Variaciones (vid.* nota 297) y con «Piero della Francesca», de *El sueño de Escipión (vid.* nota 206).

[370] *epistemología*: fundamentos y método del conocimiento.

[371] Espectáculo que contempla Fabrizio del Dongo durante su encierro en la Torre Farnese, en *La Cartuja de Parma* de Stendhal *(vid.* nota 112).

[372] *reata*: hilera de animales de carga uncidos juntos o ligados entre sí con correas.

[373] *salterio*: libro en el que se recogen los salmos de la Biblia.

[374] *entomólogo*: estudioso de los insectos.

[375] *Hatshepsuth*: reina de la XVIII dinastía egipcia, hija de Tutmosis I. Casó con Tutmosis II, su hermano, a quien sucedió tras su muerte. Reinó durante veintitrés años. Su templo funerario se encuentra en Deir el-Bahari.

[376] «O douce métamorphose! Ce temple délicat, nul ne le sait, *est l'image mathématique d'une fille de Corinthe*, que j'ai heureusement aimée» [¡Oh, dulce metamorfosis! Este templo delicado, que nadie conoce, *es la imagen matemática de una joven de Corinto*, a la que amé felizmente], *Eupalinos ou l'Architecte*, Paul Valéry, *Oeuvres* (París, Gallimard, 1960) vol. II, pág. 92; cursiva mía.

[377] «El poema termina con un reafirmación obsesiva del valor de la "nitidez"; la claridad de la percepción alcanza prioridad sobre la vitalidad desordenada del estercolero. Y no hay alternativa a esta visión distanciada, "puesto que no se le alcanza alternativa posible". Una participación activa en la vida ya no resulta una alternativa válida para el protagonista del poema debido a que su existencia ha tomado la forma de una memoria sin vida. Su decisión de ver la realidad como basura le permite transformar esta memoria en una estructura nítida como la del templo de Eupalinos. Cualquier otra alternativa resultaría menos satisfactoria que la visión de la realidad, fértil aunque sin vida» (Mayhew, *The Poetics of Self-Consciousness*, pág. 117; trad. mía).

VI
DE LA INUTILIDAD
DE LOS CRISTALES ÓPTICOS

Si las imágenes se apiñan en un recinto oscuro
nada en ellas hay de movimiento (menos aún hábito de movimiento);
sí en cambio los ojos de cristal que el taxidermista[378] tan bien conoce,
con su excesiva holgura en la órbita seca;
un día han de invadir a medianoche
los bulevares de la ciudad desierta,
aterrando con su agilidad a los animales pacíficos,
en una conjunción única que consagre el azar.

El azar, aniquilando en su represalia de hondero[379]
el estupor del que alinea y su conciso cristal.

NOTAS

[378] *taxidermista*: el que diseca animales.
[379] *hondero*: lanzador de piedras con honda.

VII
EL AZAR OBJETIVO

Así pues, él camina por un tiempo vacío,
espectador de formas y volúmenes
entre presencias que no ve.
No hablo de las grandes líneas,
que ésas sí están a nuestro alcance, y así corre el alero
en grandes hemiciclos[380] que remata
la tangente lejana de algún río;
pero no es más que un trazo de buril[381]
en la imaginación, como partir un plano
con una cruz que patentiza en partes
que la materia es[382]; y aun así vacua,
pues le finge espejismos de su zumbido, absorto
en encubrir cómo oculta su ley.
Cuando vacía
esa memoria voluntaria, como chamarilero[383]
se cree en posesión del pasado, puesto que los escombros,
ya que del pasado proceden, le coloquen
ahora en situación de vivirlo.
Y con todo
palpa ausencias que achaca no a nulidad del procedimiento
sino a limitación de la memoria,
olvido de algún fragmento significativo que ponga
en solución aquella maquinaria,
o bien a su impericia combinatoria, que hubiera
de suplirlo, ante un número suficiente aunque corto
de datos dispersos.
Depende,
aunque lo ignora, de una sola pisada que, sonando,
los desordene, y concluya de ese modo en azar su imagen cierta;
resonando en el empedrado de un pasadizo estrecho
dicte un ritmo a la memoria, y su cochambre[384]
se anule, suscitando los reales fantasmas,

derogación del fetichismo tácito que llamamos «presente»,
cuyo prestigio vulneran los enigmas
que, invadiendo la memoria, suscita el azar, y a veces resuelve.

NOTAS

[380] *hemiciclo*: semicírculo.

[381] *buril*: instrumento punzante de acero, usado por grabadores y escultores.

[382] Alusión a un designio muy frecuente en la obra pictórica de Tàpies.

[383] *chamarilero*: quien se ocupa de la compra-venta de trastos viejos.

[384] *cochambre*: suciedad, mugre. *Vid.* Christie, págs. 101-104.

Ensayo de una teoría de la visión[385] (1977)

[385] *Ensayo de una teoría de la visión. Poesía 1966-1977*, Madrid, Hiperión, 1979. Con este título ofrecía Carnero, en edición de 1979, la primera recopilación de su obra completa. Era, además, el título con el que se recogían los poemas «Discurso de la servidumbre voluntaria», «Le Grand Jeu» y «Ostende», con los que terminaba la recopilación de dicho año, y que se publicaban entonces por vez primera. El título procede de la obra *An Essay Towards a New Theory of Vision* [Un ensayo para una nueva teoría de la visión (1709)] obra clave del pensamiento idealista, escrita por George Berkeley, quien formuló los hechos de la física, y en concreto de la visión y de la óptica, como si fueran hechos de lenguaje *(vid.,* Colin M. Turbayne, *El mito de la metáfora,* México, F.C.E., 1974). Al elegir este título para presentar su recopilación de 1977, Carnero reafirmaba su preferencia por el siglo XVIII, siglo que ha descrito como «la época más apasionante de la Historia de Occidente» (Carnero, *La cara oscura del Siglo de las Luces*, pág. 13). Por lo que se refiere a los poemas de *Ensayo*, y a su relación con los anteriores, Lanz ha propuesto una vinculación temática, indicando que «la angustia de la muerte enlazaría los poemas de esta última etapa con los de *Dibujo de la muerte*; la reflexión metapoética y sobre el conocimiento los vincularía a *El sueño de Escipión, Variaciones y figuras sobre un tema de La Bruyère* y *El azar objetivo*» (Lanz, *La llama en el laberinto*, pág. 110).

DISCURSO
DE LA SERVIDUMBRE VOLUNTARIA[386]

¿Por qué dejarle puertas al azar
y que pueda verter su fauna entonces,
inundar el tiempo vacío con sus reptiles y el rosáceo
ondear de las membranas de sus peces?
El tiempo como un espacio oblongo[387] sin principio ni grietas
ni recodos o aristas en donde hallar refugio,
que gira sobre su eje con gravidez de pecera
cuando ovilla en el aire circunvoluciones de noria.
Ninguna de sus puertas es distinta,
como en la Sala Oval de un Parque de Atracciones,
y una sola conduce al jardincillo mágico;
caemos, como en *Viaje al centro de la Tierra*[388],
y ya no es el tiempo discurrir con la nariz contra el cristal
sino penetrar hacia dentro, y saber. ¿Por qué dejar esto al azar?
A lo cual podría objetarse que él es el único barquero.
Pero si el preciso adagio[389] con que la puerta abre,
en vez de encontrado al azar entre mil combinaciones posibles
sustitutivas, hubiera sido
provocado, por así decirlo, ¿no tendría
efectos similares? Y el conocer veinticinco lenguas como Mitrídates[390],
¿es parte del azar, o bien posee una función contraria?
El origen de la creación es miserable:
un olor de alquitrán o de tierra mojada,
el gotear de la lluvia en un alero,
el perfume de siempre en un cuello distinto

o un gesto de estupor en el cuarto de baño.
Recoger al azar
la esquirla[391] imaginaria de un gran rompecabezas
pisoteado, y darle veracidad escénica.
Conferirle de nuevo su realidad.
Qué es
su realidad; un depósito de odio
que otro día nos lleva a intentar rehacer
su realidad. ¿Es realidad
el poso de papel indefenso, injuriado
en un pobre ejercicio? El odio sí es real;
la formulación de toda nostalgia es imprecisa
y, en suma, un homenaje al fácil expediente
del conjuro luminoso de la noria,
creador de feraces tensiones entre sumisión y rechazo
de las que surge la fumarola[392] lírica.
Este poema
carece incluso de ese heroísmo plácido:
realidad, negación de realidad,
ça sonne creux sous la lime[393].
El odio sí es real;
la abstracción erradica todo sentido trágico,
persiste en inexistir para mejor señalar un síntoma
y apunta como el dedo acusador de la estatua de Casio[394],
pero muda
como ella, así que si el decorado le cambian se convierte
de acusadora en acusada, por su disponibilidad potencial
para señalar cualquier cosa, y no se alteran
sus ojos mudos y sapientes, de dura piedra impávidos[395]
receptivos de injuria—
Es un discurso muerto,
el esqueleto ritual que ironiza la fe
en la virtud de la ironía,
embadurnado de sangre para indicar resurrección[396].

El vaporcillo inquieta la placidez del lago,
araña el firmamento de la ciudad inmersa.
La lámpara de aceite pone un halo cobrizo
sobre la piel mojada y los labios sedosos;

al tenderse la mano tiene que desgarrar
el rugoso murmullo de la fosforescencia.
A mi lado se tiende un espectro de jade
veteado de barro y ceñido de algas,
mientras el mar proyecta sobre el cielo nuboso
la fantasmagoría de la ciudad yacente,
como un espejo. Miro las cúpulas aéreas,
los hoteles lumínicos[397] arrasados de música,
la gran arquitectura que con leve sonrisa
me hace reconocer el húmedo cadáver
que comparte la cama.
En noches como esta
está de pie, solemne, junto al ojo de buey;
con un puntero nombra las constelaciones:
«Aquí, la habitación resonante de risa;
la veranda[398] en silencio con sus cristales rotos;
el *Bar Rosa*[399] —jugosos y blancos canapés
envueltos en pulcras hojas de lechuga—,
la carretera oscura junto al funicular;
el comedor del *Rana Verde*»[400].
Me concedes el barro
en que reside el don de la palabra.
Tu me donnes ta boue,
jeune fille qui apporte le miroir[401].

NOTAS

386 *Discours de la servitude volontaire*, obra de Étienne de la Boétie (1530-1563), escritor francés, amigo de Montaigne. El *Discours*, también conocido con el título de *Contre Nous*, es un alegato contra Maquiavelo y contra la tiranía, y su idea central —«negaos resueltamente a servir, y seréis libres»— inspiró a Marat y a otros revolucionarios franceses del XVIII. *Vid.* Christie, págs. 180-182.

387 *oblongo*: más largo que ancho.

388 Julio Verne, *Viaje al centro de la Tierra*: «¡Adelante! ¡Andemos! —Más apropiado habría sido decir "resbalemos", dada la inclinación de la pendiente por la que nos dejábamos ir cómodamente. Era el *facilis descensus Averni* de Virgilio» (trad. esp.: Madrid, Alianza, 1975, pág. 141).

389 *adagio*: sentencia breve, generalmente tradicional, que con frecuencia tiene un contenido moral.

390 Mitrídates VI *Eupátor* (o *el Grande*), rey del Ponto, y uno de los mayo-

res enemigos de Roma en Asia Menor. Su vida está rodeada de innumerables leyendas de escaso fundamento, como la aquí referida, según la cual Mitrídates era conocedor de las lenguas de todos los países que había sometido.

391 *esquirla* : astilla.

392 *fumarola*: en la ladera de un volcán, cada una de las grietas que permite la salida de gases sulfurosos.

393 *ça sonne creux sous la lime* [eso suena a hueco bajo la lima]. Reelaboración del verso 28 del poema «Art poétique» del libro *Jadis et naguère* de Verlaine, manifiesto metapoético del Simbolismo.

394 Casio es personaje de la tragedia *Julio César* de Shakespeare. Las palabras del poema remiten a la escena 3 del Acto I, momento en que conversan Casio y Casca.

395 *impávido*: atrevido, que no se inmuta.

396 Carnero usa en distintas ocasiones el clásico libro *La rama dorada*, de J. G. Frazer, para describir rituales de muerte y resurrección. En las páginas 775-785 de la edición española (México, FCE, 1995), se describen distintas ceremonias que pueden haber servido de fuente a estos versos. *Vid.*, por ejemplo, ésta: «En un recinto sagrado les mostraban una hilera de hombres muertos o que simulaban estarlo, tendidos en el suelo, con los cuerpos abiertos en canal, ensangrentados y saliéndoseles las entrañas. Pero a un alarido del gran sacerdote, los falsos muertos se ponían en pie y corrían al río a lavarse la sangre y las tripas de cerdo con que se habían embadurnado. Prestamente volvían al recinto sagrado como si resucitasen, limpios, frescos y enguirnaldados, balanceándose al compás de la música de un himno solemne, y se colocaban frente a los novicios. Tal era el drama de la muerte y la resurrección» (pág. 779).

397 *lumínico*: emisor de luz, luminoso.

398 *veranda*: mirador, balcón cubierto con tejado y cerrado con cristales.

399 *Bar Rosa* : se trata de un bar, hoy desaparecido, que el poeta frecuentaba en el Paseo de Gracia de Barcelona.

400 *Rana Verde*: restaurante de Aranjuez.

401 [Me das tu barro, jovencita que trae el espejo] La primera parte —*Tu me donnes ta boue*— es una paráfrasis del verso «J'ai pétri de la boue et j'en ai fait de l'or» [He amasado el barro y lo he convertido en oro], verso de Baudelaire incluido entre los materiales residuales de *Las flores del mal*; *Œuvres complètes* (París, Gallimard, 1968), pág. 177; el segundo es un verso inventado sobre el motivo del espejo en «Hérodiade» de Stéphane Mallarmé, del libro *Poésies* (1887). *Vid.* notas 41, 166, 177, 222, 228 y 334.

LE GRAND JEU[402]

Et icelui paradis doit estre fait de papier, au dedens duquel doit avoir branches d'arbres, les ung fleuriz, les autres chargés de fruitz de plusieurs espèces comme cerises, poires, pommes, figues, raisins et telles choses artificiellement faictes.

Manuscrit de la Résurrection, anónimo
siglo XV, París, Bibliothèque Nationale[403]

Lugares luminosos de otro tiempo, teñidos
por la capacidad de sufrir daño,
en los que el mar rabiosamente yerra
exaltando el despojo en que se mece
la podrida guirnalda de las horas.
El faro triza[404] y lame la mudez de los muros,
desteñido tapiz donde campean[405]
dioses semiborrados y gozosos,
entre los atributos del fervor y del miedo.
Vuelven las estaciones a hendir el horizonte,
idéntica blancura que inexorable inflige
a las mismas arenas un cielo no distinto;
el lastre funeral de las imágenes
regresa a la espesura, y su fulgor se apaga.
Sobre su liviandad se desmorona
el color y milagro de la línea,
cúpula de cristal sobre muros de humo.
Aún puedo disponer tres especies de azul
si pienso este lugar: en la sombra del cabo
una llaga violeta que deriva hacia el gris
por amenaza del amanecer,
y un hilillo lechoso sobre el banco de arena.
Eso es lo que he sabido
conservar: una pobre
sutileza cromática.
Silencio de la noche

en que la luna tiende sobre el agua
una cuerda de luz que al oscilar resuena
de un lado a otro del paisaje cóncavo,
o bien en un lenguaje llanamente poético:
las dos mil campanillas de la Torre
de la Felicidad—[406]
Felicidad:
aroma de la llama de romero,
columnilla de humo hacia el fondo del valle,
sonar de cornamusas en otoño,
límpido, puro y claro ritornelo[407]
por una montaña rusa de helado de caramelo,
TEMPLUM SUPER CLOACAM[408]
Pitié pour nos erreurs[409].

Una capa finísima que mancha el paisaje
o lo conserva embalsamado
como en espera de la resurrección
que no sucederá. O sí: los cráneos mondos,
la negra raja sobre el vientre hueco,
el sordo ruido con que la piel del codo
se rompe en el esfuerzo de emerger
de la tierra—
pero aquí no hay terror;
un estratega[410] sin convencimiento
que manipula el dïorama
ya previsto: la casa junto al mar,
el sol resplandeciente con una gran sonrisa
anaranjada, en el jardín las fieras
jugueteando panza arriba
con el volante de un vestido— y por la noche
la blanca torrecilla de papel
despierta la sonrisa de las rubias sirenas.
Inevitablemente el antiguo Misterio
da fin, la historia es poco variable
y las figuras del retablo
van perdiendo color. El tema es siempre el mismo.
Una delgada capa de imágenes previstas
ensucia el paisaje, y después unas líneas

ensucian el papel.

Resumiendo: invertir
el proceso creador; no de la emoción al poema,
sino al contrario.

Pitié pour nos erreurs.

NOTAS

402 *Le grand jeu*: [El gran juego].

403 [Y este paraíso debe ser de papel, y dentro de él ha de haber ramas de árboles, unos florecidos, otros cargados de frutas de varias especies como cerezas, peras, manzanas, higos, uvas y otras cosas artificialmente elaboradas].

404 *trizar*: despedazar.

405 *campear*: aquí usado en el sentido de mostrarse orgulloso y autocomplacido.

406 *Torre de la Felicidad*: objeto ritual chino adornado con multitud de campanillas, que al sonar dan buena suerte.

407 *ritornelo*: estribillo.

408 *Templum super cloacam*. Texto de San Bernardo de Clairvaux. Su sentido es claro al describir a la mujer como un templo sobre una cloaca (i. e., el sexo), para desacreditar el amor como una aberración idealizadora desprovista de sentido.

409 La cita procede del poema «La jolie rousse» de Guillaume Apollinaire, en el que se menciona la querella «entre tradición e invención, / entre el orden y la aventura», y que contiene los siguientes versos: «Pitié pour nous qui combattons toujours aux frontières / de l'illimité et de l'avenir, / *pitié pour nos erreurs,* pitié pour nos péchés» [Piedad para quienes combatimos siempre en las fronteras / de lo ilimitado y del porvenir, / piedad para nuestros errores, piedad para nuestros pecados], *Oeuvres complètes* (París, Balaud et Lecat, 1966) vol. II, págs. 288-289; cursiva mía. En otro lugar Carnero menciona este poema de Apollinaire como ejemplo de una actitud representativa de la vanguardia, «actitud de adanismo que viene marcada unas veces por la prepotencia nietzscheana de quien se siente estimulado por la magnitud del reto histórico que ha de afrontar, otras por la desesperación bajo diversos disfraces ortopédicos; la que formuló inmejorablemente Guillaume Apollinaire en su poema "La hermosa pelirroja", con la melancolía que ha sido responsable de la perduración de su obra y también del desdén de muchos de sus compañeros de viaje» (*Las armas abisinias*, pág. 86).

410 *estratega* : experto en táctica militar.

OSTENDE[411]

Obediencia me lleva, y no osadía.

VILLAMEDIANA[412]

Nuestros burgueses [...] sienten una grandísima fruición en seducirse unos a otros sus mujeres.

Manifiesto Comunista, 11

Recorrer los senderos alfombrados
de húmedas y esponjadas hojas muertas,
no por la arista gris de grava fría
como la hoja de un cuchillo.
                                        Mueven
su ramaje los plátanos[413] como sábanas lentas
empapadas de noche, de grávida[414] humedad
y reluciente.
                    También en la espesura
late la oscuridad de las cavernas,
y el Sol sobre las hojas evapora
las gotas de rocío—
                              el aura de calor
que envuelve e ilumina los cuerpos agotados
cuando duermen: si acercas la mejilla
ves las formas bailar y retorcerse,
un espejismo fácil y sin riesgo:
dos bueyes que remontan la colina,
el mago que construye laberintos,
el calafate[415], el leproso, el halconero[416]
parten seguros al amanecer,
no como yo, por los senderos
cubiertos de hojas muertas, esponjadas y húmedas.
A veces entre los árboles clarean
los lugares amenos[417] que conozco:
el pintado vaporcillo con su blanca cabeza

de ganso, acribillada de remaches y cintas;
las olas estrellándose bajo el suelo de tablas
del gran salón de baile abandonado,
las lágrimas de hielo que lloran los tritones[418]
emergiendo en la nieve de las fuentes heladas;
el cuartito en reposo con la cama deshecha
junto al enorme anuncio de neón
que lanza sobre el cuerpo reflejos verdes, rojos,
como en las pesadillas de los viejos opiómanos
del siglo diecinueve[419].
Un cervatillo salta
impasible: lo sigo[420].
En un claro del bosque
está sentada al borde de la fuente,
con blanquísima túnica que no ofrece materia
que desgarrar a la rama del espino.
Corro tras ella sin saber su rostro,
pero no escapa sino que conduce
hasta lo más espeso de la fronda,
donde juntos rodamos entre las hojas muertas.
Cuando la estrecho su rostro se ha borrado,
la carne hierve y se diluye; el hueso
se convierte en un reguero de ceniza[421],
y en medio de la forma que levemente humea
brilla nítida y pura una piedra preciosa.
La recojo y me arreglo la corbata;
de vuelta, silencioso en el vagón del tren,
temo que me delate su fulgor,
que resplandece y quema aún bajo el abrigo.
Tengo una colección considerable,
y en el silencio de mi biblioteca
las acaricio, las pulo, las ordeno
y a veces las imprimo.
En el dolor se engendra la conciencia.

Recorrer los senderos alfombrados
de húmedas y esponjadas hojas muertas,
inseguro paisaje poblado de demonios
que adoptan apariencia de formas deseables

para perder al viajero.
Mas no perecerá
quien sabe que no hay más que la palabra[422]
al final del viaje.
Por ella los lugares,
las camas, los crepúsculos y los amaneceres
en cálidos hoteles sitiados
forman una perfecta arquitectura,
vacía y descarnada como duelas[423] y ejes
de los modelos astronómicos.
Vacío perseguido cuya extensión no acaba,
como es inagotable la conciencia,
la anchura de su río
y su profundidad.
Desde el balcón
veo romper las olas una a una,
con mansedumbre, sin pavor.
Sin violencia ni gloria se acercan a morir
las líneas sucesivas que forman el poema.
Brillante arquitectura que es fácil levantar
igual que las volutas, los pináculos[424],
las columnatas y las logias
en las que se sepulta una clase acabada,
ostentando sus nobles materiales
tras un viaje en el vacío.
Producir un discurso
ya no es signo de vida, es la prueba mejor
de su terminación.
En el vacío
no se engendra discurso,
pero sí en la conciencia del vacío.

Notas

[411] Considerado uno de los mejores poemas publicados en España desde 1939 *(vid.* López de Abiada, «Los novísimos en la última encuesta», páginas 18-19), apareció primeramente en *Peña Labra* 32 (1979). *Ostende*: ciudad, puerto de mar y balneario de Bélgica. Este poema viene a conjugar las distintas orientaciones de la poesía de Carnero: «frente al surrealismo, Carnero se

propone dos tendencias diferentes y tan sólo aparentemente irreconciliables: por un lado, la escritura de una poesía irracional cercana al simbolismo francés; por otro lado, una poesía que tiene como contenido la reflexión sobre el lenguaje y como expresión la escritura lógica y razonada del neoclasicismo» (Lanz, *La llama en el laberinto*, pág. 110). El poema «Ostende» sería ejemplo de esta combinación, según manifestó el poeta a Juan José Lanz en una entrevista: «La solución de "Ostende" fue azarosa; realmente era lo que estaba buscando desde el principio: la angustia del poema es, por un lado, la angustia de la muerte, pero, por otro lado, es la angustia de escribir algo y reconstruirlo por medio de palabras» (cit. en Lanz, *La llama*, pág. 110). *Vid.* Christie, págs. 182-185. Creo conveniente incluir aquí el comentario con el que Carnero presentó la lectura de este poema en abril de 1998, en las reuniones sobre poesía española organizadas en Lisboa con motivo de la Exposición Internacional:

«Lleva dos citas al principio. Una del conde de Villamediana —uno de los mejores poetas del XVII español— alusiva al poder irresistible del amor; la otra, del *Manifiesto Comunista* —texto que en algunas de sus formulaciones se acerca al folletín decimonónico, en cuya época apareció— sobre la propensión de la clase media al adulterio, es decir, sobre la índole antinatural del matrimonio, una de las instituciones con las que esa clase ha querido dominar y organizar la realidad, sin conseguir el equilibrio estable y duradero que podría preservarla de la autodestrucción.

Las dos citas están así indicando al lector que el poema trata de una historia de amor con una mujer casada.

El mar está presente en él desde el título, que es el nombre del puerto y balneario belga de Ostende.

En el imaginario literario, el mar es símbolo de la aspiración humana a la aventura, de la atracción de lo desconocido y de los graves peligros que conlleva la existencia para aquel que no se conforma con el reducido horizonte de la inmovilidad terrestre.

El poema es una reflexión sobre el riesgo de amar, y en ese contexto cobra sentido el símbolo marino, aludido por primera vez en el verso 17, donde se menciona al calafate, es decir, al operario que acondiciona el casco de un navío preparándolo para la navegación. Esa referencia inicial tiene lugar en el pasaje que ocupa los versos 1 a 20, y en el que se definen como análogos dos ámbitos de ensoñación: el paseo por un bosque al amanecer, y el despertar junto al cuerpo de una mujer con la que se ha dormido, y cuyo calor produce —como en el desierto— un espejismo que, aludiendo a las estampas de los Libros de Horas medievales, contiene la mención antes citada del calafate.

Los versos 21 a 33 siguen con el relato de esa ensoñación, una de cuyas estaciones es, de nuevo, un espacio asociado al amor: un cuarto de hotel tras cuya ventana centellea el reflejo de un anuncio de neón que se enciende y se apaga, símbolo de la soledad en el cine negro.

Los versos 33 a 40 evocan el antecedente de la presencia del cuerpo que aparece en el verso 11, y lo hacen con un motivo procedente de la literatura medieval: el del caballero que, mientras persigue una pieza de caza, encuentra en el bosque a una mujer, real o quizá sobrenatural —por eso su túnica «no ofrece materia / que desgarrar a la rama del espino»—, la desea y la sigue.

En los versos 41 a 46, ese caballero hace el amor con ella, y en el mismo instante y acto la mujer se desvanece tan rápidamente como se disgrega el cuerpo de un vampiro al alcanzarlo la luz del Sol, no quedando más prueba material de su existencia y de la realidad del encuentro amoroso que la experiencia emocional del caballero: la piedra preciosa del verso 46. Según los versos 47 a 55, el dolor producido por la fugacidad de esa experiencia, una vez conscientemente asumido y escrito, es el poema.

Según los versos 56 a 71, el poeta sabe que las expectativas con las que salió en persecución de la mujer, en el verso 38, se malograrán probablemente, pero sin embargo las acepta ya que, si no van a tener repercusión positiva en la vida real, darán, precisamente por ello —verso 55— fruto en forma de texto literario y esa productividad textual del amor fracasado se define como el único proyecto vital que puede asumirse con sentido y con certeza (versos 61 y 62).

Y en este punto reaparece el símbolo del mar (versos 72 a 75); su movimiento regular y previsible, obra del viento, se equipara a la aparición de la escritura, también regular y previsible, obra del fracaso emocional: la transgresión de las normas de la institución, a la que aludía la cita del *Manifiesto Comunista*, ha sido al fin digerida por la previsión de su propio fracaso ante la vigencia de esas mismas normas.

Llegamos así a la conclusión del poema. Tanto como fracasa la burguesía queriendo confinar el amor y el deseo en los límites del matrimonio, fracasan aquellos de sus miembros que pretenden liberarse de ellos en una libertad amorosa que no son capaces de asumir hasta sus últimas consecuencias (versos 76 a 81). Y el poeta, que es consciente de pertenecer a esa misma clase y no estar exento de sus contradicciones, concluye que el amor no tiene más horizonte que ver constatada su imposibilidad; si ejercitarla es en sí mismo estéril y suicida, no lo es, en cambio, ser consciente de ella y expresarla por medio de un discurso literario que va a ser, en última instancia, el único fruto esperable de la vida (versos 81 a 85).»

412 Juan de Tassis, conde de Villamediana (1582-1622), uno de los mejores poetas del Barroco español, a quien se supuso enamorado de Isabel de Borbón, esposa de Felipe IV. Murió asesinado en oscuras circunstancias. El verso citado es el primero de uno de sus sonetos, cuyo primer cuarteto dice:

> *Obediencia me lleva, y no osadía,*
> tan igual al amor que la ha causado,
> muriendo por volver donde he dejado
> la parte que es más propia y menos mía.

(Conde de Villamediana, *Poesía*, Barcelona, Planeta, 1992), pág. 138.

413 *plátanos*: árboles de la familia de los arces, de fruto no comestible, redondo y espinoso, parecido a la castaña.

414 *grávida*: pesada, cargada.

415 *calafate*: obrero que cubre de estopa y brea las juntas de tablas en un barco.

416 Las imágenes de estos tres versos evocan las representaciones habituales en los Libros de Horas (*vid.* nota 202).

[417] *lugar ameno*: se trata del «locus amoenus», tópico literario que representa un espacio a imagen del paraíso, y como él ajeno a la degradación y al tiempo.

[418] *tritón:* criatura marina de la antigüedad grecorromana, en quien la parte superior del cuerpo tenía forma humana, y forma de pez la inferior. Se suele representar como elemento decorativo en fuentes y estanques.

[419] *Vid.* Thomas de Quincey, *Confessions of an English Opium-eater* (Londres, A. L. Burt, 1856; trad. esp.: *Confesiones de un inglés comedor de opio,* Madrid, Cátedra, 1998). También Baudelaire, que tradujo a Quincey al francés, escribió un libro sobre el tema, titulado *Un mangeur d'opium.*

[420] Se trata del topos del cervatillo que, perseguido por un cazador, conduce a éste hasta una mujer. Cuenta con abundantes ejemplos en la literatura popular y folclórica, entre ellos *La Bella Durmiente* de los hermanos Grimm, apareciendo en las novelas medievales de caballerías; se encuentra también, con la variante de ser el animal un halcón, en el argumento del acto I de *La Celestina.*

[421] En algunos poemas de *Dibujo,* Carnero se inspira en los relatos de terror, o en historias que, como la muerte de Beatrice Cenci, tienen una función catártica estableciendo desde el comienzo del poema el tono y la emoción de que ha de partir el lector (*vid.* nota 119). Algo similar ocurre en estos versos, que tienen singular familiaridad con la imaginería romántica (recuérdese *El estudiante de Salamanca,* de Espronceda; *vid.* I. J. López, «Persistencia de la estética novísima», pág. 229). Es, además, una imagen que procede del cine: la disolución del cuerpo del conde Drácula cuando caen sobre él los rayos del Sol al amanecer. También aparece en la conclusión de *La verdad sobre el caso del Sr. Valdemar,* de Edgar Allan Poe.

[422] Nótese, en estos versos, la inversión del tema horaciano sobre la duración del discurso como monumento que ha de resistir al paso del tiempo según se expresa en el libro 3 de las *Odas,* núm. 30, vv. 8-9.

[423] *duelas*: aquí se refiere a las láminas metálicas que trazan las órbitas de los planetas en las antiguas representaciones del Universo según el sistema de Tolomeo.

[424] *pináculo*: parte superior de una torre.

Divisibilidad indefinida[425] (1979-1989)

[425] Sobre la significación del libro, y su posible lectura en clave pascaliana, *vid.* Christie, págs. 142-146, 151-153. La lectura política apuntada en *ibíd.*, pág. 11, me parece infundada.

«Mis lágrimas». Se causan de esta suerte: el cálido y ardiente vapor que por dolor sube del corazón al cerebro colicuece y desata el húmido del cerebro y fácilmente saca lágrimas. Así se derrama y mana del corazón el principio y sustancia de la vergüenza y temor para las lágrimas y para los deleites venéreos y para el ímpetu de la ira. Porque cuando ocupa al hombre la tristeza, que aprieta y contrae la alma, aquella concusión o sacudimiento y golpe que causa y trae semejante estrecheza y encogimiento abraza y cerca las entrañas, de donde se endereza al cerebro grandísima exhalación de humores. Y cuando están llenas todas las partes cóncavas de él con la exhalación que proviene de la tristeza, corre aquel humor arrojado a las túnicas de los ojos, y despedido para demostración de aquel movimiento no voluntario desciende abajo la graveza del humor, así como cuando suelen las nubecillas convertirse en rocío; y de esta manera sucede que se regalen y resuelvan en lágrimas aquellos vapores engrosados.

FERNANDO DE HERRERA, *Anotaciones a Garcilaso*[426]

[426] Texto correspondiente al comentario de Fernando de Herrera al soneto II de Garcilaso, que comienza con el verso «En fin, a vuestras manos he venido». Se ha suprimido una explicación herreriana, que decía: «*Mis lágrimas*. Éstas, que se llaman *dakrua* en griego, que es casi un remordimiento, se causan de esta suerte: el cálido...»; *vid.* A. Gallego Morell (ed.), *Garcilaso de la Vega y sus comentaristas* (Madrid, Gredos, 1972), pág. 318.

LECCIÓN DEL PÁRAMO[427]

Veo cruzar el pájaro pausado
por el aire, que apenas dividido
se suelda sin estela de sonido
en su cristal ardiente y deslumbrado,

y un arroyo, que mudo e ignorado
en el valle perdido,
minimiza el caudal de su latido
y lo conduce al arenal quemado.

Ave y arroyo son mi compañía,
y su vuelo y fluir faltos de historia,
nunca pensado ni jamás oído,

escriben[428] que es bastante melodía
el cofre sin abrir de la memoria
y el laberinto ciego del sentido.

NOTAS

427 Se publicó por primera vez en *Aquellos nueve novísimos de Castellet*, suplemento de *Signos* 4 (1988). *Vid.* Christie, págs. 136-144.

428 Siguiendo un procedimiento habitual en la estructura no lineal de la poesía del Barroco, el poeta establece un sistema de concordancias con un registro en el que se producen las siguientes correspondencias: «vuelo» y «fluir», conjuntamente, concuerdan con la construcción adjetiva «faltos de historia», y funcionan como sujeto del verbo «escriben»; «vuelo», percibido por la vista, pero aquí sentido como algo interiorizado por el sujeto del poema, es el referente de «nunca pensado»; y «fluir», que se percibe por el oído, es el referente de «jamás oído».

TEATRO DUCAL DE PARMA[429]

Acaricia la luz la pedrería
y el color de la seda recamada
amortigua la música dorada
que cede el ondear de su armonía

al esplendor de la cristalería,
como el horror y la pasión pautada
destrenzan su razón, luego trenzada
en sabia y ordenada simetría.

El silencio y la muerte así burlada
trazan espacios de serena gloria
y un firmamento plácido y fingido,

como pueblan los reinos de la nada
la escenificación de la memoria
y la cartografía del sentido.

NOTAS

[429] Se publicó por primera vez en *Aquellos nueve novísimos de Castellet,* suplemento de *Signos* 4 (1988). *Vid.* Christie, págs. 248-249.

MÚSICA PARA FUEGOS DE ARTIFICIO[430]

Hace muy pocos años yo decía[431]
palabras refulgentes como piedras preciosas
y veía rodar, como un milagro
abombado y azul, la gota tenue
por el cabello rubio hacia la espalda.

No eran palabras frágiles, prendidas al azar
de un evadido vuelo prescindible,
sino plenas y grávidas victorias
en las que ver el mundo y obtenerlo.

La emoción de enunciar un orden justo
cedía realidad al sonido y al tacto,
y quedaba en los labios la certeza
de conocer en el sabor y el nombre.

Pero la certidumbre de una mirada limpia
es una ingenuidad no perdurable,
y el viento arrastra en ráfagas de crespones y agujas
el vicio de creer envuelto en polvo.

Y si tras de la luz esplendorosa
que pone en pie la vida en un haz de palmeras
el miedo de dormir cierra los cálices
susurrando promesas de una luz sucesiva,

el fulgor de la fe lento se orienta
al imán de la noche permanente
en la que tacto, imagen y sonido
flotan en la quietud de lo sinónimo,

sin temor de mortales travesías
ni los dones que otorga la torpeza
sino un fugaz vislumbre de medusas:
inconsistentes ecos reiterados

en un reino de paz y de pericia,
apagado jardín de la memoria
donde inertes se pudren sumergidos
los oropeles[432] del conocimiento,

y como resquebraja la alta torre
la solidez de su asentado peso,
de tan robusto, poderoso y grave
se quiebra y pulveriza el albedrío.

Así para las aves y la plácida
irrepetible pulcritud del junco
hay cada día olvido inaugural
en la renovación de la mañana:

quien hace oficio de nombrar el mundo
forja al fin un fervor erosionado
en la noche total definitiva.

NOTAS

[430] Apareció por primera vez en *Ínsula* 448 (1984) y, más tarde, en la revista limeña *Cielo Abierto* 29 (1984). Se trata, obviamente, del título de la obra de Häendel, *Music for the Royal Fireworks*. En 1989, Carnero publicó una *plaquette* con este título —*Música para fuegos de artificio* (Madrid, Hiperión, [1989])—, la cual incluía tres poemas: éste, el titulado «Fantasía de un amanecer de invierno», y un tercero, «Une semaine de bonté», no recogido en libro, y que aparece en el apéndice a este volumen. *Vid.* Christie, págs. 185-186, 251-252.

[431] Alusión a un famoso verso de Rubén Darío: «Yo soy aquel que ayer, no más, decía / el verso azul y la canción profana, / en cuya noche un ruiseñor había / que era alondra de luz por la mañana»; *Cantos de vida y esperanza, Los cisnes y otros poemas* (Madrid, 1905).

[432] *oropel*: lámina de cobre delgada que ha sido batida para imitar el oro; en sentido figurado, falsa apariencia de calidad y riqueza.

SEGUNDA LECCIÓN DEL PÁRAMO[433]

Veo anegarse la llanura helada
en marea de sombra que creciente
al rojo sumidero del poniente
conduce la blancura amordazada,

y a la noche cerrada
unas cuantas palabras que prudente
conseguí, menos sabio que paciente,
traigo como remedio de la nada.

Sólo para regalo de mis ojos
brillan y aroman, y por un momento
chisporrotean en la llama huidiza;

después, con otros restos y despojos
de voluntad y de conocimiento,
perecen hechas brasas y ceniza.

NOTAS

[433] Apareció publicado en *Ínsula* 521 (mayo 1990), pág. 26. *Vid.* Christie, págs. 186-187.

CONVENTO DE SANTO TOMÉ[434]

Después de tantos años tu figura
no ha perdido una tilde de belleza,
ni el sereno posar de tu cabeza
o la fragilidad de tu armadura,

ni tu rostro desmiente su tersura
ni tu serena frente su nobleza,
ni tus ojos la paz y la entereza
forjada en fe sin lastre de cordura.

Eras muy joven cuando tu camino
ensombreció un silencio de la suerte
y cinceló tu imagen sorprendida;

por igualdad contraria de destino
tú moriste de un golpe de tu muerte,
yo he muerto lentamente de mi vida.

NOTAS

[434] Se trata del convento en que se encuentra la tumba del Príncipe don Juan, obra de Domenico Fancelli de Settignano, motivo del poema «Ávila» *(vid.* notas 12 y 13), con que comienza *Dibujo de la muerte*. Ambos poemas están, por tanto, relacionados intertextualmente. Cambia, sí, la intención y la formulación en cada uno de ellos, de tal modo que éste puede considerarse como una lectura del primero, mediatizada por el tiempo. Respecto a la formulación, el poeta habla aquí no sólo con la estatua, sino que se dirige directamente al sujeto enterrado en el convento de Santo Tomé, esto es, al príncipe (i. e., «tú moriste de un golpe de tu muerte»). Además, si en el primero de los poemas, «Ávila», el joven poeta se entusiasmaba ante la belleza que encarna la piedra, en éste el poeta maduro repasa los años de su vida, consciente de que la piedra del monumento fúnebre aún mantiene su belleza intacta mientras que él se juzga a sí mismo degradado física y espiritualmente por el paso del tiempo (i. e., «yo he muerto lentamente de mi vida»). *Vid.* Christie, págs. 187-188.

FANTASÍA DE UN AMANECER DE INVIERNO[435]

A point in space is an argument place.

WITTGENSTEIN, *Tractatus* 2.0131[436]

El tiempo anida en el color
y la memoria intuye límites
en el discernimiento de la línea,

y los tonos del aire configuran
una definición de la distancia,
miden con su cadencia y su retorno
los de las estaciones del discurso.

Así en el horizonte se refracta[437]
un cortejo de imágenes vencidas
que desde el otro lado del cristal
encarnan en espíritu de nieve

o en la esfumada luz, gélida y limpia,
emergen de debajo de la alfombra
para con su murmullo decidir
la vertical profanación del aire.

Esféricos sonidos vegetales
retumban en altísimas cavernas
que amenazan pináculos sonoros
de cristalinos ángulos dïedros[438]

mientras el aire plácido propende
a la cubicación de la mañana,

dragón procesional[439] que estalla mudo
en la astenia entorchada[440] que la bruma
divide en oro y gris, terso tridente
con su espejismo de fugaz volumen.

Brillante emerge el paisaje cóncavo,
redondez suspendida por un punto de fuego
después de hollar pirámides de sombra
con trasparencia grave de burbuja,

lógica irrestañable de la luz
en que la sumisión de los colores yertos
inscribirá con ríos y montañas
el redondo milagro de la línea.

Sobre la grava llueve sordamente
la memoria, y al fondo del jardín
salva[441] la arista azul del horizonte
un cortejo de imágenes vencidas:

figurillas de trémulo girar
al dar las horas un reloj de cuco:
la Dama y el Pastor
pantomiman la Danza de la Muerte[442].

Dos cuerpos desleídos que la distancia dora,
mentira y fasto de la alegoría
que sólo en la distancia escande[443] y rige
el fasto y la mentira del discurso.

Así me salvo de la soledad:
giran las estaciones, y sin riesgo
el milagro impasible de la palabra justa
esplende de este lado del cristal

a sílabas contadas, que es gran maestría[444].

NOTAS

[435] Se publicó por primera vez en *Peña Labra* 32 (1979) y más tarde en forma de pliego en Málaga (Torre de las Palomas, 1980); en la revista neoyorquina *Escandalar* (verano 1981); en *Fin de siglo* 5 (1983); y en el volumen de homenaje a José M. Blecua, *Poesía en honor de J. M. Blecua* (Barcelona, Universidad/Facultad de Filología, 1984), págs. 125-126. El título resulta de una

modificación del shakespeariano *A Midsummer's Night Dream*, traducido al español como *Fantasía de una noche de verano*. *Vid.* Christie, págs. 148-151.

436 Ludwig Wittgenstein, *Tractatus logico-philosophicus. Logisch-philosophische Abhandlung*, originalmente escrito en alemán por el autor, pero publicado por primera vez en 1922 en Londres, por la editorial Kegan Paul, en edición bilingüe, con versión inglesa de Bertrand Russell *(vid.*, nota 346), que es la aquí citada por Carnero. El texto completo, en versión española (Madrid, Alianza, 1987), pág. 19, dice: «El objeto espacial debe encontrarse en el espacio infinito. *(El punto espacial es un lugar argumental).*»

437 *refractar*: cambiar de dirección los rayos de luz al pasar de un medio a otro de diferente densidad.

438 *ángulo diedro*: ángulo formado por dos planos que se cortan; cada uno de los ángulos de un poliedro.

439 *dragón procesional*: en algunas conmemoraciones chinas —p. ej., el año nuevo—, los celebrantes desfilan cubiertos con la carcasa de un dragón construido con papel y lienzo y pintado con vivos colores, lanzando fuegos artificiales y bengalas con el fin de despedir el año viejo y saludar el comienzo del nuevo.

440 *astenia*: debilidad, decaimiento; *entorchado*: hilo de metal retorcido y cubierto con cordón de seda que se usa para decorar bordados; los altos oficiales del ejército lo llevan como distintivo en las hombreras.

441 *salva*: cruza.

442 *Danza de la Muerte*: tema muy difundido en la Europa medieval, en el que se combinan motivos ascéticos y satíricos relacionados con la brevedad de la vida y la certeza de la muerte para todos los seres humanos. En el poema aparece como una alegoría en el que la muerte invita a bailar a los representantes de distintos géneros y estados, i. e., la Dama y el Pastor, personajes típicos de la poesía amorosa.

443 *escandir*: medir un verso según su número de sílabas o pies métricos.

444 Verso procedente del *Libro de Alexandre* (siglo XIII), que comienza del siguiente modo:

Señores, si quisiéssedes mi servicio prender,
querría vos de grado servir de mi mester:
deve de lo que sabe omme largo seer,
si non podrié en culpa e en riepto caer.

Mester trayo fermoso, non es de joglería,
mester es sin peccado, qua es de clerecía:
fablar curso rimado por la quaderna vía,
a sílabas contadas, qua es grant maestría.

Libro de Alexandre, ed. D. A. Nelson (Madrid, Gredos) § 1-2.

MUSEO NAVAL DE VENECIA

Tanta morosidad[445], si no dilata[446]
la erosión caediza de los oros,
si los haces pintados y sonoros
derriba ennegrecidos por su plata,

¿para qué fue? Su lujo no rescata
el cálido concierto de los coros,
y entre tantos aromas y tesoros
voló hecha humo la última sonata.

Pero cuando descubra el viajero
tan espléndido y raro pudridero[447]
de restos de tramoya y bambalina[448]

dirá que no fue inútil el intento:
si se perdió la voz y el argumento
algo fue, pues dejó tanta rüina.

Notas

[445] *morosidad*: dilación, detención cuidadosa.
[446] *dilatar*: aquí usado en el sentido de retrasar o aplazar.
[447] *pudridero*: sepulcro provisional en el que se depositan los cadáveres hasta su ubicación definitiva, tras el paso del tiempo necesario para el total desarrollo del proceso de putrefacción.
[448] *bambalina*: tira de lienzo pintado en los decorados laterales de un teatro, que representa el cielo, una selva, un jardín, etc.

EL ESTUDIO DEL ARTISTA

Anónimo holandés

Al fondo de la estancia tenebrosa
atestada de mapas y anaqueles,
de caballetes, bustos y cinceles
donde la araña teje sigilosa,

una figura pálida y borrosa,
rodeada de libros y papeles,
alza un compás y cruza dos pinceles
contemplando la noche silenciosa.

Una llama de vela mortecina
signa la oscuridad más que ilumina
y descubre el temor y la torpeza,

la mueca de desprecio y extrañeza
con que asoma la estúpida cabeza
del mono que levanta la cortina.

LOS MOTIVOS DEL JARDÍN[449]

La luz del sol naciente baña el oro
en el que gira al pulso de los vientos
una veleta, que adelgaza o tiende
el perfil de su frágil paraíso.

Queda por un momento vacilante
orientando a su imán la sombra huidiza
y el pastor y la ninfa, el áspid y la flor
brillan en su universo clausurado

para volver al poco, en desasido
azar de ingravidez y simetría,
a dibujar un filo de negrura
en el alba metálica y sonora.

Parte la mano falta de sentido
hacia el cuerpo que escapa sin temor
por no pisar la muerte entre las flores[450],
bisectriz[451] de dos rumbos condenados:

así obtienen del eje y de la luz
la perdurable fuga sin destino
que es perfección y circularidad
hechas lenguaje hueco y luminoso.

*

Finge la luz total del mediodía
una esfera sin centro ni color,
latido curvo que se extingue y fuga
como los estertores[452] de un autómata

mientras en la quietud brota y serpea
el espejismo de la piedra ardiente,
débil profundidad, secreto signo
en círculos azules confinados

del gotear del agua en un estanque:
una circunferencia con su cáliz redondo.

Leve ejercicio de trasfiguración
de las ondas trenzadas y vertidas
después con trasparencia de pistilo[453]
luego disperso en divididas gotas:

máquina de fingir para consuelo
y placer de los ojos, donde al tejer su cauce
miente su nacimiento y su caudal
la circularidad del agua idéntica.

*

Miro del fondo de la estancia oscura
el pequeño rectángulo de luz,
imagen invertida de la noche,
que la Luna recorta en la ventana;

la divergente vacuidad del rayo
dispersa las veladas figurillas
que con el acicate de la duda
persigue la fatiga de los ojos.

Las escucho vagar en la tiniebla
pero me falta fe con que nombrarlas:
yo sería un extraño entre sus risas,
el lisiado al que aturde y acobarda

una turba gozosa de arlequines
mecanizados por la luz de luna[454]
y que finge entusiasmo y alegría,
falto de caridad y ligereza.

Así en el fondo de la estancia oscura
se extingue el espejismo, borrado con la luz,
y las palabras tejen con el sueño y el agua
su cauce circular, secreto y mudo.

Notas

[449] Sobre el jardín, *vid.* nota 197; se trata en este poema de los del Monasterio de El Escorial. *Vid.* Christie, págs. 106-111.

[450] Alusión al áspid del verso 7.

[451] *bisectriz*: línea que divide en dos partes iguales un ángulo.

[452] *estertor*: respiración entrecortada de los agonizantes.

[453] *pistilo*: órgano femenino de la flor.

[454] Alusión al cuadro *Ciudad mecanizada por la luna* del pintor, escultor y poeta futurista italiano Fortunato Depero.

LECCIÓN DEL AGUA[455]

Mirándome en el agua de la fuente
por salvar las imágenes vencidas
—colores idos, músicas caídas—
en memoria con gracia de presente

las vi oscilar girando levemente
en facetas y trizas esparcidas
recompuestas y luego divididas,
y hundirse y escapar en la corriente.

Puse sobre las aguas un espejo
con que hurtarme a la muerte en escritura
y retener la luz de la conciencia

pero la nada duplicó el reflejo
y el cristal añadió su veladura,
en doble fraude de la trasparencia[456].

NOTAS

[455] Se publicó por primera vez en *Ínsula* 521 (mayo 1990), pág. 26.

[456] El poema recrea el mito de Narciso, tema frecuente en la poesía del Siglo de Oro. Citando estos versos, Marta Ferrari escribe: «La práctica metaliteraria [...] desdibuja deliberadamente los difusos límites que separan la realidad de la ficción: los mundos ficcionales son tan reales o tan irreales como los materiales que sirvieron para su construcción. Un discurso literario que pone en cuestión no sólo la capacidad referencial del lenguaje sino incluso el "afuera extraliterario", calificándolo como "estructura impermanente", "artificio" o "red de sistemas semióticos interdependientes" [...] sólo podrá ser un discurso metaliterario» («Espejo», pág. 149). *Vid.* también Christie, págs. 111-112.

CATEDRAL DE ÁVILA[457]

Como al umbral de la capilla oscura
una reja detiene la mirada
y la dispersa luego, confinada
en los fraudes que finge la negrura

confundiendo volumen y figura
de la estatua yacente allí olvidada,
cuando mi mano se detenga helada
un anaquel[458] será mi sepultura.

Será delgada losa la cubierta
y el tejuelo[459] epitafio más piadoso,
y menor la esperanza de otra vida,

y en el silencio la palabra muerta
gozará del olvido y el reposo,
en figura y volumen confundida.

NOTAS

[457] Este poema está relacionado con «Convento de Santo Tomé», antes mencionado y, como él, con «Ávila», el poema inicial de *Dibujo de la muerte*. A diferencia de los anteriores, sin embargo, éste encierra una visión negativa de la labor poética pues formula el poema, y el libro que lo recoge, como actos generadores de olvido: del mismo modo que la tumba anónima encierra la experiencia de vida, hoy olvidada en la capilla oscura, el poema encierra la experiencia del poeta y queda encerrado en el libro que servirá igualmente de tumba. Con esto Carnero se separa de las actitudes habituales entre los poetas que escriben para un lector futuro (recuérdese el caso de Cernuda, por ejemplo, y su poema «A un poeta futuro», de *Como quien espera al alba*, donde, a pesar del olvido de los demás hombres, el poeta busca la resonancia en el poeta futuro en quien los «sueños y deseos» renacerán y tendrán «razón al fin, y habré vivido», *La realidad y el deseo. 1924-1962*, México, FCE, 1958, pág. 202). Carnero, en cambio, expresa la actividad poética como estricta negatividad. En un mundo en que la literatura se va convirtiendo en un saber prescindible o en un valor no estimado, la labor poética carece de

destino al ir dirigida a un público que ya no lee. Recuérdese, en fin, la conocida reflexión de Maurice Blanchot, quien a la pregunta «¿Qué es un libro que no se lee?» responde indicando que es algo que nunca se escribió (*L'espace littéraire*, París, Gallimard, 1955), pág. 256. *Vid.* Christie, págs. 252-256.

458 *anaquel*: estante de biblioteca.

459 *tejuelo*: pieza de cuero o cartulina que, en el lomo de los libros encuadernados, registra el título y el nombre del autor.

DIVISIBILIDAD INDEFINIDA

Yves Tanguy[460]

Un impasible pájaro reposa sobre el mar:
con las alas cobija el filo de los límites,
amordaza en su fuente la fuerza de los vientos
y sus plumas caudales[461] tocan el finisterre[462].

El rumor de su sombra desorienta y extingue
el arroyo que fluye en la caverna
y extirpa con agujas de betún y azabache
la gota que serpea en la tela de araña.

Desdibuja en un prisma de esfumados cristales
la chispa geminada[463] de los ojos del tigre
y apaga en un susurro de inundados helechos
el sueño de rubíes que atisba la serpiente.

El pétalo se quiebra doblegado
cual si lo castigara con su mínimo peso
una constante gota sucesiva

y sobre las corolas que no brillan ni ascienden
y derraman su seda sin color
en ocioso reptar vitrificado
cruzarían sin rumbo erráticas abejas.

En el halo glacial del horizonte
retiene el terso mar la gris parábola
en esfumado indicio de su esfera
inconmovible, fija y apagada.

Redonda, lisa, tensa, luminosa,
azulada e inmóvil la pupila del lince,
sin que el transcurso de una forma rápida
fuera a cruzarla curvo y abreviado.

Fluye el silencio en ondas de blancura
desde sus doce aristas minerales
donde se encierra congelada y turbia
la inerte vacuidad cristalizada

y así crece la paz, sorda y entera
en haces de fulgor estrangulado
hasta la ojiva[464] de invisible hielo
donde convergen mansos y se anudan.

Hace tiempo que habito este lugar
y lo contemplo inmóvil, aquietado e incólume:
ya no tomo por pasos o murmullos o risas
los ecos del caer de las gotas de agua.

Admiro la pureza con que las diagonales
dominan limpiamente la gala del vacío
y trazan en el aire las lindes de su altura,
grácilmente centrada por un punto incoloro.

Aquí vuelcan las formas su plasma desleído
en el gran vertedero de los sentidos planos
y se pudre la línea y la llaga del tacto
como cae la piedra hacia el fondo del pozo.

La mirada precisa los puntos cardinales
y girando a su imán se ofusca y pierde,
inventando un lugar en el arco infinito,
redondez engañosa que finge la distancia.

¿Quién quebrará las puertas de la luz?

Un calor que licúe los metales preciosos
de la abyección y del conocimiento,
un pie grácil que humille y desordene
las palabras caídas que el miedo y la belleza
amontonan y pudren en su otoño,
una voz como cúpula dorada
combando[465] el clarear del sol naciente,

la que descorre el velo,
la que trae de vuelta al alejado.

Notas

[460] Título de un cuadro de Yves Tanguy (1900-1955), pintor surrealista francés, nacionalizado estadounidense en 1948. Influido por Chirico, experimenta con el automatismo antes de llegar a representaciones oníricas en las que surgen, en un espacio desierto, ectoplasmas en proceso de petrificación, símbolo del vacío y la soledad. *Vid.* Christie, págs. 188-190.

[461] *caudales*: de la cola.

[462] *finisterre*: límite del mundo; por extensión, límite último de algo.

[463] *geminada*: doble.

[464] *ojiva (vid.* nota 111).

[465] *combando*: redondeando, curvando.

RELOJ DE AUTÓMATAS

La cúpula redonda y azulada
resume en oro las constelaciones
y los emblemas de las estaciones
trenzan su alegoría confinada.

Apolo y Dafne[466] miran figurada
la tierra con sus sierpes y leones;
el mar, con sus nereidas y tritones[467],
asiste a Venus tersa y acerada.

Así el mundo cifrado en hermosura
ofrece musicada la impostura
para refugio de quien nada espera:

el latir de los flejes y espirales,
el calor de los jaspes[468] y metales,
el consuelo del plano y de la esfera.

NOTAS

466 Se trata de una representación de la ninfa Dafne, perseguida por el dios Apolo. El tema de Apolo y Dafne fue motivo común en el Renacimiento. Garcilaso, por ejemplo, compuso el soneto XIII sobre este tema, que viene a representar el ardor del impulso amoroso.

467 *nereidas y tritones:* criaturas marinas de la Antigüedad grecorromana, en quienes la parte superior del cuerpo tenía forma humana, y forma de pez la inferior. Se los representa como elemento decorativo en fuentes y estanques, o en imágenes alegóricas como el nacimiento de Venus aquí mencionado.

468 *jaspe*: piedra dura y opaca; mármol veteado.

RAZÓN DE AMOR[469]
(SEPULCRO EN LOMBARDÍA)[470]

... la dolencia
de amor, que no se cura
sino con la presencia y la figura.

S. JUAN DE LA CRUZ[471]

Vuela por el silencio la ternura
al regazo del oro fatigado
que abriga un cuerpo en mármol desmayado,
ausente en el disfraz de su blancura,

y mi mano se pierde en la tersura
del pecho agudo, craso y abombado;
deseo embellecido y abreviado
sin la presencia, mas con la figura:

el presente en especies de memoria
anticipa su paz y su nobleza,
y el término es el punto de partida

en que se omite la mezclada gloria
de vacuidad, de encanto y de vileza
que por imprecisión llamamos vida.

NOTAS

[469] Se publicó por primera vez en *Ínsula* 521 (mayo 1990), pág. 26. *Razón de amor*: título de un poema medieval español, fechado en la mitad del siglo XIII, y conocido con los títulos alternativos de *La siesta de abril* o *Razón de amor con los denuestos del agua y el vino*. Pedro Salinas tituló *Razón de amor* uno de sus más hermosos libros de poemas, publicado en 1936.

[470] El autor elabora un motivo tradicional conocido como la *agalmatofilia*, o amor con la estatua como sustituto del amor físico, humano. En dicho motivo la estatua es entendida como emblema de la belleza frente a las miserias e imperfecciones de la vida. Los precedentes de este motivo en Grecia y

Roma son abundantes (p. ej., la Alcestis de Eurípides o la historia de Pigmalión); pervive a lo largo de la Edad Media, recogiéndose en la *Historia* de Guillermo de Malmesbury (c. 1125); y ha sido estudiado detalladamente por Theodore Ziolkowsky (*Imágenes desencantadas,* Madrid, Taurus, 1980, páginas 29-75), quien menciona además el ejemplo contemporáneo del film de Jean Cocteau *Le sang du poète* (1932). En la literatura española se encuentran ejemplos del uso de este motivo desde Berceo (*Milagros de Nuestra Señora,* XV) y Alfonso el Sabio (*Cantigas*) al Romanticismo —la leyenda *El beso,* de Bécquer— y las vanguardias (p. ej., *Un perro andaluz,* estrenado en 1929, y probable fuente de algunas de las escenas del film de Cocteau), siendo motivo frecuente en la pintura de Dalí y en las películas de Buñuel, desde *La Edad de Oro,* de 1930, hasta *Tristana,* de 1970. *Vid.* Christie, págs. 252-256.

471 Son versos del poema «Canciones entre el alma y el esposo» de una de las versiones del *Cántico espiritual* de San Juan de la Cruz, cuya estrofa 11.ª dice: «Descubre tu presencia, / y máteme tu vista y hermosura; /mira que *La dolencia / de amor, que no se cura / sino con la presencia y la figura*»; San Juan de la Cruz, *Poesía,* ed. Domingo Ynduráin (Madrid, Cátedra, 1983), pág. 249.

LA HACEDORA DE LLUVIA[472]

Elle est assés plus blanche que seraine ne fée[473].

GUI DE NANTEUIL[474]

Al borde del camino yace el hombre quemado
bajo una tenue túnica de polvo
que el viento agita, deshilacha y teje
como la mano lenta que sosiega al dormido.

Recubiertos de sal sus ojos miran
la redonda quietud del horizonte,
arista viva contra el seco párpado,
hiriente como gota que no puede abreviarse,

ni la oquedad del cielo en que resuena
con un leve chirrido de juguete mecánico
la descomposición de la memoria,
marcada por la luz del negro al oro.

Ondulante el cabello como curso de agua
que perezoso se bifurca y pierde
por el redondo cauce que muere en la cadera,

sus ojos negros pesan como nubes oscuras
aquietando el rumor de la tormenta
retenido al antojo de la luz
que se amansa a la sombra de sus párpados.

Y se tiende desnuda como un río
ovillado y redondo, cuyas aguas oscuras
ungen los huesos yertos, la sima de la boca,
y humedecen los ojos apagados.

472 Publicado inicialmente en *Renacimiento* 3 (1989). El poema se basa en una ceremonia ritual que sigue el procedimiento analógico de lo que J. G. Frazer denomina «magia simpática» en su libro *La rama dorada* (México, F.C.E., 1995). Frazer describe distintos rituales primitivos usados para producir lluvia, como el que sigue: «Algunos de los angamis orientales de Manipur se dice que ejecutan una ceremonia en cierto modo parecida [...] siendo su objeto principal producir lluvia. El jefe de la aldea coloca una rama ardiendo en la tumba de una persona que haya muerto de quemaduras y la apaga después con agua mientras ora para que llueva. Aquí, el apagar el fuego con agua, que es una imitación de la lluvia, está reforzado por la influencia de la persona muerta, que habiendo sido abrasada viva, estará ansiosa, naturalmente, de que caiga la lluvia que refresque su cuerpo socarrado y alivie sus tormentos» (pág. 91). Al menos en otro caso más, como hemos visto, Frazer sirve como inspiración de las imágenes poéticas de Carnero: en el poema «Discurso de la servidumbre voluntaria», de *Ensayo de una teoría de la visión,* se usan imágenes procedentes del capítulo «El ritual de muerte y resurrección» (*La rama dorada,* págs. 775-785) para describir la insuficiencia del discurso poético, «un discurso muerto, / el esqueleto ritual que ironiza la fe / en la virtud de la ironía, / embadurnado de sangre para indicar resurrección». *Vid.* Christie, págs. 190-191.

473 *Elle est assés plus blanche que seraine ne fée:* [Ella es mucho más blanca que una sirena o un hada].

474 *Gui de Nanteuil*: cantar de gesta francés de fines del siglo XII.

Apéndice

Une semaine de bonté[475]

En la página en blanco tus piernas son un dique,
una red que desciende sobre un bosque quemado,
que rastrea con zarpas precisas como plumas
las cavernas del fondo y sus tinieblas grávidas
y regresa a la luz combada de rumores,
con una negra carga de lamentos botánicos.
Por ellas te obedece la bóveda de herrumbre,
descerrajas la cripta que condena el sonido,
liberas las esclusas entre las que el lenguaje
se pudre sin la sierpe del color y del tacto.
Sin ti vago en la noche de los sentidos ciegos,
entre los uniformes y los focos blindados,
mientras la ciudad hiede con resuellos de engrudo
y sobre las veletas el Fuego de San Telmo[476]
crepita con chirridos de escalera mecánica,
y doseles de alambre fermentan los terrores
vertiendo su espejismo de peces degollados
entre el resplandor vítreo de las palabras muertas,
que dejan en los labios un reguero de polvo
o huyen bajo mis pies hacia pozos oscuros,
untuosas y opacas como ratas sinónimas.

Mientras arriba riges desde los cuatro vientos
el ondear polícromo de tu vocabulario.

[475] «Une semaine de bonté» [Una semana de bondad]. Poema publicado en la revista madrileña *La Moneda de Hierro* 1 (primavera 1979) y, más tarde, en *Zarza Rosa* de Valencia, vol. 5 (1985), pág. 36; fue más tarde incluido en la *plaquette* titulada *Música para fuegos de artificio*, Madrid, Cuadernos de la Librería Hiperión, [1989]. El título del poema remite a una colección de dibujos y collages oníricos de Max Ernst (1934).

[476] Halo fosforescente que circunda los mástiles de los navíos durante las tormentas.

Colección Letras Hispánicas

Últimos títulos publicados

394 *Museo de la Novela de la Eterna*, Macedonio Fernández.
Edición de Fernando Rodríguez Lafuente.
395 *Oráculo manual y arte de prudencia*, Baltasar Gracián.
Edición de Emilio Blanco Gómez, (2.ª ed.).
396 *Diálogo de la dignidad del hombre*, Fernán Pérez de Oliva.
Edición de Mª. Luisa Cerrón.
397 *Así que pasen cinco años*, Federico García Lorca.
Edición de Margarita Ucelay (3.ª ed.).
398 *Abel Sánchez*, Miguel de Unamuno.
Edición de Carlos Longhurst.
399 *El caballero de las botas azules*, Rosalía de Castro.
Edición de Ana Rodríguez Fischer.
400 *Leyendas de Guatemala*, Miguel Ángel Asturias.
Edición de Alejandro Lanoël-d'Aussenac.
401 *Teatro muerto*, Ramón Gómez de la Serna.
Edición de Agustín Muñoz-Alonso y Jesús Rubio Jiménez.
402 *Fray Gerundio de Campazas*, José Francisco de Isla.
Edición de Enrique Rodríguez Cepeda.
403 *Azul... Cantos de vida y esperanza*, Rubén Darío.
Edición de José María Martínez.
404 *Philosofía secreta*, Juan Pérez de Moya.
Edición de Carlos Clavería.
405 *La señorita de Trevélez. ¡Que viene mi marido!*, Carlos Arniches.
Edición de Andrés Amorós (2.ª ed.).
406 *La muerte de Artemio Cruz*, Carlos Fuentes.
Edición de José Carlos González Boixo.
407 *El río que nos lleva*, José Luis Sampedro.
Edición de José Mas.
408 *La Dorotea*, Lope de Vega.
Edición de José Manuel Blecua.
409 *Cuentos fantásticos*, Benito Pérez Galdós.
Edición de Alan E. Smith (2.ª ed.).

410 *Comentarios reales*, INCA GARCILASO DE LA VEGA.
Edición de Enrique Pupo-Walker.
411 *Floresta española*, MELCHOR DE SANTA CRUZ.
Edición de Maximiliano Cabañas.
412 *Doña María Pacheco, mujer de Padilla*, IGNACIO GARCÍA MALO.
Edición de Guillermo Carnero.
413 *Las fuerzas extrañas*, LEOPOLDO LUGONES.
Edición de Arturo García Ramos.
414 *Lazarillo español*, CIRO BAYO.
Edición de José Esteban.
415 *El príncipe constante*, PEDRO CALDERÓN DE LA BARCA.
Edición de Fernando Cantalapiedra.
416 *Antología poética*, RAMÓN DE CAMPOAMOR.
Edición de Víctor Montolí.
417 *El perro del hortelano*, LOPE DE VEGA.
Edición de Mauro Armiño (4.ª ed.).
418 *Mancuello y la perdiz*, CARLOS VILLAGRA MARSAL.
Edición de José Vicente Peiró.
419 *Los perros hambrientos*, CIRO ALEGRÍA.
Edición de Carlos Villanes.
420 *Muertes de perro*, FRANCISCO AYALA.
Edición de Nelson R. Orringer
421 *El Periquillo Sarniento*, JOSÉ JOAQUÍN FERNÁNDEZ DE LIZARDI.
Edición de Carmen Ruiz Barrionuevo
422 *Diario de "Metropolitano"*, CARLOS BARRAL.
Edición de Luis García Montero.
423 *El Señor Presidente*, MIGUEL ÁNGEL ASTURIAS.
Edición de Alejandro Lanoël-d'Aussenac.
424 *Barranca abajo*, FLORENCIO SÁNCHEZ.
Edición de Rita Gnutzmann.
425 *Los pazos de Ulloa*, EMILIA PARDO BAZÁN.
Edición de Mª de los Ángeles Ayala.
426 *Doña Bárbara*, RÓMULO GALLEGOS.
Edición de Domingo Miliani.
427 *Los trabajos de Persiles y Sigismunda*, MIGUEL DE CERVANTES.
Edición de Carlos Romero.
428 *¡Esta noche, gran velada! Castillos en el aire*, FERMÍN CABAL.
Edición de Antonio José Domínguez.

429 *El labrador de más aire,* MIGUEL HERNÁNDEZ.
Edición de Mariano de Paco y Francisco Javier Díez de Revenga.
430 *Cuentos,* RUBÉN DARÍO.
Edición de José María Martínez.
431 *Fábulas,* FÉLIX M. SAMANIEGO.
Edición de Alfonso Sotelo.
432 *Gramática parda,* JUAN GARCÍA HORTELANO.
Edición de Milagros Sánchez Arnosi.
433 *El mercurio,* JOSÉ MARÍA GUELBENZU.
Edición de Ana Rodríguez Fischer.
435 *Entre naranjos,* VICENTE BLASCO IBÁÑEZ.
Edición de José Mas y Mª. Teresa Mateu.
436 *Antología poética,* CONDE DE NOROÑA.
Edición de Santiago Fortuño Llorens.
437 *Sab,* GERTRUDIS GÓMEZ DE AVELLANEDA.
Edición de José Servera.
438 *La voluntad,* JOSÉ MARTÍNEZ RUIZ.
Edición de María Martínez del Portal.
439 *Diario de un poeta reciencasado (1916),* JUAN RAMÓN JIMÉNEZ.
Edición de Michael P. Predmore.
440 *La barraca,* VICENTE BLASCO IBÁÑEZ.
Edición de José Mas y Mª. Teresa Mateu.
441 *Eusebio,* PEDRO MONTENGÓN.
Edición de Fernando García Lara.
442 *El ombligo del mundo,* RAMÓN PÉREZ DE AYALA.
Edición de Ángeles Prado.
443 *Arte de ingenio, Tratado de la Agudeza,* BALTASAR GRACIÁN.
Edición de Emilio Blanco.
444 *Dibujo de la muerte. Obra poética,* GUILLERMO CARNERO.
Edición de Ignacio Javier López
445 *Cumandá,* JUAN LEÓN MERA.
Edición de Ángel Esteban.

DE PRÓXIMA APARICIÓN

Tragicomedia de don Cristóbal y la señá Rosita, FEDERICO GARCÍA LORCA.
Edición de Christian De Paepe.